Das kognitive Vorsatzelement mit dem Bezugspunkt der Quasi-Kausalität in der Transplantationsmedizin

Recht und Medizin

Herausgegeben von den Professoren
Dr. Erwin Deutsch †, Dr. Bernd-Rüdiger Kern, Dr. Thorsten Kingreen,
Dr. Adolf Laufs †, Dr. Hans Lilie, Dr. Hans-Ludwig Schreiber †,
Dr. Andreas Spickhoff

Bd./Vol. 144

Zur Qualitätssicherung und Peer Review der vorliegenden Publikation

Die Qualität der in dieser Reihe erscheinenden Arbeiten wird vor der Publikation durch Herausgeber der Reihe geprüft.

Notes on the quality assurance and peer review of this publication

Prior to publication, the quality of the work published in this series is reviewed by editors of the series.

Verena Kathrin Ritz-Cierpinski

Das kognitive Vorsatzelement mit dem Bezugspunkt der Quasi-Kausalität in der Transplantationsmedizin

Die Rechtsprechung des BGH

PETER LANG

Berlin - Bruxelles - Chennai - Lausanne - New York - Oxford

Bibliografische Information der Deutschen Nationalbibliothek
Die Deutsche Nationalbibliothek verzeichnet diese Publikation in der Deutschen Nationalbibliografie; detaillierte bibliografische Daten sind im Internet über http://dnb.d-nb.de abrufbar.

Zugl.: Martin-Luther-Universität Halle- Wittenberg., Diss., 2024

ISSN 0172-116X
ISBN 978-3-631-92257-6 (Print)
E-ISBN 978-3-631-92279-8 (E-PDF)
E-ISBN 978-3-631-92280-4 (E-PUB)
DOI 10.3726/b22050

Verlegt durch: Peter Lang GmbH, Berlin, Deutschland

info@peterlang.comwww.peterlang.com

Diese Publikation wurde begutachtet.

„Das Leben der Eltern ist das Buch, in dem die Kinder lesen."
Augustinus

Für Lily.
Für meine Eltern.

Ich möchte an dieser Stelle all jenen Menschen meinen Dank aussprechen, die mich bei der Anfertigung der Dissertation sowie auf dem Weg bis dorthin begleitet und unterstützt haben.

An erster Stelle gilt mein Dank meinem Doktorvater, Herrn Professor Dr. Hans Lilie. Er hat mich seit dem Grundstudium unterstützt und wissenschaftlich begleitet und durch die Schaffung eines kollegialen Arbeitsumfeldes schon damals meine Freude an wissenschaftlichem Arbeiten erweckt. Ich möchte mich bedanken für die Motivation und die Möglichkeit, die Dissertationsschrift überhaupt anfertigen zu können. Die fachlichen Gespräche haben nicht nur meine Arbeit konstruktiv unterstützt und bereichert, sondern haben mir zudem das Vertrauen in mein Arbeiten zurückgebracht.

Ich danke Herrn Professor Dr. Christoph Mandla für die wissenschaftliche Betreuung als Zweitgutachter und die wertvollen, detailorientierten Anregungen.

Mein ganz besonderer Dank gilt natürlich meiner Familie – meiner Tochter Lily, die mir in Vielem viel zu ähnlich und deshalb stets die größte Motivation ist, mein Bestes zu geben,

meinem Mann Falk, der die Höhen und Tiefen der Anfertigungsphase der Dissertation mit durchgestanden und mir dafür Freiräume geschaffen hat,

sowie meinen Eltern, für alles und noch viel mehr, als ich es hier in wenige Worte fassen könnte.

Meinen Freundinnen danke ich für den Zuspruch und die Unterstützung in jedweder benötigten Form während der Anfertigung der Arbeit.

Inhalt

Abkürzungen 15

A) EINLEITUNG UND PROBLEMAUFRISS 17

I. Einleitung 17

II. Die widerstreitende Rechtsprechung und offene Fragen 21

III. Ablauf des Transplantationsverfahrens 28

IV. Zu den einzelnen Fällen im Transplantationsskandal 30

B) ANALYSE 33

I. Der *dolus eventualis* und seine Anforderungen 33

1. Definition und *ratio* des *dolus eventualis* 33
2. Der *dolus eventualis* in der Rechtsprechungspraxis 35
3. Der *dolus eventualis* beim Transplantations-Fall 39
4. Die vom 5. Senat zum Vorsatz zitierte Rechtsprechung 48
5. Der *dolus eventualis* im Tatentschluss 59
6. Zwischenfazit 61

II. (Quasi-)Kausalität im objektiven Tatbestand als Bezugspunkt des Vorsatzes 61

1. Einordnung der Sicherheitsklausel 63
2. Kausalitätsdogmatik und Anwendung auf den Transplantations-Fall 78
3. Zwischenfazit 201

III. Abweichung von der Spiegelbildfunktion des Vorsatzes 201

C) FAZIT 205

Literatur 211

Inhalt

Abkürzungen 15

A) EINLEITUNG UND PROBLEMAUFRISS 17

I. Einleitung 17

II. Die widerstreitende Rechtsprechung und offene Fragen 21

III. Ablauf des Transplantationsverfahrens 28

IV. Zu den einzelnen Fällen im Transplantationsskandal 30

B) ANALYSE 33

I. Der *dolus eventualis* und seine Anforderungen 33

1. Definition und *ratio* des *dolus eventualis* 33

2. Der *dolus eventualis* in der Rechtsprechungspraxis 35

3. Der *dolus eventualis* beim Transplantations-Fall 39

a) Abgrenzung von Vorsatzanforderungen und deren Bezugspunkt 41

b) Konsequenzen des *dolus eventualis* nach dem Verständnis des 5. Senates 47

4. Die vom 5. Senat zum Vorsatz zitierte Rechtsprechung 48

a) Übertragbarkeit der herangezogenen Entscheidungen 49

aa) Voraussetzungen einer Übertragbarkeit 49

bb) *Hausbrand*-Fall (BGH 1 StR 175/70) 50

cc) *Pflegevernachlässigungs*-Fall (BGH 3 StR 497/06) 55

dd) Rekurs des 5. Senates auf den *HIV*-Fall (BGH 1 StR 262/88) 57

b) Zwischenfazit 58

5. Der *dolus eventualis* im Tatentschluss 59

6. Zwischenfazit 61

II. (Quasi-)Kausalität im objektiven Tatbestand als Bezugspunkt des Vorsatzes 61

1. Einordnung der Sicherheitsklausel 63

a) Der Fall *Oury Jalloh* (BGH 4 StR 473/13) 66
aa) Inhaltliche Übertragbarkeit des Falles 66
bb) Einordnung der Sicherheitsklausel 69
b) Relevanz der Einordnung der Sicherheitsklausel 73
c) Rekurs auf die vom 5. Senat zitierten Fälle 75
d) Zwischenfazit 77
2. Kausalitätsdogmatik und Anwendung auf den Transplantations-Fall 78
a) Die Prämissen der Quasi-Kausalität 78
b) Konstituierung von Handlungsunrecht und Konsequenzen für die subjektive Tatseite 91
c) Quasi-Kausalität und Handlungsunrecht beim Transplantations-Fall 106
aa) Letalitätsrisiko 106
(1) Medizinische Prozesse als determinierte Prozesse 110
(2) Medizinische Prozesse als indeterminierte Prozesse 115
bb) Zurechnung im Urteil zum Transplantations-Fall 123
(1) Die *ratio* der TPG-Normen/Schutzzweck der Norm 127
(1.1) Prüfungsmaßstab für den Schutzzweck einer Norm 129
(1.2) Schutzzweck des TPG 132
(1.2.1) TPG als Ausdruck der Verteilungsgerechtigkeit 132
(1.2.2) Eigene Strafbewehrung im TPG 142
(1.2.3) Zwischenfazit 146
(2) Wirksamkeit der Richtlinien 147
(2.1) Strafrechtsbegründende Wirksamkeit der Richtlinien (Art. 103 II GG) 147
(2.1.1) Anwendbarkeit des Art. 103 II GG 148
(2.1.2) Bestimmtheitsprüfung bei hypothetischer Anwendbarkeit des Art. 103 II GG 153

(2.1.3) Praktische Umsetzung und Anwendung der Kriterien 170
(2.1.4) Zwischenfazit 172
(2.2) Rechtmäßigkeit der Richtlinien 173
(2.2.1) Alkoholkarenzklausel (Wartelistenfälle) 173
(2.2.1.1) Prüfung von Inhalt und Verfassungsmäßigkeit 174
(2.2.1.2) Konsequenzen der Verfassungswidrigkeit 182
(2.2.1.3) Konsequenzen für die subjektive Tatseite 186
(2.2.1.4) Zwischenfazit 188
(2.2.2) MELD-Score (Manipulations-Fälle) 189
(2.2.3) Zwischenfazit 193
(3) Recht auf ein Organ 193
cc) Weitere Fragen 195
3. Zwischenfazit 201
III. Abweichung von der Spiegelbildfunktion des Vorsatzes 201
C) FAZIT 205
Literatur 211

Abkürzungen

AKK	Alkoholkarenzklausel
BÄK	Bundesärztekammer
BRJ	Bonner Rechtsjournal
DIVI	Deutsche Interdisziplinäre Vereinigung für Intensiv- und Notfallmedizin
DSO	Deutsche Stiftung Organtransplantation
Dtsch Arztebl	Deutsches Ärzteblatt
Dtsch. Med. Wochenschr.	Deutsche Medizinische Wochenschrift
Ethik Med	Ethik in der Medizin
HCC	Hepatozelluläres Karzinom
JRE	Jahrbuch für Recht und Ethik = Annual Review of Law and Ethics
JuWiss	Junge Wissenschaft im Öffentlichen Recht e.V.
KonstHU	Konstituierung von Handlungsunrecht
labMELD	Auf den Laborwerten basierender MELD-Score
LAS	Lung Allocation Score
matchMELD	Aufgrund bestimmter Erkrankungen zugewiesener MELD-Score
MELD	Model for Endstage Liver Disease
NESS	Necessary Element of a Sufficient Set (of Conditions)
RLBÄK	Richtlinien gemäß § 16 Abs. 1 Satz 1 Nr. 2 und 5 TPG für die Wartelistenführung und Organvermittlung zur Lebertransplantation
StäKo	Ständige Kommission Organtransplantation der Bundesärztekammer
TX	Transplantation
ZEFQ	Zeitschrift für Evidenz, Fortbildung und Qualität im Gesundheitswesen

A) EINLEITUNG UND PROBLEMAUFRISS

I. Einleitung

Zwei Juristen, drei Meinungen – Zwei Ärzte, drei Meinungen.

Eine Gemeinsamkeit von Juristen[1] und Ärzten ist es, dass beiden die sinnhaft gleiche Redewendung auf den fachlich versierten Leib geschrieben wird.

Kombiniert man diese nun im Rahmen eines interdisziplinären Austauschs, wenn Denkweisen über einen Fachbereich hinaus in Verständigungsprozesse gebracht werden müssen, ist die Auswirkung der Potenzierungen, jedenfalls für eine geneigte Juristin, kaum bezifferbar.

Gesetzgeber und Gesetzesanwender sehen sich im Bereich des Medizinrechts vor ein Spannungsfeld von primär unterschiedlichen Sichtweisen gestellt. Für den Arzt bedeutet das Heil des Kranken als oberstes Gesetz (*salus aegroti suprem lex*), dass sein Wille diesem zu helfen primär prognostisch geprägt und auf einen künftigen, oftmals nur unter Inkaufnahme von Risiken geprägten Heilungserfolg gerichtet ist. Eine nicht erfolgreiche Behandlung wird daher auch als Resultat der Komplexität des Lebens eingestuft.

Der Jurist hingegen sieht den Willen des freiverantwortlich handelnden Kranken als oberstes Gesetz (*voluntas aegroti suprema lex*). Im Fokus stehen hier Steuerung, Kontrolle, und Risikominimierung. Schlägt eine Behandlung fehl, geht es um Vergangenheitsbewältigung und gegebenenfalls um die Suche nach einem Behandlungsfehler.[2]

Die Konzertierung der unterschiedlichen Interessen wird mit dem Fortschreiten medizinischer und medizintechnischer Erfahrungen und Erkenntnisprozesse stetig komplexer. So zielt bei der Transplantation (TX)[3] von Organen die Verantwortung des Arztes neben dem Schutz des Patienten vor, durch oder bei einer Behandlung außerdem darauf ab, für seinen Patienten

---

1 Zum Zwecke der besseren Lesbarkeit wird im Text das generische Maskulinum verwendet. Gemeint sind jedoch immer alle Geschlechter. Wird an manchen Stellen das Femininum verwendet, liegt dies an einem Bezug zu bestimmten, einzelnen Personen, oder es handelt sich um ein Zitat.

2 *Sternberg-Lieben*, ZIS 4/2018, 130 (130).

3 Zum Zwecke der besseren Lesbarkeit wird der Begriff „Transplantation“ im Folgenden mit dem im medizinischen Sprachgebrauch üblichen Kürzel „TX“ abgebildet. Dies gilt auch für den Plural sowie für zusammengesetzte Nomen.

die Chance auf den Erhalt eines Organs bestmöglich zu bewahren. Dass dieser Zugriff der Ärzte auf fundamentale Rechtgüter der Patienten die Notwendigkeit einer (straf-)rechtlichen Steuerung und Kontrolle birgt, liegt auf der Hand. Zuvörderst jedoch wird dem Gesetzgeber die Aufgabe zuteil, überhaupt erst den Rahmen für eine gerechte Teilhabe bei der Verteilung knapper Güter, nämlich der zur Verfügung stehenden Spenderorgane, zu kreieren.

Mit der in den Medien rasch als „Göttinger Transplantations-Skandal"[4] betitelten Aufdeckung der Manipulation von Patientendaten durch einen TX-Arzt im Jahr 2012 wurde diese Problematik in das Licht der Öffentlichkeit geradezu katapultiert. Der Mediziner hatte dabei das Ziel verfolgt, eigenen Patienten schneller ein Organ zu verschaffen, als es den Regelungen für die Wartelisten entsprechend der Fall gewesen wäre.

Bereits die Vorgeschichte dieses Falles birgt einigen Zündstoff.

Der palästinensische Arzt *Aiman O.* strebt bis zu der Aufdeckung der Vorgänge eine steile Karriere als TX-Mediziner in Deutschland an. Einer der ersten Schritte hierfür ist der Wechsel vom Klinikum in Hannover nach Regensburg, gemeinsam mit seinem Mentor. Hier ist *O.* als Oberarzt tätig und erreicht 2004 über seine Verbindungen in die arabische Welt eine Kooperation des Uni-Klinikums Regensburg mit dem Jordan-Hospital in Amman. In diesem Rahmen sind *O.* und sein Mentor auch in Jordanien tätig. Am 29. März 2005 operieren dort beide eine Araberin. Es stellt sich im Laufe der Operation heraus, dass die vor Ort zur Verfügung stehende Teilspende nicht genügt; es wird eine ganze neue Leber benötigt. Die darauffolgenden Ereignisse werden nicht vollständig aufgeklärt. Fest steht, dass *O.* bei Eurotransplant,[5] der Stiftung für internationale Organvermittlung in acht europäischen Ländern[6] mit Sitz in Leiden/Niederlande, wahrheitswidrig angibt, die Patientin, die sehr dringend eine neue Leber benötige, befände sich in Regensburg. Mit der daraufhin vermittelten Leber fliegt er nach Amman und transplantiert diese dort. Die Empfängerin verstirbt dennoch. Eurotransplant bemerkt Auffälligkeiten und stellt Erkundigungen an. Über verschiedene Stationen gelangt der Vorgang auf den Tisch der Staatsanwaltschaft. Diese befindet, es sei keine Straftat

---

4 *Kudlich*, NJW 2014, 917 (917 mit Fn. 1) und *Verrel*, MedR 2014, 464 (464) bezeichnen diese Titulierung als *„ungenau"* bzw. *„falsch"*, da die „skandalösen" Vorgänge nicht im Zusammenhang mit der Spende von Organen, sondern vielmehr deren Verwendung stehen. Jedoch habe sich diese Bezeichnung „eingebürgert".

5 www.eurotransplant.org.

6 Österreich, Belgien, Kroatien, Deutschland, Ungarn, Luxemburg, Niederlande, Slowenien. Informationen unter www.eurotransplant.org.

begangen worden. Es wird spekuliert, dahinterstecke, dass in den bayerischen Ministerien nicht gewünscht werde, dass das wichtige TX-Zentrum Regensburg einen Imageschaden davontrage. In den folgenden Jahren werden dort so viele Lebern transplantiert wie nie zuvor. 2008 wechselt *O.* nach Göttingen. Am 2. Juli 2011 geht bei der Deutschen Stiftung Organtransplantation (DSO) ein anonymer Anruf ein, in dessen Folge ein Jahr später an die Öffentlichkeit gelangt, was dann Gegenstand des Gerichtsverfahrens vor dem LG Göttingen wird, und womit sich schließlich auch der BGH zu befassen hat. Es besteht der Verdacht, dass *O.* in mindestens 23 Fällen falsche Patientendaten an Eurotransplant gefaxt habe.[7]

O. wird im November 2011 beurlaubt. Die Vorgänge werden medial heiß diskutiert. *Lilie* äußert sich 2012 als Professor für Straf-, Strafprozess- und Medizinrecht an der Universität Halle und damaliger Vorsitzender der Ständigen Kommission Organtransplantation der Bundesärztekammer (StäKo) zu dem Göttinger Komplex als schwerwiegendstes ihm bekanntes Fehlverhalten im Bereich der Organ-TX.[8] Er habe sich nicht vorstellen können, dass ein Arzt in Deutschland so agiere.[9]

Die Vorfälle werden zu einer Zäsur in der deutschen TX-Medizin. Ihr Zutagetreten fällt zeitlich zusammen mit der Einführung der Entscheidungslösung in das TPG mit dem Ziel der Erhöhung der stets zu knappen Anzahl an Spenderorganen.[10] Die Vorgänge und die darauf folgenden Prozesse gegen *O.* lösen jedoch einen eklatanten Einbruch der Spendebereitschaft infolge des massiven Vertrauensverlustes der Öffentlichkeit in das System der Organspende aus.

Dabei gesellt sich zu dem ohnehin nicht spannungsfreien Verhältnis von Juristen und Medizinern noch eine höchst emotionsbeladene Diskussion innerhalb der Bevölkerung. „*Nur wer jemals einem Menschen gegenüberstand, der auf diese letzte Möglichkeit der Medizin für sich persönlich gehofft hat, wird verstehen, dass unsere Sprache viel zu arm ist, um den Gegensatz zwischen der Todesangst beim Warten auf ein Spenderorgan und der tiefen Dankbarkeit nach einer erfolgreichen Transplantation zu beschreiben*“[11] – so formuliert *Lilie* die gänzlich von juristischen Fragen losgelöste Wirklichkeit der Betroffenen.

7 *Haupt*, Der Teppichhändler, faz.net vom 4. August 2012.

8 Zitiert in *Siegmund-Schultze*, Dtsch Arztebl 2012, A 1534 (A-1534).

9 Zitiert in *Bartholomäus/Hein/Siemens*, Fokus 30/2012, 42 (42).

10 § 2 II 1, 1a und 2a TPG, eingefügt durch das Gesetz zur Regelung der Entscheidungslösung (BGBl. 2013 I, S. 1504 ff.); vgl. *Verrel*, MedR 2014, 464 (464 mit Fn. 2).

11 *Lilie*, in: Lilie *et al.*, Organtransplantation, 55 (55).

O. wird 2015 vom Landgericht Göttingen[12] von der Anklage wegen versuchten Totschlags freigesprochen. Mit dem Vorwurf, er habe eine versuchte Tötung an den durch seine Falschangaben auf der Warteliste „überholten" Patienten begangen, hatte die Staatsanwaltschaft juristisches Neuland betreten. 2016 wird die durch sie eingelegte Revision verworfen, der Freispruch durch den BGH[13] bestätigt. Das Urteil sorgt erneut für enormes Aufsehen. Es erntet Zuspruch, jedoch durchaus einiges an Kritik. Diese betrifft unter anderem das vom zuständigen Senat angenommene Vorsatzverständnis.

Die Anforderungen des Vorsatzes haben *per se* nichts mit einer Verknüpfung mit medizinischen Fragen zu tun; sie entstehen, beziehungsweise bestehen, aus der reinen Rechtsdogmatik heraus. Subsumiert werden jedoch über den zugrundeliegenden Sachverhalt eben auch jene Fragen. Hinzukommt dabei eine Verbindung mit der Auslegung weiterer Rechtssätze.

Zurückblickend auf das eingangs angeführte, für Juristen wie Ärzte geltende Zitat treffen hier nun, je nachdem, ob diesem ein positiver Inhalt abgewonnen oder darin eine Kritik gesehen werden möchte, juristische Gestaltungsspielräume und Flexibilität auf umfangreiche medizinische Aufklärungs- und Diagnosemöglichkeiten, oder eben der Vorwurf der Beliebigkeit auf eine Idee von Gesundheit als Glückssache.

Dabei zeigt sich die Herausforderung für Gesetzgeber und Gesetzesanwender, genau abzuwägen und festzustecken, wie eng oder wie weit ein rechtlicher Rahmen für bestimmte Fragen des Medizinrechts, hier insbesondere solche des TPG, idealerweise gesteckt sein sollte. Es muss entschieden werden, ob und inwieweit Gestaltungsfreiräume zugesprochen, oder vielmehr umfangreiche Feinsteuerung betrieben werden sollte.

Mit dem BGH-Urteil endet die strafrichterliche Befassung mit dem Göttinger TX-Fall.[14] Jedoch sind mit den Nachwehen der Vorgänge und des Urteils noch weitere Gerichte bis ins Jahr 2023 befasst.

---

12 LG Göttingen, 6 Ks 4/13.

13 BGH, Urteil vom 28. Juni 2017 – 5 StR 20/16. Ohne Papierfundstelle zitierte Entscheidungen des BGH sind abrufbar unter www.bundesgerichtshof.de.

14 Zur besseren Lesbarkeit werden im Folgenden die Vorgänge um die Manipulationen durch den TX-Arzt *O.* in Göttingen, sowie der den Urteilen des LG Göttingen und dem BGH zugrundeliegende Sachverhalt als „TX-Fall" adressiert, und das Urteil des BGH (5 StR 20/16) als „TX-Urteil".

Zunächst bestätigte das OLG Braunschweig[15] am 28. Oktober 2020 in einem Berufungsprozess das Urteil des LG Braunschweig[16] vom 13. September 2019, das *O.* einen Schadenersatz in Höhe von 1,16 Millionen Euro gegen das Land Niedersachsen aus dem StrEG zugesprochen hatte. Der größte geltend gemachte Posten der Vermögensschäden, die ihm durch die Untersuchungshaft und weitere Strafverfolgungsmaßnahmen entstanden sein sollen, waren dabei Einnahmeverluste, die ihm durch eine gut dotierte Stelle in Amman (50.000 US-Dollar pro Monat) entgangen seien. Kurz vor der Abreise nach Jordanien war er im Januar 2013 in Deutschland festgenommen und später angeklagt worden.[17]

O. arbeitet nach eigenen Angaben seit 2017 für das Krankenhaus in Jordanien.[18]

Am 7. März 2023 hat der 1. Senat des BSG[19] entschieden, dass die Krankenkasse das behandelnde Klinikum für eine TX auch dann bezahlen muss, wenn falsche Angaben an Eurotransplant weitergegeben und die Warteliste für Organspenden dadurch manipuliert wurden. Es stehe der Krankenkasse nicht zu, das gezahlte Geld für die vorgenommene Operation zurückzufordern. Unabhängig von straf- und zivilrechtlichen Konsequenzen stehe es für den Klinikleiter fest, dass die durchgeführten Operationen medizinisch indiziert und einwandfrei durchgeführt worden waren.

II. Die widerstreitende Rechtsprechung und offene Fragen

Am 9. März 2022 hat die sowohl juristisch als auch medial heiß diskutierte Entscheidung des 5. Strafsenates des BGH zum „Göttinger Transplantations-Skandal" neue, aktuelle Relevanz erfahren. Durch einen Anfragebeschluss des

15 OLG Braunschweig 11 U 149/19 = openJur 2020, 78216.

16 LG Braunschweig 7 O 3677/18, dargelegt bei www.lto.de/recht/nachrichten/n/lg-braunschweig-7o3677-18-organspende-skandal-goettingen-arzt-schadensersatz/, zuletzt aufgerufen am 28. Mai 2023.

17 OLG Braunschweig 11 U 149/19 = openJur 2020, 78216, Rn. 11 ff., 69 ff., ergänzend zum Sachverhalt siehe auch Fn. 16.

18 Stand 2019, laut LTO vom 13.09.2019, „Göttinger Organspende-Skandal – 1,1 Millionen für freigesprochenen Arzt", abrufbar unter www.lto.de/recht/nachrichten/n/lg-braunschweig-7o3677-18-organspende-skandal-goettingen-arzt-schadensersatz/, zuletzt aufgerufen am 28. Mai 2023.

19 BSG B 1 KR 3/22 R, abrufbar bei der Datenbank des BSG unter www.bsg.bund.de/DE/Entscheidungen/entscheidungen_node.html, zuletzt aufgerufen am 28. Mai 2023.

4. Strafsenates[20] nach § 132 III 1 GVG ist die Diskussion um die Anforderungen des kognitiven Vorsatzelementes auf die Quasi-Kausalität neu entflammt.

Der oben bereits dargestellte, dem Urteil im TX-Fall aus dem Jahr 2017 zugrunde liegende Sachverhalt lautet vereinfacht wie folgt. Ein TX-Mediziner manipulierte[21] medizinische Daten seiner auf eine Spenderleber wartenden Patienten, um diesen eine höherrangige Einordnung auf der Warteliste für Spenderorgane zuteil werden zu lassen, als diese mit korrekt angegebenen Daten erreicht hätten. Ihm war dabei bewusst, dass dadurch tatsächlich vorrangige Patienten überholt würden.

Prüfungsgegenstand des damaligen 5. Strafsenates des BGH war ein versuchter Totschlag an den überholten Patienten. Im Ergebnis habe es dem Angeklagten laut Urteil jedoch am Tatentschluss gefehlt, genauer am dafür notwendigen kognitiven Element bezüglich der Quasi-Kausalität. Dieses erfordere, dass *„dem Täter bewusst sei, dass der Rettungserfolg mit einer an Sicherheit grenzenden Wahrscheinlichkeit eintreten würde“*.[22]

Zwar habe es der Angeklagte für *„denkbar“*[23] gehalten, dass einer der überholten Patienten versterben könnte. Jedoch habe er eben nicht mit einer an Sicherheit grenzenden Wahrscheinlichkeit davon ausgehen können, dass bei diesen ihm unbekannten Patienten durch die TX eine Lebensverlängerung erreicht worden wäre, aufgrund des ihm bekannten hohen Sterberisikos bei oder unmittelbar nach einer TX, sowie weiterer Verwerfungen des Allokationsverfahrens.[24]

Am 19. August 2020 hatte sich der 1. Strafsenat des BGH in einem von der juristischen Öffentlichkeit wenig wahrgenommenen Urteil (*Palliativ*-Fall)[25] explizit ablehnend gegen den vom 5. Strafsenat angenommenen Bezugspunkt des Vorsatzes auf die Quasi-Kausalität geäußert. Konkret ging es dabei um die Anforderungen an das kognitive Element des *dolus eventualis* mit dem Bezugspunkt der Quasi-Kausalität.

Der 1. Senat hatte sich mit der Prüfung eines versuchten Mordes zu Lasten einer Altenpflegerin zu befassen, nachdem es zu einer Medikamentenverwechslung

---

20 BGH, Beschluss vom 9. März 2022 – 4 StR 200/21.

21 Sofern die Tathandlungen nicht explizit zur Subsumtion unter die einzelnen Fälle untergliedert wurden, ist mit den für die Handlung verwendeten Verben stets das strafrechtlich relevante Verhalten des Täters als Ganzes gemeint.

22 BGH, Urteil vom 28. Juni 2017 – 5 StR 20/16, Rn. 55.

23 Ebd., Rn. 51.

24 Ebd., Rn. 55.

25 BGH, Urteil vom 19. August 2020 – 1 StR 474/19.

bei dem palliativmedizinisch versorgten Bewohner eines Pflegeheimes gekommen war. Dabei nutzte der Senat im *obiter dictum* die Gelegenheit, sich zu den Anforderungen an den Vorsatz bei Quasi-Kausalität zu äußern.

In den redaktionellen Leitsätzen, die dem Urteil zuweilen beim Abdruck oder der digitalen Wiedergabe unter verschiedenen Fundstellen hinzugefügt werden, wird diese Befassung mit der Problematik unter dem Stichwort „Gegenstand des Vorsatzes" direkt herausgestellt.[26]

Obiter dicta haben keine Bedeutung für die Entscheidung des konkreten Falles und keine Bindungswirkung für andere Senate oder Gerichte. Hier werden Fragen adressiert, welche im vorliegenden Fall nicht entscheidungserheblich sind. Die Meinungen über dieses juristische Gestaltungsmittel und seine Sinnhaftigkeit gehen weit auseinander. In aller Kürze sei dies hier an zwei gegenläufige Betrachtungsweisen illustriert.

T. Fischer schreibt über die *obiter dicta*, das „Nebenbei Gesagte", dass *„[s]ie sagen, was sein soll, wenn es so wäre, wie es nicht ist. […] Sie blasen die Backen auf, wo es nichts zu pfeifen gibt."*[27] Dies trifft insofern zu, als der juristische Stil der Idee von *Ockham's razor* folgen soll, und Kritiker des *obiter dictum* ins Feld führen, dass die Gerichte im Sinne der Gewaltenteilung ausschließlich über den vorliegenden Fall zu entscheiden hätten.[28]

Dass die von *T. Fischer* geäußerte Abneigung in einigen Fällen ihre Berechtigung hat, heißt jedoch nicht, dass ein *obiter dictum* nicht vielmehr bei verständigem Gebrauch eine überaus wichtige Funktion erfüllen kann. So stellt es sich für seine Sympathisanten wie beispielsweise *R. Fischer* als bedeutsames Handlungsinstrument für den Revisionsrichter zur Schaffung einer behutsamen richterlichem Rechtsfortbildung dar, das Geschick und Kunstfertigkeit erfordert.[29] Zu seinen Funktionen zählen etwa die Entwicklung von Tendenzen bei neuen Rechtsfragen, die beispielsweise für das Haftungsrisiko der Rechtsanwälte relevant werden können, oder auch eine Klärung offener Rechtsfragen, sowie die Vorstellung einer rechtsgebietsübergreifend kohärenten Judikatur.[30]

---

26 Z.B. HRRS 2021/21 zum Urteil BGH, Urteil vom 19. August 2020 – 1 StR 474/19.

27 *Fischer*, „Fischer im Recht"-Kolumne vom 12. April 2016; zitiert in *Schulz*, ZIS 10/2018, 403 (403).

28 *Schulz*, ZIS 10/2018, 403 (403); vgl. auch § 13 der Geschäftsordnung des BGH: Tatbestand und Entscheidungsgründe sind klar und möglichst kurz abzufassen. Sie sollen sich auf das Wesentliche und auf den Gegenstand der Entscheidung beschränken […].

29 *Fischer*, Gesammelte Schriften, S. 79.

30 *Schulz*, ZIS 10/2018, 403 (403, 405), mit Besprechungen jeweils dazugehöriger BGH-Urteile.

Es wird darauf zurückzukommen sein, ob das Urteil im *Palliativ*-Fall in Bezug auf das kognitive Vorsatzelement lediglich „dicke Backen“ im Sinne einer am Stammtisch geäußerten „Wenn's nach mir ginge“-Parole[31] macht, oder nicht vielmehr aus gutem Grund einen altbewährten Klassiker pfeift.

Im *obiter dictum* des Urteils des 1. Senates jedenfalls werden die vom 5. Strafsenat aufgestellten Maßstäbe explizit abgelehnt. Auch habe das LG als vorangegangene Instanz im vorliegenden Fall zu Recht nicht auf diese abgestellt.[32]

Eine Anfrage nach § 132 II GVG war in diesem Fall deshalb entbehrlich, weil der Senat auch eine lückenhafte Beweiswürdigung des voluntativen Vorsatzelementes feststellte. Somit sei der *dolus eventualis* hinsichtlich der Tötung *„bereits auf der Grundlage der Definition der bisherigen Rechtsprechung nicht ausreichend begründet“*.[33] Damit war die Frage nach den Anforderungen des kognitiven Elementes im Ergebnis nicht entscheidungserheblich.

Darüber hinaus halte zudem die Prüfung des Mordmerkmals der Verdeckungsabsicht der rechtlichen Prüfung nicht stand. Abschließend gab der 1. Senat dem neuen Tatgericht noch Hinweise zur Prüfung des hier relevanten Rechtfertigungselementes an die Hand.[34]

In seiner überaus deutlichen und für eine „Randnotiz“ durchaus an prominenter Stelle in den Ausführungen angeführten Stellungnahme zum kognitiven Vorsatzelement kommt der 1. Senat zu folgendem Ergebnis: Es reiche *„nach der bisherigen Rechtsprechung bei dem Versuch eines Totschlags nach § 212 StGB bei einer Tatbegehung durch aktives Tun ebenso wie durch Unterlassen aus, dass der Täter den Eintritt des Erfolges* ***nur für möglich*** *[halte]“*.[35]

Kern dieser Meinungsdifferenzen zwischen dem 1. und dem 5. Senat ist also die Frage, ob es bei einem versuchten Totschlag im Sinne der §§ 212 I, 22, 23 I StGB für die Annahme eines Tatentschlusses in Gestalt des *dolus eventualis* in kognitiver Hinsicht genügt, dass der Täter es (nur) für möglich hält, dass ohne seine Handlung, beziehungsweise beim Hinzudenken der für ihn gebotenen Handlung, ein Tötungserfolg entfiele, oder ob er vielmehr nach seinem Wissensstand davon ausgehen muss, dass der Erfolg mit an Sicherheit grenzender Wahrscheinlichkeit entfiele.

---

31 *Fischer*, „Fischer im Recht“-Kolumne vom 12. April 2016; *Schulz*, ZIS 10/2018, 403 (403).

32 BGH, Urteil vom 19. August 2020 – 1 StR 474/19, Rn. 20.

33 Ebd., Rn. 22.

34 Ebd., Rn. 24, 31 ff.

35 Ebd., Rn. 20. Hervorhebung von der Autorin.

Der 5. Senat rekurriert für seine These, die Annahme eines bedingten Vorsatzes verlange in den Fällen der Quasi-Kausalität ein Bewusstsein des Täters, dass der Rettungserfolg einer von ihm unterbrochenen Bedingung mit einer an Sicherheit grenzenden Wahrscheinlichkeit eintreten würde, auf die „*Rechtsprechung des Bundesgerichtshofs*".[36]

Der 1. Senat bezieht sich ebenfalls auf die „*bisher geltende[…] Dogmatik insbesondere in Unterlassungsfällen*".[37] Der 5. Senat habe mit den von ihm aufgestellten Anforderungen im Ergebnis eine Änderung der Vorsatzanforderungen nach der bisherigen Rechtsprechung in all den Fällen formuliert, in denen, wie beim pflichtwidrigen Unterlassen oder einem Eingriff in einen rettenden Kausalverlauf, ein hypothetischer Kausalverlauf an die Stelle einer durch aktives Tun tatsächlich in Gang gesetzten Kausalkette tritt. Diese Verengung des Vorsatzes auf sicheres Wissen bedeute eine grundlegende Abkehr von der bisher für diese Fälle geltenden Dogmatik. Gründe für die diese Abkehr werden weder benannt, noch seien solche erkennbar. Auch die vom 5. Senat zitierten Entscheidungen stützten dessen These nicht. Der 5. Senat vermische vielmehr Fragen des Vorsatzes mit Fragen des Beweismaßes für die Feststellung der (hypothetischen) Kausalität, welche dem objektiven Tatbestand zuzuordnen sei.[38]

Das *Palliativ*-Urteil des 1. Senates wurde für die Anforderungen des kognitiven Elementes beim bedingten Vorsatz bezüglich der Quasi-Kausalität in weiteren Entscheidungen zitiert. Diese gingen ebenfalls davon aus, dass es hierfür genüge, dass der Täter mit der Möglichkeit rechne, sein Eingreifen könne den Erfolg abwenden.[39] Allerdings war dabei jeweils die Subsumtion unter diese Anforderung nicht entscheidungserheblich. Mit dem Rekurs auf das Urteil zum *Palliativ*-Fall ist bei diesen Entscheidungen dem 2. Senat mehrfach der Drahtseilakt gelungen, zwar durchaus Stellung zu beziehen, jedoch nicht entgegen der Vorschrift aus § 132 II, III GVG tatsächlich im Ergebnis von der Rechtsauffassung des 5. Senates abzuweichen, ohne beim Großen Senat für Strafsachen vorgelegt, beziehungsweise zuvor diesbezüglich beim 5. Senat angefragt zu haben. Für die Gewährleistung einer einheitlichen Rechtsprechung statuiert § 132 III 1 GVG, dass beim BGH der Große Senat angerufen werden muss, wenn ein Senat

---

36 BGH, Urteil vom 28. Juni 2017 – 5 StR 20/16, Rn. 55.

37 BGH, Urteil vom 19. August 2020 – 1 StR 474/19, Rn. 20.

38 Ebd., Rn. 20 f.

39 BGH, Urteil vom 29. September 2021 – 2 StR 491/20, Rn. 22; BGH, Urteil vom 4. August 2021 – 2 StR 178/20, Rn. 19.

von der Rechtsprechung eines anderen Senates abweichen möchte, sofern zuvor der andere Senat erklärt hat, an seiner Rechtsprechung festhalten zu wollen.

Anders als bei diesen Fällen stellte sich dies jedoch bei einem LG-Urteil, welches dem 4. Strafsenat seit Anfang 2022 zur Entscheidung vorlag, dar.

Dabei fuhr der Angeklagte mit seinem Pkw aus Unachtsamkeit in eine Gruppe von vier Personen, die am Rand einer unbeleuchteten Landstraße entlangliefen. Zwei Personen wurden leicht verletzt, eine Person durch eine Streifstoß umgerissen und nicht lebensgefährlich verletzt. Die vierte Person wurde durch einen Aufprall seitlich am Fahrzeug gegen einen Metallzaun geschleudert und so schwer verletzt, dass sie wenige Minuten später noch an der Unfallstelle verstarb. Wäre unmittelbar nach dem Unfall ärztliche Hilfe vor Ort gewesen, hätte noch eine (geringe) Überlebenschance bestanden. Der Angeklagte hatte die Kollision wahrgenommen und seine Fahrt fortgesetzt.[40] „*Dabei rechnete er mit der Möglichkeit, dass die von ihm angefahrenen Fußgänger an den durch den Unfall erlittenen Verletzungen versterben könnten; für diesen Fall hielt er für möglich, dass er ihren Tod durch eine sofortige Verständigung eines Notarztes noch abwenden könnte, und nahm den Todeseintritt billigend in Kauf. Zugleich hielt er auch für möglich, dass die beiden Geschädigten bereits verstorben oder nicht mehr zu retten waren.*“[41]

Die mit der Sachrüge geführte Revision des Angeklagten wendet sich insbesondere gegen den Schuldspruch wegen eines Mordversuchs durch Unterlassen in zwei Fällen, tateinheitlich begangen. Der Angeklagte beruft sich auf das Urteil zum TX-Fall und proklamiert, das dort für den Vorsatz in kognitiver Hinsicht geforderte Bewusstsein beim Unterlassen der Rettungshandlung, der Tod würde ohne diese mit an Sicherheit grenzender Wahrscheinlichkeit eintreten, sei nicht festgestellt. Das Bewusstsein, den (möglichen)[42] Tod durch Rettungsmaßnahmen möglicherweise abwenden zu können, genüge für die Annahme bedingten Tötungsvorsatzes nicht.[43]

Der Tenor des Beschlusses lautet:

> „*Der 4. Strafsenat des Bundesgerichtshofs hat nach Anhörung des Generalbundesanwalts und des Beschwerdeführers am 9. März 2022 beschlossen:*

---

40 BGH, Beschluss vom 9. März 2022 – 4 StR 200/21, Rn. 2 f.

41 Ebd., Rn. 3.

42 Ergänzung der Autorin, da bei einem der Verletzten der Tötungserfolg ausblieb, und bei dem anderen eine Quasi-Kausalität der Rettungshandlung nicht (mit der erforderlichen Sicherheit) nachgewiesen werden konnte.

43 BGH, Beschluss vom 9. März 2022 – 4 StR 200/21, Rn. 5.

1. *Der Senat beabsichtigt zu entscheiden:*

Bei einem durch Unterlassen verwirklichten versuchten Tötungsdelikt setzt der Tatentschluss in Bezug auf die hypothetische Kausalität in kognitiver Hinsicht lediglich voraus, dass der Täter den Eintritt eines Rettungserfolgs für möglich hält.

2. *Der Senat fragt beim 5. Strafsenat an, ob an der im Urteil vom 28. Juni 2017 – 5 StR 20/16 (BGHSt 62, 223) niedergelegten entgegenstehenden Rechtsauffassung festgehalten wird.*"[44]

Daraufhin hat am 27. September 2022 der mittlerweile komplett neu besetzte 5. Senat per Beschluss gemäß § 132 III 1, 3 GVG folgendes erklärt:

„*Der Senat hält an eigener Rechtsprechung, die der beabsichtigten Entscheidung des 4. Strafsenats entgegensteht, nicht fest und schließt sich der Rechtsauffassung des anfragenden Senats an.*"[45]

Eine Begründung folgt nicht.

Die in der Zwischenzeit erfolgte komplette Neubesetzung ist hier besonders zu betonen. Wenn im Folgenden vom „5. Senat" die Rede ist, ist stets die Besetzung zum Zeitpunkt der Entscheidung im TX-Fall gemeint.

Somit präsentiert sich das erneute Aufflammen dieses Streits zunächst als Strohfeuer. Infolge der vom 5. Senat vertretenen Vorsatzidee blieben einige im Urteil angerissene Fragen offen. Diese glimmen angesichts der fehlenden Begründung vor sich hin und bergen ihrerseits so viel Zündstoff, dass nun hinsichtlich des Vorsatzverständnisses die Frage zumindest leise anklopft, ob dieses im TX-Fall seinen Ursprung in Gründen gefunden haben könnte, die nicht in der Vorsatzdogmatik *per se* verankert sind. So könnte gemutmaßt werden, dass bestimmte Fragen nicht abschließend geklärt werden sollten oder wollten, oder ob der Umgang mit diesen Fragen und den speziellen Problemen des TX-Rechts nicht klar eingeordnet werden sollte oder konnte, und deshalb ein Weg über eine spezielle Vorsatzidee gesucht wurde.

Daher soll im Folgenden zunächst geklärt werden, ob dieses Verständnis des kognitiven Vorsatzelementes (bezüglich der Quasi-Kausalität) *per se* irgendwie erklärbar und dogmatisch haltbar ist. Des Weiteren wird sich zeigen, ob sich die soeben geäußerte Vermutung verfestigt. Dafür ist zu untersuchen, welche weiteren Zusammenhänge dabei eine Rolle spielen und wie diese zu bewerten sind, und was damit auch zumindest eine mögliche Begründung für die Erklärung

44 BGH, Beschluss vom 9. März 2022 – 4 StR 200/21, Entscheidungstenor.
45 BGH, Beschluss vom 27. September 2022 – 5 ARs 34/22.

des 5. Senates in seiner aktuellen Besetzung zum Anfragebeschluss des 4. Senates sein könnte.

III. Ablauf des Transplantationsverfahrens

Am Ende des Jahres 2022 standen auf der aktiven Warteliste für Leber-TX in den Eurotransplant-Ländern insgesamt 1.239 Patienten, davon 819 aus Deutschland. Im Laufe des Jahres wurden 1402 postmortal entnommene Lebern transplantiert, davon 649 in Deutschland.[46]

Sobald ein Spenderorgan verfügbar wird, muss es nach seiner Entnahme so schnell wie möglich transplantiert werden. Ein tadellos funktionierendes System ist daher wortwörtlich überlebensnotwendig.

Wird bei einem Patienten eine schwere Lebererkrankung diagnostiziert, erfolgt als nächstes die Vorstellung in einem Krankenhaus, das als TX-Zentrum zugelassen ist. Sodann wird geprüft, ob die Voraussetzungen einer TX vorliegen. Falls dies positiv beantwortet wird, erfolgen die Aufnahme in die Warteliste des TX-Zentrums, sowie die Listung bei Eurotransplant. Vorgaben für die Vermittlung von Spenderorganen sind dem TPG zu entnehmen, insbesondere § 16 I 1 Nr. 2 und 5 TPG in Verbindung mit den darauf beruhenden Richtlinien der Bundesärztekammer (RLBÄK) zur Organtransplantation – für den TX-Fall in der Fassung vom 18. Dezember 2009.[47]

---

46 Eurotransplant Yearly Statistics Overview – 2022, abrufbar unter https://statistics.eurotransplant.org/index.php?search_type=overview&search_text=9023, zuletzt aufgerufen am 28.05.2023. Die Zahlen beziehen sich auf TX, bei denen nur die Leber transplantiert wurde; zusammen mit kombinierten TX und Teilleber-TX ist die hier angegeben Gesamtzahl 1.500. Auf einem Eurotransplant *factsheet* vom 11. Januar 2024 wird für die Anzahl der im Jahr 2023 nach postmortaler Spende transplantierter Lebern mit 1.628 beziffert. https://www.eurotransplant.org/wp-content/uploads/2024/02/ET-Factsheet-2023_DEF.pdf, zuletzt aufgerufen am 28. Mai 2023.

47 Richtlinien gemäß § 16 Abs. 1 Satz 1 Nr. 2 und 5 TPG für die Wartelistenführung und Organvermittlung zur Lebertransplantation. Speziell für den TX-Fall ist stets die zum Tatzeitpunkt aktuelle Fassung aus 2009 gemeint. Für die vorliegende Betrachtung werden relevante Änderungen im Text adressiert. Inhalte werden so weit wiedergegeben oder beschrieben, wie es ein Textverständnis erfordert. Vom Abdruck (im Anhang) einer zum Zeitpunkt der Anfertigung dieser Arbeit aktuellen Fassung oder einer Fundstelle soll abgesehen werden. Versionen der Richtlinien sind zwar auf den Seiten der BÄK leicht auffindbar, allerdings ist es leider schwer bis kaum nachvollziehbar, welche tatsächlich dem aktuellen Stand entsprechen und wann welche der relativ häufig eingepflegten Änderungen wirksam wurden.

Nach der Meldung der Verfügbarkeit einer Spenderleber erstellt Eurotransplant für diese Leber eine Match-Liste. Hier werden diejenigen Patienten aufgenommen, die aufgrund der vom TX-Zentrum übermittelten Daten als Empfänger dieser Leber in Betracht kämen. Die Listung erfolgt in einer bestimmten Reihenfolge, welche sich nach der Dringlichkeit einer TX richtet. Dabei werden vorrangig Patienten in akut lebensbedrohlichen Situationen berücksichtigt (*high urgency* – HU), sowie diejenigen, bei denen eine TX mehrerer Organe (kombinierte TX) benötigt wird. Die Reihenfolge der Wartelistenkandidaten wird durch den MELD-Score bestimmt (*Model For Endstage Liver Disease*, Modell für Lebererkrankungen im Endstadium). Dieser Wert spiegelt die Dringlichkeit einer Leber-TX wider und wird aus drei verschiedenen Blutwerten errechnet: International Normalized Ratio (INR), Serum-Kreatinin und Serum-Bilirubin (labMELD).

Für ungefähr 15–20 % der Patienten kann der labMELD die Dringlichkeit nicht adäquat ausdrücken. Daher wurden von der Bundesärztekammer (BÄK) einige Krankheiten als *Standard Exception* definiert, beispielsweise ein hepatozelluläres Karzinom (HCC), für die auf Antrag durch das TX-Zentrum unter Voraussetzung der Einhaltung bestimmter Kriterien ein so genannter matchMELD zugewiesen wird.

Der MELD-Score reflektiert die statistische Wahrscheinlichkeit, dass der Patient innerhalb der nächsten drei Monate verstirbt – je höher der Wert, desto höher diese Wahrscheinlichkeit. Beim höchsten MELD-Score von 40 beträgt diese Wahrscheinlichkeit 98 %.

Die Organzuteilung erfolgt sodann in einem vorgegebenen Ablauf. Die „Regelallokation“ stellt hierbei das Standardverfahren dar. Eurotransplant bietet das Organ dem elektiven Patienten an, wobei sich die Angebotsreihenfolge nach dem MELD-Score richtet. Eurotransplant ist verpflichtet, diese Reihenfolge einzuhalten.

Haben zwei oder mehrere Patienten den gleichen MELD-Score, wird derjenige Empfänger bevorzugt, aus dessen Region das Spenderorgan kommt. Danach richtet sich die Allokation nach weiteren Parametern in Verbindung mit der Wartezeit auf der Liste.

Erst wenn ein Organangebot im jeweiligen TX-Zentrum angenommen wird, erfolgt die verbindliche Zuteilung durch Eurotransplant. Eine Ablehnung eines Angebots kann beispielsweise aufgrund einer aus ärztlicher Sicht qualitativ unterdurchschnittlichen Leber bei hinreichend stabilem Zustand des Patienten erfolgen. Das Ziel wäre dann, durch ein später verfügbares, qualitativ besseres Organ die Chancen zu erhöhen, sowohl die TX zu überstehen als auch ein längerfristiges Überleben zu ermöglichen. Außerdem kann im jeweiligen

TX-Zentrum aktuell keine OP-Möglichkeit bestehen, oder der Zustand des Patienten erlaubt eine solche nicht. Die zur Verfügung stehende Spenderleber wird in einem solchen Fall gemäß der Wartelisten-Reihenfolge dem jeweils nachfolgenden Patienten angeboten.

Wird ein Organangebot nicht im Standard-Verfahren angeboten, wird seitens Eurotransplant in das beschleunigte[48] Vermittlungs- oder Zentrumsverfahren übergeleitet.[49]

IV. Zu den einzelnen Fällen im Transplantationsskandal

Das Landgericht Göttingen hat zu den einzelnen Fällen, in denen *O.* Falschangaben gegenüber Eurotransplant getätigt hatte, folgende Feststellungen getroffen:

Im Rahmen der Wartelisten-Fälle[50] bewirkte er in zwei der vor dem BGH noch verfahrensgegenständlichen Fällen die Aufnahme der unter alkoholinduzierter Leberzirrhose leidenden Patientinnen auf die Warteliste, obwohl sie nicht die von den RLBÄK (Ziff. II 2.1. Satz 1 RLBÄK 2009) für eine Aufnahme geforderte sechsmonatige Alkoholabstinenz eingehalten hatten. Dies war dem Arzt bekannt.

Die Manipulations-Fälle[51] betreffen weitere sechs Patienten, bei denen *O.* im Zeitraum von 2010–2011 jeweils eine Leber übertrug. Dabei hatte er jeweils wahrheitswidrig angegeben, es wären bei den Patienten zuvor zwei Nierenersatztherapien durchgeführt worden. Demzufolge haben Patienten aufgrund eines höheren MELD-Scores einen ihnen an sich nicht zustehenden Listenplatz eingenommen.

Wird bei einem Patienten in der Woche vor dem Serum-Kreatinin-Test zweimal eine solche Nierenersatztherapie vorgenommen, wird der Serum-Kreatinin-Wert unabhängig vom tatsächlich gemessenen Wert auf den Höchstwert von 4,0 mg/dl festgesetzt.

Bei mehreren dieser Patienten lagen zudem Ausschlusskriterien zur Aufnahme in die Warteliste vor. Einmal betraf dies erneut die wahrheitswidrige Angabe der Einhaltung der sechsmonatigen Alkoholkarenzzeit bei alkoholbedingter Leberzirrhose. Ein weiterer Fall betraf eine Aufnahme in die

48 Dazu noch Weiteres auf S. 235 ff.

49 Informationen zu den Abläufen einer TX können auf den Seiten von Eurotransplant (eurotransplant.org) oder der DSO (dso.de) abgerufen werden.

50 BGH, Urteil vom 28. Juni 2017 – 5 StR 20/16, Rn. 12.

51 Ebd., Rn. 15.

Warteliste trotz tatsächlicher Nichteinhaltung der *Clichy*-Kriterien (Ziff. II 2.5 RLBÄK 2009), welche für Patienten mit akutem Leberversagen auf Basis einer Hepatitis-B-Virusinfektion herangezogen werden. Bei einem anderen Patienten lag ein extrahepatisches Tumorwachstum vor. *O.* hatte auch hier eine Aufnahme in Warteliste erreicht, obwohl Ziff. II 2.3. RLBÄK 2009 Patienten mit extrahepatischem Tumorwachstum von einer Aufnahme ausgeschlossen hatte. Außerdem wurde der Patient als *resident* gemeldet, besaß jedoch zum Zeitpunkt der Registrierung weder die Staatsangehörigkeit eines der Eurotransplant-Staaten, noch hatte er berechtigterweise für länger als sechs Monate in einem solchen gearbeitet oder gelebt.[52]

> *„Ziel der vom Angeklagten veranlassten Falschmeldungen war es, die Aussichten der Patienten auf eine Organzuteilung zu erhöhen. Sowohl im Zeitpunkt der Falschangabe als auch bei der Annahme des Organs rechnete er damit, dass seinen Patienten das jeweilige Organ bei zutreffenden Angaben unter Umständen nicht zugeteilt würde, weil es dann ein etwa ‚vorrangiger' Patient erhalten hätte. Ihm war bewusst, dass ein solcher ‚vorrangiger' Patient in die Gefahr geraten könne, nicht mehr rechtzeitig ein anderes passendes Organangebot zu erhalten und aufgrund dessen zu versterben. Er vertraute allerdings darauf, dass der womöglich an höchster Stelle übersprungene (im Folgenden: ‚erstüberholte') Patient rechtzeitig ein anderes passendes Organangebot bekommen und aufgrund der fehlerhaften Organzuteilung keinen gesundheitlichen Schaden erleiden werde. Hinsichtlich etwa ‚überholter' Patienten auf den Positionen nach dem ‚Erstüberholten' vermochte er aufgrund der Unwägbarkeiten des Allokationsverfahrens schon den tatsächlichen Verlauf in seinen wesentlichen Zügen nicht vorauszusehen."*[53]

52 BGH, Urteil vom 28. Juni 2017 – 5 StR 20/16, Rn. 10 ff.

53 Ebd., Rn. 17 zu den Feststellungen des LG, aufgegriffen in der rechtlichen Würdigung unter Rn. 52.

B) ANALYSE

Ausgangspunkt des Streits ist die Frage, welche Anforderungen an das Bewusstsein des Täters bezüglich seines Wissens um die eine Quasi-Kausalität im objektiven Tatbestand begründenden Umstände gestellt werden müssen. Dabei scheinen zunächst die drei Senate, *respective* der 5. Senat einerseits und der 1. und 4. Senat andererseits, von unterschiedlichen Anforderungen oder Inhalten des *dolus eventualis*, welcher vom 5. Senat als hier einzig denkbare Vorsatzform geprüft wird, auszugehen.

Der BGH hat hier insofern Neuland betreten, als sich bis *dato* noch keine BGH-Entscheidung finden ließ, die sich mit der Vorsatzfrage genau bei einem versuchten Abbruch rettender Kausalverläufe befasst hat.[54] Daher ist als weiterer Ansatz ist denkbar, dass diese Vorsatzidee ihren Ursprung in der Quasi-Kausalität im objektiven Tatbestand als Bezugspunkt des Vorsatzes finden könnte.

I. Der *dolus eventualis* und seine Anforderungen

Der erste Teil der Analyse legt den Fokus auf Inhalt und *ratio* der hier relevanten Vorsatzform des *dolus eventualis*. Prämisse ist hier eine aus § 16 StG abgeleitete Spiegelbildfunktion des Vorsatzes, also eine Kongruenz zwischen subjektivem und objektivem Tatbestand.[55]

1. Definition und *ratio* des *dolus eventualis*

Der BGH hat in seiner – bis auf den TX-Fall – ständigen Spruchpraxis für den *dolus eventualis* folgende Definition, oder auch „*Deutungsraster für eine konsensfähige Interpretation menschlichen Handelns*"[56] festgelegt, die auch vom BVerfG bei dem Beschluss zur Verfassungsbeschwerde im unten noch näher betrachteten „*Berliner Raser*"-Fall in dieser Formulierung als „*gefestigte Rechtsprechung*"[57] erachtet wurden:

---

54 *Rosenau/Lorenz*, JR 2018, 168 (180).

55 Schönke/Schröder – *Sternberg-Lieben/Schuster*, StGB, § 15 Rn. 16, 38; MüKo – *Joecks/Kulhanek*, StGB, § 16, Rn. 6.

56 *Schroth*, NStZ 1990, 324 (324).

57 BVerfG, Beschluss vom 7. Dezember 2022 – 2 BvR 1404/20, Rn. 42. Ohne Papierfundstelle zitierte Entscheidungen des BVerfG sind abrufbar unter bundesverfassungsgericht.de.

Dolus eventualis liegt vor, wenn der Täter den Eintritt des tatbestandlichen Erfolges als möglich und nicht ganz fernliegend erkennt (kognitives Element), und den Erfolgseintritt billigend in Kauf nimmt oder sich um des erstrebten Zieles willen wenigstens mit ihm abfindet, mag ihm auch der Erfolgseintritt an sich unerwünscht sein (voluntatives Element).[58] Es ist demnach für das kognitive Element keine notwendige Voraussetzung, dass der Täter von einem zwangsläufigen Erfolgseintritt ausgeht oder nach objektiven Maßstäben ausgehen müsste.[59] Insbesondere die Abgrenzung zur (bewussten) Fahrlässigkeit erfolgt anhand des voluntativen Elementes. Diese ist in Abgrenzung zum Vorsatz gegeben, wenn der Täter mit dem als möglich erkannten Erfolg nicht einverstanden ist, und ernsthaft auf dessen Nichteintritt vertraut.[60]

Diese Grundsätze gelten – jedenfalls im allgemeinen Konsens neben dem Urteil des 5. Senates – auch für Unterlassungstaten, mit einem entsprechend der Deliktsstruktur angepassten psychischen Sachverhalt. Zusätzliche Anforderungen an den Vorsatz werden nicht gestellt. Die Kausalität wird der Deliktsstruktur entsprechend im objektiven Tatbestand modifiziert. Hält es also der Täter für möglich, dass durch sein Eingreifen der tatbestandliche Erfolg verhindert würde, und wird aus Gleichgültigkeit nicht tätig, so liegt ein für die in diesem Fall hypothetische Ursächlichkeit ausreichender *dolus eventualis* vor.[61]

Daran angeschlossen haben sich auch der 1. und der 4. Senat in ihren hier benannten Urteilen.

In der Rechtsprechungspraxis hat sich die auch vom 5. Senat gebrauchte[62] und daher auch hier in Anlehnung an den Wortlaut in den relevanten Entscheidungen teilweise übernommene Bezeichnung als „bedingter Vorsatz" etabliert. Diese tendiert dazu, darüber hinwegzutäuschen, dass auch hier über eine

58 Statt vieler: BGH, Urteil vom 1. März 2018 – 4 StR 158/17, Rn. 13 m.w.N.; vgl. auch Nachweise in *Wessels/Beulke/Satzger*, Strafrecht AT, Rn. 331; *Gaede*, in: Matt/Renzikowski, StGB, § 15, Rn. 16; BVerfG, Beschluss vom 7. Dezember 2022 – 2 BvR 1404/20, Rn. 42.

59 BGH, Urteil vom 1. März 2018 – 4 StR 399/17, Rn. 17; *Deiters*, ZIS 7–8/2019, 401 (402); BGH NStZ-RR 2007, 43 (44); *Gaede*, in: Matt/Renzikowski, StGB, § 15, Rn. 16.

60 *Gaede*, in: Matt/Renzikowski, § 15, Rn. 16.

61 BGH, Beschlüsse vom 9. März 2022 – 4 StR 200/21, Rn. 10 m.w.N., 13; und vom 23. Februar 2021 – 3 StR 488/20, Rn. 11; Urteile vom 19 August 2020 – 1 StR 474/19, Rn. 14, 16 m.w.N.; und vom 4. August 2021 – 2 StR 178/20, Rn. 19; Schönke/Schröder – *Sternberg-Lieben/Schuster*, StGB, § 15, Rn. 98; *Fischer*, StGB, 67. Aufl., § 22 Rn. 31a mit § 13 Rn. 87; LK – *Weigend*, 13. Aufl., § 13 Rn. 73; SSW-StGB/Kudlich, 4. Aufl., § 13 Rn. 38.

62 BGH, Urteil vom 27. Juni 2017 – 5 StR 20/16, Rn. 46 f., 60.

abstrakte Tatgeneigtheit hinaus ein unbedingter Entschluss zur Tat vorausgesetzt wird. Dieser kann jedoch auch auf der Grundlage einer erkannt unsicheren Tatsachenlage gefasst werden.[63]

Auch eine Einstufung des *dolus eventualis* als „schwächste Vorsatzform"[64] darf nicht über die Anforderungen dieses unbedingten Entschlusses hinwegtäuschen. Auch diese Vorsatzform als Ausprägung der inneren Tatseite verlangt ein Wissen und Wollen, was entgegen dem Wortlaut einer „bedingten" Ausprägung des Vorsatzes keinesfalls nur unter bestimmten Voraussetzungen gilt. Die unterschiedlichen Vorsatzformen beanspruchen mithin alle die gleiche Geltung, und repräsentieren sämtlich die Idee der notwendigen subjektiven Komponente bei der Verwirklichung eines Straftatbestandes.[65]

Besondere Relevanz erfahren die Daseinsberechtigung und die *ratio* des *dolus eventualis* regelmäßig bei Straftaten in Zusammenhang mit dem Straßenverkehr. Die Beispielsituation ist die, dass ein Autofahrer nach einem Zusammenstoß mit einem Fußgänger oder Fahrradfahrer diesen ohne Rettungsmaßnahmen zu ergreifen in Unsicherheit ob der tatsächlichen Schwere von dessen Verletzungen zurücklässt und der Verletzte daraufhin verstirbt. Ohne die Vorsatzform des Eventualvorsatzes käme es regelmäßig zu Konstellationen, in denen es kriminalpolitisch nicht hinnehmbar wäre, den Täter nicht wegen des Todes des Opfers belangen zu können. Dies erklärt auch, dass der Anfragebeschluss gegenüber dem 5. Senat gerade von dem für Verkehrsstraftaten zuständigen 4. Senat des BGH stammt. Für diesen Spruchkörper ist eine Klärung des Geltungsbereichs des *dolus eventualis* folglich von enormer praktischer Relevanz.

2. Der *dolus eventualis* in der Rechtsprechungspraxis

Der *dolus eventualis* ist die in der gerichtlichen Praxis am häufigsten relevante Vorsatzform. Er ist zum einen abzugrenzen von der Absicht (*dolus directus* 1. Grades) und dem direkten Vorsatz (*dolus directus* 2. Grades), und zum

---

63 *Wessels/Beulke/Satzger*, Strafrecht AT, Rn. 332; *Gaede*, in: Matt/Renzikowski, StGB, § 15, Rn. 14, mit Verweis auf BGH NStZ 2010, 503; GA 1963, 147 (148); OLG Koblenz DAR 63, 244; *Rönnau*, JuS 2010, 675 (677); BGHSt 21, 14 (17 f.); BGH GA 1971, 54 (55); RGSt 16, 133.

64 *Beining*, NStZ 2019, 209 (209).

65 Bis auf die Ausnahmen einer gesetzlichen Festlegung auf den *dolus directus*, oder einer Einschränkung im Wege einer verfassungskonformen Auslegung (vgl. auch Fn. 67).

anderen als „schon vorsätzliches" Verhalten von der Schuldform der bewussten Fahrlässigkeit.

Der besonderen Schwierigkeit der Feststellung dieses innerpsychischen Ereignisses sollen laut BGH spezifische Anforderungen an die Urteilsgründe, wie sie im Folgenden noch präzisiert werden, Rechnung tragen.[66]

Die verschiedenen Formen des Vorsatzes unterscheiden sich jeweils nach Art von Vorstellung und Willen, also anhand der Intensität des kognitiven und voluntativen Elementes, die den Vorsatz als „Wissen und Wollen um die Tatverwirklichung" konstituieren. Grundsätzlich genügt für eine Strafbarkeit jede Form des Vorsatzes, außer der Gesetzgeber (z.B. § 187 StGB) oder eine verfassungskonforme Auslegung geben vor, dass der direkte Vorsatz notwendig ist.[67] Eine Einschränkung aufgrund einer verfassungskonformen Auslegung wurde beispielsweise bezüglich des § 261 StGB für den Strafverteidiger entschieden. Weiß dieser zum Zeitpunkt der Entgegennahme des Honorars oder des Vorschusses nicht sicher, dass dieses/dieser aus einer von § 261 StGB umfassten Vortat herrühren (also mit den Anforderungen des *dolus directus*), würde eine Strafandrohung das Vertrauensverhältnis zum Mandanten und damit auch in nicht gerechtfertigter Weise die Berufsfreiheit aus Art. 12 GG gefährden.[68]

Beide Ausnahmen greifen für § 212 StGB nicht. Es erfolgen bei einer uneingeschränkten Auslegung der Vorsatzanforderungen keine nicht gerechtfertigten Eingriffe in durch die Grundrechte garantierten Freiheitsräume. Daher gilt hier für eine Strafbarkeit die Gleichwertigkeit der Vorsatzformen. Mit anderen Worten, Eventualvorsatz genügt für die subjektive Seite des Totschlags.[69]

Aus revisionsrechtlicher Sicht ist es bei der Prüfung des (bedingten) Vorsatzes erforderlich aber auch ausreichend, sämtliche objektiven und subjektiven für und gegen den Angeklagten sprechenden Umstände des Einzelfalls in eine individuelle Gesamtschau einzubeziehen, und die getrennte Prüfung beider Elemente der inneren Tatseite und deren Bewertung möglichst genau zu belegen.[70] Dabei darf die Revisionsinstanz diese Würdigung der festgestellten

---

66 BGH, Beschluss vom 9. März 2022 – 4 StR 200/21, Rn. 13; *Gaede*, in: Matt/Renzikowski, § 15, Rn. 15.

67 *Fischer*, StGB, § 15, Rn. 5; *Gaede*, in: Matt/Renzikowski, StGB, § 15, Rn. 4 f.

68 BVerfG, Beschluss vom 28. Juli 2015 – 2 BvR 2558/14, 2571/14, 2573/14, Rn. 40 f., 45 f.

69 BGH, Urteile vom 26. April 1960 – 5 StR 77/60 = BGHSt. 14, 193; vom 9. Februar 1968 – 4 StR 582/67 = NJW 1968, 660; und vom 19. August 2020 – 1 StR 474/19, Rn. 14; *Fischer*, StGB, § 212, Rn. 6; *Eschelbach*, in: v. Heintschel-Heinegg, StGB, § 212, Rn. 22.

70 BGH, Urteil vom 23. Januar 2020 – 3 StR 385/19, Rn. 9 m.w.N.; Beschlüsse vom 9. März 2022 – 4 StR 200/21; Rn. 13; vom 30. Juli 2019 – 2 StR 122/9 – Rn. 16; und

Tatsachen nur auf ihre Vertretbarkeit prüfen, und keine eigene, abweichende Beurteilung durchführen. Diese Bewertung ist grundsätzlich dem Tatgericht überlassen (§ 261 StPO). Die Revisionsinstanz hat also hinzunehmen, wenn das Tatgericht auf der Grundlage seiner (vertretbaren) Gesamtbewertung aller Umstände seine Zweifel an der subjektiven Tatseite nicht überwinden kann.[71]

Zwar betrifft dies die hier in Rede stehende Problematik nicht unmittelbar, da es hierbei um die rechtlichen Voraussetzungen des kognitiven Elementes geht, und nicht darum, ob diese im konkreten Fall tatsächlich unter einer bestimmten Definition positiv subsumiert werden können. Jedoch sind der Prüfungsmaßstab des BGH und mögliche daraus resultierende Schwierigkeiten oder Konfliktpotential durchaus in einem weiteren Kontext relevant. All das könnte nämlich herangezogen werden, wenn es darum geht, eine denkbare Begründung für die möglicherweise auch von prozessualen Motiven beeinflusste, vom 5. Senat angenommene spezielle Anforderung der Wissensseite des Vorsatzes zu gewinnen.

Gleiches gilt für die Tatsache, dass in der Praxis bisher nicht die materiellrechtlichen Anforderungen oder der Nachweis des kognitiven Vorsatzelementes Probleme bereitet haben, sondern vielmehr der prozessuale Nachweis insbesondere des voluntativen Elementes des Tötungsvorsatzes. Bei letzterem gibt es eine Fülle an unterschiedlichen Prämissen. Die Rechtsprechung des BGH wird diesbezüglich gleichsam als *„uneinheitlich und unvorhersehbar […,] unberechenbar und manipulierbar“*[72] kritisiert. Beispielhaft seien hier die Ausführungen *Puppes* zum Beweis des *dolus eventualis* angeführt, die zunächst die „Anleitung“ des BGH für die Instanzgerichte ins Feld führt. Bei dieser wird die oben bereits dargelegte Notwendigkeit einer individuellen Gesamtschau noch genauer erläutert. So seien in diese *„vor allem die objektive Gefährlichkeit der Tathandlung, die konkrete Angriffsweise des Täters, seine psychische Verfassung bei der Tatbegehung und seine Motivationslage einzubeziehen […].“*[73]

Puppe stellt sodann darauf ab, dass hierbei mit zunehmender Präzisierung des Prüfungsmaßstabs anhand objektiver und tatsächlicher Parameter immer mehr die Grenze zu einem Eingriff in die freie richterliche Beweiswürdigung

---

vom 17. März 2021 – 2 StR 359/20, Rn. 10; *Eschelbach*, in: v. Heintschel-Heinegg, StGB, § 212, Rn. 22; *Fischer*, StGB, § 212, Rn. 7.

71 BGH, Urteil vom 23. Januar 2020 – 3 StR 385/19, Rn. 9 m.w.N.

72 *Mandla*, NStZ 2012, 695, 696, mit Verweis auf NK – *Puppe*, StGB, § 15, Rn. 44; i.E. auch *Artkämper/Dannhorn*, NStZ 2015, 241 (243).

73 *Puppe*, ZIS 7–8/2019, 409 (409 mit Fn. 2); mit Verweis auf *„BGH HRRS 2018, Nr. 925 Rn. 6 mit Bespr. Puppe, HRRS 2018, 393“*.

verschwimmt.[74] Ein „billigend in Kauf nehmen" könne nicht als reine Tatsachenbehauptung angesehen werden. Dabei bestünde das Problem weniger darin, dass man einem Täter nicht in den Kopf schauen könne, sondern vielmehr in dem, was man darin vorfände. So könne man selbst von einem umsichtig planenden Täter nicht erwarten, dass dieser im Moment der Tatausführung darüber meditiere, ob er den Tod des Opfers nun billigend in Kauf nähme, oder ernsthaft auf ein Ausbleiben vertraute. Vorzuwerfen sei ihm vielmehr eine seinem Verhalten zugrunde gelegte Handlungsmaxime, wenn er also unter Bedingungen handelte, unter denen ein vernünftiger, mit den Kenntnissen des Täters ausgestatteter Mensch nicht so handeln würde, ohne den Erfolg zu akzeptieren.[75]

Dies soll hier genügen, um die theoretischen Hürden, die einen Nachweis des voluntativen Vorsatzelementes begleiten, anzudeuten.

Direkte Relevanz gewinnt all dies dadurch, dass das kognitive Element des *dolus eventualis* aus der objektiven Gefährlichkeit der Handlung und der Intelligenz des Täters, diese zu erkennen, erschlossen werden kann. Je komplizierter die Gefahrenlage ist, umso genauer muss hier begründet werden.[76] Es sei bereits an dieser Stelle darauf hingewiesen, dass es hierbei noch entscheidend darauf ankommen kann, ob und wie dabei die Grenze gezogen wird zwischen der Wahrscheinlichkeit des Eintritts eines schädigenden Ereignisses aufgrund der rein tatsächlichen Umstände, und deren rechtlicher Wertung (rechtlich missbilligte Gefahr *vs.* Unrechtsbewusstsein).

Ein aktuelles praktisches Beispiel für die mit einer Feststellung beziehungsweise einem Nachweis des voluntativen Vorsatzelementes einhergehenden Schwierigkeiten ist der ebenfalls medial und juristisch viel diskutierte „*Berliner Raser*"-Fall:

Am 1. Februar 2016 kollidierte einer der beiden Angeklagten bei einem illegalen Autorennen über den Kurfürstendamm mit 160 km/h mit einem unbeteiligten Fahrzeug, dessen Insasse noch am Unfallort verstarb. Die zweite Revision des Kollisionsfahrers wurde verworfen, die Verurteilung wegen Mordes bestätigt.[77] Wie 20 Jahre zuvor bei den *HIV*-Fällen hat auch dieses Urteil erneut ein Schlaglicht auf das Vorsatzverständnis in der Rechtsprechung geworfen. Der Fokus liegt jedoch dabei (nur) auf dem Verständnis des voluntativen Elementes,

---

74 *Puppe*, ZIS 7–8/2019, 409 (409).

75 Ebd., 411.

76 *Schroth*, NStZ 1990, 324 (324).

77 BGH, Urteil vom 18. Juni 2020 – 4 StR 482/19.

beziehungsweise dem Indizienkatalog, der für dessen Prüfung herangezogen wird. Diskutiert werden dabei eine täterindividuelle psychologische Betrachtung, sowie die Heranziehung und Gewichtung objektiver Gegenindikatoren – wie im *Raser*-Fall die objektive Gefährlichkeit der Handlung oder das hohe Selbstgefährdungspotenzial.[78]

Mit dem Beschluss zur Nichtannahme der Verfassungsbeschwerde des Kollisionsfahrers im Dezember 2022, mit der dieser einen Verstoß gegen den Bestimmtheitsgrundsatz durch die Auslegung des Vorsatzbegriffes durch den BGH rügte, hat auch das BVerfG eine „*gefestigte höchstrichterliche Rechtsprechung*" bezüglich dieses Vorsatzverständnisses attestiert. Diese sei zwar auch Kritik unterworfen und weise gewisse „*Randunschärfen*" auf, welche jedoch im Hinblick auf den Bestimmtheitsgrundsatz unbedenklich seien.[79]

Diese Problematik im Umgang mit dem Willenselement des Eventualvorsatzes setzt zwar unabhängig vom Wissenselement erst auf der zweiten Stufe nach dessen Prüfung an. Jedoch stand auch das Urteil im TX-Fall im Fokus der Öffentlichkeit und hatte das Potenzial, grundlegende Weichen zu stellen. Dies könnte möglicherweise eine Unsicherheit geschürt oder ein Bedürfnis geweckt haben, auch bei dem kognitiven Element, beziehungsweise vielmehr bereits über dieses, Ergebnisse herbeizuführen, die eher einer trennscharfen Prämisse aus der Rechtstheorie, als einer zwangsläufig stärker durch subjektive Würdigung eines Tatgerichtes geprägten Wertung geschuldet sind.

3. Der *dolus eventualis* beim Transplantations-Fall

Auch der 5. Senat legt beim TX-Fall zunächst die Vorsatzanforderungen dar. Er führt aus:

> *„Bedingter Tötungsvorsatz setzt voraus, dass der Täter den Erfolg als mögliche, nicht ganz fernliegende Folge seines Handelns erkennt (Wissenselement) und dies billigt oder sich um des erstrebten Zieles willen zumindest mit dem Eintritt des Todes abfindet, mag ihm der Erfolgseintritt auch gleichgültig oder an sich unerwünscht sein (Willenselement). Beide Elemente des bedingten Vorsatzes müssen in jedem Einzelfall umfassend geprüft und gegebenenfalls durch tatsächliche Feststellungen belegt werden (st. Rspr.; vgl. etwa BGH, Urteile vom 8. Dezember 2016 – 1 StR 344/16 Rn. 18; vom 16. September 2015 – 2 StR 483/14, NStZ 2016, 25, 26; vom 27. Januar 2011 – 4 StR 502/10, NStZ 2011, 699, 702). Die Prüfung kann nur auf der Grundlage einer Gesamtbetrachtung*

---

78 BGH, Urteil vom 18. Juni 2020 – 4 StR 482/19, Rn. 23, 31; *Deiters*, ZIS 7–8/2019, 401 (404); *Kubiciel/Wachter*, HRRS 8/2018, 332 (335).

79 BVerfG, Beschluss vom 7. Dezember 2022 – 2 BvR 1404/20, Rn. 46–48, mit dazugehöriger Pressemitteilung Nr. 109/2022 vom 16.12.1022.

aller objektiven und subjektiven Umstände des Einzelfalls erfolgen (vgl. BGH, Urteil vom 13. Januar 2015 – 5 StR 435/14, NStZ 2015, 216; Beschluss vom 9. Oktober 2013 – 4 StR 364/13, StV 2014, 345, 346; Urteil vom 22. März 2012 – 4 StR 558/11, BGHSt 57, 183, 186 f.). Dabei sind insbesondere die objektive Gefährlichkeit der Tathandlung, die konkrete Angriffsweise des Täters, seine psychische Verfassung bei der Tatbegehung und seine Motivationslage einzubeziehen (vgl. BGH, Urteile vom 16. Mai 2013 – 3 StR 45/13, NStZ 2013, 581, 582; vom 8. Dezember 2016 – 1 StR 344/16, aaO).“[80]

Die entsprechende Beweiswürdigung durch das LG Göttingen hält der Senat für rechtsfehlerfrei.[81] Zu kritisieren hat er jedoch folgendes:

„Allerdings kommt in den durch die Schwurgerichtskammer angestellten Erwägungen ***ein für den Tatvorsatz entscheidender Bezugspunkt*** *nicht hinreichend deutlich zum Ausdruck. Wie das Landgericht in seiner Begründung zur Ablehnung vollendeter Totschlagstaten nämlich zutreffend ausführt, ist dafür maßgebend, ob ein aufgrund der Falschangaben ‚überholter‘ und dann verstorbener Patient mit an Sicherheit grenzender Wahrscheinlichkeit überlebt hätte, wenn ihm das konkrete Organ entsprechend der ihm eigentlich gebührenden Rangstellung angeboten worden wäre (UA S. 291). Die Richtigkeit dieser Fragestellung wird ohne Weiteres daran deutlich, dass der ‚überholte‘ Patient im Fall seines Versterbens nicht gerade aufgrund einer Handlung des Angeklagten verstorben wäre, sondern an den Folgen seiner Krankheit. Der insoweit für die strafrechtliche Beurteilung entscheidende Akt ist deshalb die durch die Falschangaben bewirkte Nichtzuteilung des Organs, mithin ein Unterlassen.*
Ein Nichtgeschehen kann aber nicht Ursache eines Erfolgs sein, weswegen die Grundsätze der sogenannten ‚Quasi-Kausalität‘ zur Anwendung kommen müssen (vgl. dazu BGH, Urteil vom 4. September 2014 – 4 StR 473/13, BGHSt 59, 292, 301 mwN). Das gilt gewiss, wenn Fälle wie die vorliegenden als Unterlassungstaten gewertet werden (so Schroth/Hofmann, NStZ 2014, 486, 488 f.). Nichts anderes ergibt sich jedoch, sofern man etwa unter Annahme einer Konstellation des Abbruchs rettender Kausalverläufe ein positives Tun bejaht (so Rosenau, FS Schünemann, 2014, S. 689, 696; im Ergebnis auch Jäger in Kudlich/Jäger/Montiel, Aktuelle Fragen des Medizinstrafrechts, 2017, S. 11, 26 f.). Denn auch dann bleibt es dabei, dass die Nichtzuteilung eines Organs ein ‚Nichtgeschehen‘, mithin ein Unterlassen darstellt. Anerkanntermaßen dürfen und müssen daher beim Eingriff in rettende Kausalverläufe hypothetische Kausalverläufe berücksichtigt werden (vgl. Rosenau, aaO; Schroth/Hofmann, NStZ 2014, aaO; allgemein Philipps, Der Handlungsspielraum, 1974, S. 120 f.; aM Rissing-van Saan, aaO, S. 241).“[82]

---

80 BGH, Urteil vom 28. Juni 2017 – 5 StR 20/16, Rn. 47. Die Zitierung längerer Urteilspassagen ist vorliegend relevant für die Arbeit mit deren genauen Wortlaut und wörtlich wiedergegebenen Sinngehalt und Kontext.

81 Ebd., Rn. 52.

82 BGH, Urteil vom 28. Juni 2017 – 5 StR 20/16, Rn. 53. Hervorhebung von der Autorin.

Dem folgend wird der zu berücksichtigende hypothetische Kausalverlauf dahingehend konkretisiert, dass „*der Nachweis einer mit an Sicherheit grenzenden Lebensverlängerung [durch die hypothetische TX] und damit eines vollendeten Totschlags vorliegend nicht geführt werden kann.*"[83]

Daraus leitet der 5. Senat sein Vorsatzverständnis ab. Dieses generiert ein Plus gegenüber der eingangs angeführten Anforderung des Für-möglich-Haltens:

> „*Diese Umstände müssen in die Prüfung des Tatentschlusses im Rahmen der Versuchsprüfung einbezogen werden. Nach der Rechtsprechung des Bundesgerichtshofs muss dem Täter bewusst sein, dass der Rettungserfolg mit einer an Sicherheit grenzenden Wahrscheinlichkeit eintreten würde (vgl. BGH, Urteil vom 28. Juli 1970 – 1 StR 175/70, MDR 1971, 361, 362 [bei Dallinger]; wohl auch Beschluss vom 6. März 2007 – 3 StR 497/06, NStZ 2007, 469; zust. z.B. SSW-StGB/Kudlich, 3. Aufl., § 13 Rn. 38; LK-StGB/Jescheck, 11. Aufl., vor § 13 Rn. 96; Rosenau, aaO, S. 699; aM etwa Sternberg-Lieben/Schuster in Schönke/Schröder, StGB, 29. Aufl., § 15 Rn. 94 mwN; Verrel, aaO, S. 467; Haas, HRRS 2016, 384, 395 f.).*"[84]

a) *Abgrenzung von Vorsatzanforderungen und deren Bezugspunkt*

Der „*Casus knacksus*" der Vorsatzanforderungen scheint also im Bezugspunkt des Vorsatzes verankert.

Dabei irritieren die etwas schwammigen Ausführungen des 5. Senates bezüglich einer Kategorisierung des dem Angeklagten zur Last gelegten Verhaltens.

Mit der Information, der für die strafrechtliche Beurteilung entscheidende **Akt** sei ein Unterlassen, suggeriert das Urteil, eben dieses Unterlassen sei der Anknüpfungspunkt der Vorwerfbarkeit, konstituiere das dem Angeklagten vorgeworfene Verhalten. Es ist vorwegzunehmen, dass der 5. Senat dies wohl nicht ausdrücken wollte. Jedoch sind eine genaue Kategorisierung und klare Zuordnung der zu untersuchenden strafbarkeitsrelevanten Abläufe und Parameter hier grundlegend. Zumal diese sich als eindeutig präsentieren.

Nicht nachvollziehbar ist daher, weshalb im Wortlaut der Entscheidungsgründe nicht differenziert wird zwischen dem Anknüpfungspunkt des Tatvorwurfs, also zwischen Tun und (unechter) Unterlassungstat, sowie zwischen den Spezifika der Kausalität in der vorliegenden Sachverhaltskonstellation.

---

83 BGH, Urteil vom 28. Juni 2017 – 5 StR 20/16, Rn. 54. Ergänzung von der Autorin.
84 Ebd., Rn. 55.

Zweifelsohne spielt die hypothetische Kausalität eine Rolle für die Beurteilung der Strafbarkeit. Dass jedoch dann im Ergebnis eine – überspitzt formuliert – „wie auch immer" geartete Einbeziehung eines Unterlassungs-Momentes als Anknüpfungspunkt für eine Strafbarkeit oder eben für den Bezugspunkt des Vorsatzes die vom 5. Senat daraus abgeleiteten erhöhten Anforderungen für den Vorsatz rechtfertigen soll, ist nicht nachvollziehbar.

Bei der Abgrenzung von Tun und Unterlassen geht es zunächst darum, das dem Täter vorwerfbare Verhalten zu bestimmen. Ist dies nicht eindeutig, wird nach ständiger Rechtsprechung anhand des Schwerpunktes des vorwerfbaren Verhaltens oder, falls dies zu keinem Ergebnis führt, wertend nach dem sozialen Sinngehalt abgegrenzt.[85] Bei (unechten) Unterlassungstaten geht es darum, dass der Täter einen Erfolgseintritt nicht verhindert, obwohl er dazu verpflichtet ist.[86] Die Bestimmung des vorwerfbaren Verhaltens ist also entscheidend dafür, ob der Täter zur Begründung der Strafbarkeit außerdem eine bei einem unechten Unterlassen geforderte Garantenstellung inne haben muss (§ 13 I StGB).

Angeklagt ist hier der Arzt, der bewusst falsche zuteilungsrelevante Angaben getätigt, beziehungsweise diese auch vorher „produziert" hat. Der *insoweit für die strafrechtliche Beurteilung entscheidende* ***Akt***, um beim Wortlaut des Urteilszitates zu bleiben, geriert sich also, wie eigentlich schon die Etymologie dieser im Urteil des 5. Senates gewählten Formulierung aufzeigt, zweifellos als *aktives* Tun. Dieses begründet eine durch diese Betätigung des Arztes in Gang gesetzte Kausalkette.

Weiter zieht der Senat aus der Idee, dass der überholte Patient[87] im Falle seines Versterbens nicht aufgrund einer Handlung des Angeklagten, sondern in Folge seiner Krankheit verstorben wäre, den Schluss, dass der strafrechtlich relevante Akt (!) die durch die Falschangaben bewirkte Nichtzuteilung des Organs sei. Jedoch erfolgt eine solche Zuteilung eines Organs, *respective* dann auch eine Nichtzuteilung, durch die Vermittlungsstelle Eurotransplant, deren Vertreter hier aber nicht auf der Anklagebank saßen, sondern der Arzt O. Mit

---

85 BGH, Beschluss vom 17. Februar 1957 – GSSt 3/53 = BGHSt. 6, 46 (59); *Fischer*, StGB, § 13, Rn. 16 f., m.w.N.

86 *Fischer*, StGB § 13, Rn. 16.

87 Die Prüfung des Urteils und die Prüfung der Strafbarkeit erfolgen hier zunächst grundsätzlich unter Referenz nur auf den erstüberholten Patienten. Dies dient der besseren Lesbarkeit. Zur Prüfung, ob dem Gericht in seiner Ansicht, der Angeklagte habe hinsichtlich weiterer überholter Patienten den Kausalverlauf aufgrund der Unwägbarkeiten es Allokationsverfahrens nicht voraussehen können und es fehle am kognitiven Vorsatzelement, zuzustimmen ist, siehe S. 237 ff.

der aktiven Täuschung über den Gesundheitszustand seiner Patienten hat dieser bewirkt, dass den jeweils zur Zuteilung eines Organs anstehenden Patienten durch die täuschungsbedingte Fehlleitung seitens Eurotransplant eine Rettungschance genommen wurde.[88]

Bei dem Ausbleiben der Zuteilung handelt es sich folglich auch nicht um eine Sukzession der dem Arzt vorwerfbaren eigenen Verhaltensformen, bei der eine Abgrenzung nach dem Schwerpunkt der Vorwerfbarkeit angenommen werden müsste. Darüber hinaus würde auch ein Abstellen auf den sozialen Handlungssinn eindeutig den Schwerpunkt auf die Datenmanipulation zum Zwecke des Verschaffens einer besseren Position für die eigenen Patienten legen. Dass dabei dem überholten Patienten ein Organ nicht zugeteilt wird, war nicht der Zweck des Verhaltens des Angeklagten, sondern letztlich aus seiner Sicht ein „Kollateralschaden". Dies zeigen die Feststellungen des Landgerichts sowie die völlig außer Frage stehende zu prüfende Vorsatzform des *dolus eventualis*, und eben nicht des *dolus directus*.

Im Kontext mit der Bestimmung des vorwerfbaren Verhaltens rückt ein weiteres Rechtsinstitut zumindest als gedanklich zu beachten in das Prüfungsprogramm. Unmittelbar zum Ausbleiben der Zuteilung des Organs an den aufgrund der Manipulation verdrängten Empfänger hat das Verhalten der Mitarbeiter von Eurotransplant geführt. Legte man bei dem Gesamtgeschehen hierauf den Fokus und formulierte dies dergestalt, dass Eurotransplant, beziehungsweise dort tätigen Personen, vom Täter „zwischengeschaltet" oder gar als ein einer Täuschung unterlegenes „Werkzeug"[89] benutzt würden, könnte man eine Tatbegehung in mittelbarer Täterschaft i.S.d. § 25 I Alt. 2 StGB in Betracht ziehen.

---

88 *Rissing-van Saan/Verrel*, NStZ 2018, 57 (63); i.E. bereits vor dem Urteil des 5. Senates *Rissing-van Saan*, NStZ 2014, 233 (243): *„Der Arzt bedient sich der Institution ET [Eurotransplant] und deren Datensystem bzw. der dort tätigen Personen als Werkzeug und bewirkt so, dass ein Organangebot, das in Richtung anderer Patienten gegangen wäre, auf seinen Patienten umgeleitet wird. Dem an sich berechtigten Patienten wird das Organ gleichsam ‚weggenommen'. Das ist nichts anderes als ein aktives Unterbrechen eines rettenden Kausalverlaufs, und zwar zum eigenen Nutzen."*

89 Den Begriff *„Werkzeug"* verwendet bspw. auch *Rissing-van Saan*, NStZ 2014, 233 (243), vgl. Fn. 88. Jedoch geht sie, wie auch hier im Ergebnis, nicht von einer mittelbaren Täterschaft aus. Diese Form der Täterschaft wird von ihr vielmehr gar nicht thematisiert, die Formulierung trägt den Besonderheiten bei der Konstellation des Abbruchs eines rettenden Kausalverlaufs Rechnung und wird nicht als Referenz auf eine mittelbare Tatbegehung verwendet.

So rechnet beispielsweise *Ast* das Unterlassen der Vermittlungsstelle dem Arzt über diese Rechtsfigur zu, und löst den TX-Fall (unter anderem) unter folgender Prämisse:

„*Wenn der Täter einen rettenden Verlauf unterbindet, ist die Erfolgszurechnung gegebenenfalls über das Nichthandeln anderer Personen vermittelt, hier des Organverteilers Eurotransplant und der Ärzte, welche das Organ transplantiert hätten. Deshalb müssen die Voraussetzungen mittelbarer Täterschaft gegeben sein.*“[90] Nach seinem Ergebnis sei dies der Fall, jedoch sei es im Ergebnis nicht haltbar, dass der 5. Senat das kognitive Vorsatzelement verneint. Eine Strafbarkeit scheitere jedoch am voluntativen Vorsatzelement.[91]

Der Lösungsweg über die Kriterien der mittelbaren Täterschaft überzeugt nicht. Es handelt sich hier nicht um eine für die Annahme dieser Begehungsform einschlägige Sachverhaltskonstellation. Die Mitarbeiter der Vermittlungsstelle Eurotransplant handeln hier nicht irrtumsbedingt[92] im rechtlichen Sinn, wie es die hier allenfalls in Betracht kommende Variante des § 25 I Alt. 2 StGB erforderte. Die Zuteilung der Organe, *respective* die Nichtzuteilung, erfolgte nicht aufgrund eines Irrtums oder mit einem Irrtum. Die Vermittlungsstelle hat nicht die Aufgabe, den „dringlichsten“ Patienten (selbst) zu ermitteln. Eurotransplant übernimmt „nur“ die Verteilung der Organe nach den durch die TX-Zentren übermittelten Daten auf deren Wartelisten. Die Institution, beziehungsweise deren Mitarbeiter, tragen nicht die Verantwortung dafür, dass diese Daten und somit die Liste der Dringlichkeit einer TX Rechnung tragen.

Der Arzt *O.* hatte daher keine von seinem Willen getragene objektive Tatherrschaft aufgrund eines Strafbarkeitsdefizits bei Eurotransplant, wie es § 25 I Alt. 2 StGB verlangen würde. Er hat „lediglich“ eine Kausalkette in Gang gesetzt, die das Verhalten der Mitarbeiter der Vermittlungsstelle sachgerecht nach sich gezogen hat.

Relevant wird der Moment des Unterlassens im TX-Fall dann bei der Prüfung der Kausalität.

Dass dem Angeklagten die Datenmanipulation als aktives Tun vorzuwerfen ist, bedeutet gleichwohl nicht, dass in der zu untersuchenden *Kausalkette* nicht der Faktor des Ausbleibens eines Ereignisses oder einer Handlung unberücksichtigt bleiben dürfte. Bei der Kausalität in der Konstellation des Abbruchs

---

90 *Ast*, HRRS 12/2017, 500 (500).

91 Ebd., (511).

92 Zu den Voraussetzungen der mittelbaren Täterschaft z.B. *Fischer*, StGB, § 25, Rn. 6 ff.

rettender Kausalverläufe besteht die Besonderheit, dass ein aktives Tun des Täters zu einer Situation führt, in der das Ausbleiben der Rettungshandlung parallel zu einem Nichtgeschehen wie beim Unterlassen, und dadurch einem Erfolgseintritt führt. Dies betrifft den objektiven Tatbestand.

Der Vorsatz als subjektives Element dagegen ist der „*Wille zur Verwirklichung eines Straftatbestandes in Kenntnis aller seiner Tatumstände*".[93] Das heißt, Bezugspunkt des Vorsatzes sind alle objektiven Merkmale des in Rede stehenden Straftatbestandes. Dazu zählen auch die ungeschriebenen Tatbestandsmerkmale, wie die Kausalität. Bei unechten Unterlassungsdelikten kämen hier noch die Garantenstellung, Zumutbarkeit und die Möglichkeit der Erfolgsverhinderung hinzu,[94] um der besonderen Deliktsstruktur Rechnung zu tragen. Damit ist deren Besonderheit reflektiert, und zwar im objektiven Tatbestand.

Mithin hat sich der Vorsatz auch auf die hypothetische Kausalität zu beziehen.

Die gefestigte Rechtsprechung, bis auf den 5. Senat im TX-Fall, ging und geht also auf der Grundlage einer der Deliktsstruktur entsprechenden psychischen Anpassung der Vorsatzanforderungen davon aus, dass das kognitive Vorsatzelement für den *dolus eventualis* bei einem aktiven Tun dann erfüllt ist, wenn der Täter den Eintritt des tatbestandlichen Erfolges als möglich und nicht ganz fernliegend erkennt. Beim Vorwurf des Unterlassens gilt dies dann, wenn er die Erfolgsabwendung durch sein Eingreifen für möglich hält.

Für die Konstellation des Abbruchs rettender Kausalverläufe durch aktives Tun ergibt sich daraus als Anforderung, dass der Täter es für möglich halten muss, dass der durch sein Handeln unterbrochene Kausalverlauf den Eintritt des tatbestandlichen Erfolges abgewendet hätte.

Legt man zunächst den Fokus nur auf das Vorsatzverständnis *per se*,[95] ist es offensichtlich, wo der 5. Senat für die Herleitung seines Vorsatzverständnisses von der bisherigen Route des BGH (falsch) abgebogen ist. *Kudlich* stellt dies in seiner Urteilsanmerkung dar, indem er die Annahmen des 5. Senats wie folgt präsentiert:

> „*Die beiden Prämissen sind hier:*
> *(1) Für die Unterbrechung des rettenden Kausalverlauf[s] in Gestalt der Listenmanipulation sollen Unterlassungsgrundsätze gelten, da die Nichtzuteilung eines*

93 BGH, Urteil vom 5. Mai 1964 – 1 StR 26/64 = BGHSt 19, 295 = NJW 1964, 1330.

94 *Fischer*, StGB, § 13, Rn. 87 m.w.N.

95 Mit dem Vorsatzverständnis *per se* ist die abstrakt bleibende Definition, ohne auf Spezifika des Bezugspunktes einzugehen, gemeint.

Organs ein ‚Nichtgeschehen' bleibe. [Anm. der Autorin: Dies trifft wie aufgezeigt insoweit zu, als Unterlassungsgrundsätze berücksichtigt *werden müssen.]*

(2) Diese Grundsätze müssen für den Versuch auch im Rahmen des Tatentschlusses gelten. [Anm. der Autorin: Ja, deren Berücksichtigung muss sich auch im Vorsatz/Tatentschluss widerspiegeln.]

Conclusio: Derjenige, der nicht mit an Sicherheit grenzender Wahrscheinlichkeit von einer Erfolgsvermeidung ausgeht, kann keinen Vorsatz und damit auch keinen Tatentschluss haben."[96]

Diese Schlussfolgerung findet in der Vorsatzdogmatik selbst, auch unter Bezugnahme auf die oben dargelegte *ratio* des *dolus eventualis*, keine Basis.

So kommt auch *Kudlich*, der allerdings die Entscheidung des 5. Senats im konkreten Fall, jedoch aus anderen Gründen, für gut vertretbar hält, zur (nun seinerseits eigenen) *conclusio*, dass die aus einer Gleichsetzung des Abbruchs rettender Kausalverläufe mit Unterlassungsdelikten abgeleiteten Anforderungen an den Tatentschluss eines Versuchs in ihren Konsequenzen auch über den TX-Fall hinaus nicht haltbar sind.[97]

Der Vollständigkeit halber sei betont, dass nach der zutreffenden Auffassung eine Vorsatzmodifikation ohnehin für keinen der beiden Fälle indiziert ist.

In diesem Kontext ist zudem auf die überzeugende Ablehnung der Argumentation von *Schroth* und *Hofmann* durch *Heß* zu verweisen.[98] Die beiden Co-Autoren stützen das Ergebnis des 5. Senates, indem sie auf die – nach ihrer Ansicht unterschiedlichen – Bezugspunkte der Möglichkeitsvorstellung beim aktiven Tun und beim Unterlassen verweisen. *Heß* weist jedoch nach, dass auch nach der Argumentation von *Schroth* und *Hofmann* die Konstellationen beim aktiven Tun und beim Unterlassen letztlich entgegen deren eigentlicher Prämisse doch parallel laufen. Damit sind auch entsprechend die Anforderungen an den Vorsatz bei den jeweiligen Begehungsweisen nicht voneinander abzustufen und bedürfen keiner Modifikation. Sowohl bei der Kausalität als auch bei der Quasi-Kausalität muss sich die Möglichkeitsvorstellung demnach auf diese nur insoweit beziehen, „*als aus Sicht des Täters nicht feststeht, ob die Tathandlung letztlich in einem Erfolgseintritt mündet oder sich in einer Rechtsgutsgefährdung erschöpft*",[99] beziehungsweise es eben aus Sicht des Täters nicht feststeht,

---

96 *Kudlich*, NJW 2017, 3255 (3256).

97 Ebd.

98 *Heß*, HRRS 6/2021, 266 (268); unter Bezug auf *Schroth/Hofmann*, medstra 2018, 3 (3 ff.).

99 *Heß*, HRRS 6/2021, 266 (268); unter Bezug auf *Schroth/Hofmann*, medstra 2018, 3 (11).

ob die Vornahme der gebotenen Handlung den Erfolg abwenden würde, *ergo*, wenn er die Erfolgsabwendung für möglich hält.[100]

Festzuhalten bleibt, dass der 5. Senat anscheinend im Bezugspunkt des Vorsatzes, also im objektiven Tatbestand, eine Besonderheit gesehen haben muss, die in Kombination mit den dargelegten Vorsatzanforderungen die im Urteil gesetzten Anforderungen ergeben haben muss. So impliziert es auch die Urteilsformulierung. Mögliche Modifikationen oder zusätzliche Erfordernisse infolge des Unterlassungsmomentes müssten also in der weiter unten noch ausführlich betrachteten hypothetischen Kausalität ihren Ursprung nehmen können. Das kognitive Vorsatzelement *per se*, mit seiner als Ausgangspunkt anzuwendenden Definition, sollte hiervon nicht berührt werden.

Um dies noch weiter zu unterstützen und zu verdeutlichen, sollen im Folgenden die Konsequenzen des Vorsatzverständnisses nach der Entscheidung des 5. Senates betrachtet werden.

b) Konsequenzen des dolus eventualis *nach dem Verständnis des 5. Senates*

Nach dem TX-Urteil des 5. Senates soll es also für den bedingten Vorsatz nicht mehr genügen, dass der Täter die hypothetische Kausalität seines Handelns „nur" für möglich hält. Er müsse sich demnach vielmehr vorgestellt haben, dass die Rettung ohne seine Intervention mit an Sicherheit grenzender Wahrscheinlichkeit Erfolg hätte. Mit der Forderung nach diesem annähernd sicheren Wissen wird der Vorsatz deutlich verengt, nämlich fast vollständig auf den *dolus directus* 2. Grades. Daher kritisiert auch *Hoven* zu Recht, dass dies bislang ungeahnte Verteidigungsmöglichkeiten eröffnen würde: Hypothetische Abläufe sind selten mit absoluter Gewissheit vorhersehbar. Somit wird das Vorbringen des Täters, er hätte den Erfolg der Rettungsmaßnahme zwar noch für möglich, aber nicht für sicher (*respektive* derart wahrscheinlich, dass dies an Sicherheit grenzte) gehalten, kaum zu widerlegen sein.[101] Darüber hinaus fügt *Hoven* Beispiele an, die eindrucksvoll die Folgen des (neuen) Vorsatzverständnisses des 5. Senates aufzeigen, und dabei nachdrücklich den Verdacht aufkeimen lassen, dass dies allem Anschein nach so auch von den Verfassern des Urteils nicht gewollt sein konnte.

Nach der Prämisse des 5. Senates bliebe der Täter etwa in folgenden Fällen straffrei:

---

100 *Heß*, HRRS 6/2021, 266 (268); unter Bezug auf *Schroth/Hofmann*, medstra 2018, 3 (11).
101 *Hoven*, NStZ 2017, 707 (707).

„(1) Der Vater sieht, dass sein Sohn ertrinkt. Er schätzt die Rettungswahrscheinlichkeit auf etwa 80 % und bleibt untätig. Der Sohn stirbt.

(2) Der Täter sieht, dass der Rettungsschwimmer einem Ertrinkenden zu Hilfe eilt. Er schätzt die Rettungswahrscheinlichkeit auf etwa 80 %. Da er sicher gehen möchte, dass der andere stirbt, hält er den Rettungsschwimmer fest. Der andere ertrinkt.“[102]

Für den Fall der Organ-TX ergäbe sich dann die Situation, dass selbst wenn sich der Täter den Tod eines Patienten wünschte und zu diesem Zweck kurz vor der TX ein lebensrettendes Organ entwendete, eine Versuchsstrafbarkeit ausscheiden müsste.[103] Noch weitaus illustrativer formuliert *Kudlich* die Konsequenzen eines solchen Vorsatzverständnisses. Dieses müsste auch denjenigen straflos stellen, „*welcher dem Operateur die zu transplantierende Leber gleichsam ‚unter den Händen‘ wegstiehlt, um sie (frei nach Hannibal Lecter) ‚mit ein paar Fava-Bohnen, dazu einem ausgezeichneten Chianti zu genießen‘, nur weil auch bei einer erfolgreichen Transplantation vielleicht ein Restmortalitätsrisiko von 10 % bleibt.*“[104]

Somit kann davon ausgegangen werden, dass der 5. Senat mit seinem Vorsatzverständnis keine grundlegende Änderung der Vorsatzdogmatik anstreben wollte. Falls doch, wäre diese aufgrund ihrer Konsequenzen nicht durchdacht und vermochte keinesfalls zu überzeugen. Eine kasuistisch geprägte Entwicklung der Anforderungen, wie sie speziell für den TX-Fall oder in gewissen Punkten ähnliche Fälle gelten sollen könnte, müsste ihre Begründung nach dem bisher Ausgeführten dann im objektiven Tatbestand finden. Diese wäre jedoch zumindest bereits aufgrund der, wenn überhaupt vorhandenen, dann nur mit großen Mühen erkennbar werdenden dogmatischen Struktur äußerst zweifelhaft.

4. Die vom 5. Senat zum Vorsatz zitierte Rechtsprechung

Als Belege für seine bereits auf den ersten Blick auffällig vom etablierten Verständnis zum kognitiven Element des Vorsatzes abweichenden Prämissen sind vom 5. Senat im Urteil ein Urteil des 1. Strafsenates aus dem Jahr 1970 (1 StR 175/70), sowie ein Beschluss des 3. Strafsenates aus dem Jahr 2007 (3 StR 479/06) genannt.[105]

---

102 *Hoven*, NStZ 2017, 707 (707).

103 Ebd.

104 *Kudlich*, NJW 2017, 3255 (3256).

105 BGH, Urteil vom 28. Juni 2017 – 5 StR 20/16, Rn. 55.

Hoven betrachtet diesen Rekurs, *respektive* die Heranziehung dieser Entscheidungen, für die Begründung der aufgestellten Vorsatzanforderungen als Missverständnis seitens des 5. Senates.[106] Dies gilt es zu überprüfen.

a) Übertragbarkeit der herangezogenen Entscheidungen

Um die im TX-Fall erschlossene Vorsatzdogmatik damit begründen und erklären zu können, müssten diese Entscheidungen mit ihren zugrundeliegenden Sachverhalten auf den Fall übertragbar sein. Anders formuliert, sie müssten zunächst tauglich sein, aus ihnen eine Bewertung der in diesem Fall aufgeworfenen Rechtsfragen ableiten zu können.

Wegen der, wie aufgeführt, gefestigten höchstrichterlichen Vorsatzformel läge es ohnehin nahe, dass selbst wenn hier eine der Ansicht des 5. Senates entsprechende Meinung extrahiert werden könnte, diese mittlerweile aufgegeben wäre.[107] Somit ist es umso relevanter, dass die Voraussetzungen einer Übertragbarkeit tatsächlich erfüllt sein müssten, um eine dogmatisch saubere und überzeugende Basis für die daraus gezogene Meinung heranziehen zu können.

aa) Voraussetzungen einer Übertragbarkeit

Das Zitieren anderer Urteile in der Urteilsbegründung als Nachweis der zugrunde gelegten Ansichten ist gängige Praxis und Ausdruck eines Bestrebens nach Kontinuität, Rechtssicherheit und Schaffung von Vertrauensschutz. Jedoch schafft auch höchstrichterliche Rechtsprechung kein Gesetzesrecht und erzeugt keine damit vergleichbare Rechtsbindung.[108] Allerdings geht von diesen Urteilen eine gewisse faktische Bindungswirkung aus. So dient das Normverständnis aus solchen Urteilen oder Beschlüssen als vorrangige Erkenntnisquelle für Richter, wenn in einem ähnlich gelagerten Rechtsstreit ein unbestimmter Rechtsbegriff oder eine Generalklausel ausgelegt, eine Interessenabwägung getroffen, oder in sonstiger Weise über die Anwendung des Rechts entschieden werden muss. Die faktische Bindungswirkung ist dabei umso stärker, je mehr das vorangegangene Urteil auf der Basis grundlegender juristischer Methodenlehre begründet ist, je stärker also die Überzeugungskraft der Urteilsgründe ist.[109]

---

106 So *Hoven*, NStZ 2017, 707 (707).

107 BGH, Beschluss vom 9. März 2022 – 4 StR 200/21, Rn. 14.

108 BVerfG, Beschluss vom 5. November 2015 – 1 BvR 1667/15, Rn. 12; *Fikentscher*, Methoden des Rechts III, 706 f.

109 BVerfG, Beschluss vom 5. November 20151 – BvR 1667/15, Rn. 12; *Effer-Uhe*, Bindungswirkung von Präjudizien, S. 3 f., Rn. 5 f.

Um die in einem vorangegangenen Urteil erarbeitete (oder auch lediglich zitierte) Rechtsanwendung auf den jeweils vorliegenden Fall übertragen zu können, muss es um „dieselbe Rechtsfrage" gehen. Dies folgt aus § 132 GVG. Dieser schlägt eine Brücke zwischen dem verfassungsrechtlich garantierten Grundsatz der Rechtssicherheit, der den Bürger und damit den Adressaten der Gerichtsurteile vor unkalkulierbarem und damit willkürlichem Handeln schützen soll, und einer der *„anerkannten Aufgaben der Rechtsprechung, im Rahmen der Gesetze von ihr als rechtsgrundsätzlich aufgestellte Rechtssätze zu überprüfen und sie, wenn erforderlich, weiterzuentwickeln. Im Einzelfall kann dies auch dazu führen, dass ein früher als richtig angesehenes Normverständnis aufgegeben und abweichend entscheiden wird."*[110]

Dieselbe Rechtsfrage liegt immer dann vor, *„wenn bei Gleichheit des Rechtsproblems die Entscheidung ohne Rücksicht auf die Verschiedenheit der Fälle oder der anwendbaren Vorschriften nur einheitlich ergehen kann."*[111]

Um dies feststellen zu können, ist vorgelagert die oft schwierige Entscheidung zu treffen, ob die Sachverhalte der Vorentscheidung und des gegenwärtig zu Entscheidung anstehenden Falls derart ähnlich gelagert sind, dass ein Vergleich in der Rechtsfrage überhaupt möglich ist. Im Ergebnis *„liegt dieselbe Rechtsfrage nur vor, wenn die Fälle (sich) ‚in den wesentlichen Beziehungen gleichkommen, in wesentlichen Punkten gleichgelagert, gleichartig sind, wenn die Sachverhalte die gleichen tatsächlichen Elemente, lediglich nicht rechtserhebliche Unterschiede aufweisen'."*[112]

bb) Hausbrand-*Fall (BGH 1 StR 175/70)*

Der 5. Senat gibt als Nachweis für diese Anforderung, dem Täter müsse *„bewusst sein, dass der Rettungserfolg mit einer an Sicherheit grenzenden Wahrscheinlichkeit eintreten würde"*[113] als eine von zwei Entscheidungen des BGH das Urteil des 1. Senates vom 28. Juli 1970 (*Hausbrand*-Fall) an.[114]

Diesem liegt folgender Sachverhalt zugrunde. In einem brennenden Haus befinden sich ein Vater und seine zwei kleinen Kinder. Die einzige Möglichkeit für den Vater, die Kinder vor dem Tod zu bewahren, besteht darin, dass er sie aus dem Fenster wirft, wo Helfer zum Auffangen bereitstehen. Dabei hat er es

110 BVerfG, Beschluss vom 5. November 2015 – 1 BvR 1667/15, Rn. 12.

111 *Lilie*, Obiter dictum, S. 52, mit Zitatnachweis in Fn. 99: *„BGHSt 13, 5 (7)"*, m.w.N.

112 Ebd., S. 53, mit Zitatnachweis in Fn. 107: *„BGHSt 34, 71 (76)"*, m.w.N.

113 BGH, Urteil vom 28. Juni 2017 – 5 StR 20/16, Rn. 55.

114 BGH, Urteil vom 28. Juli 1970 – 1 StR 175/70 = MDR 1971, 361 (Dallinger).

jedoch „*unwiderlegt für möglich gehalten*",[115] dass die Kinder auch durch ein unglückliches Auftreffen zu Tode kommen könnten. Die Vorstellung, dass er in diesem Fall den Tod seiner Kinder verursachen würde, ist für ihn unerträglich. Schließlich springt er selbst aus dem Fenster, und die Kinder verbrennen im Haus.

Der 1. Senat selbst sieht im *Palliativ*-Urteil „seine" Entscheidung im Hausbrand-Fall – naturgemäß durch die zeitliche Differenz in anderer Besetzung – als nicht geeignet für eine Begründung der Rechtsauffassung des 5. Senates. Er führt dazu aus: „*Die vom 5. Strafsenat zitierten Entscheidungen stützen nicht seine These, der Vorsatz verlange in Fällen der ‚Quasi-Kausalität' ein sicheres Wissen des Täters dahingehend, dass der (Rettungs-)Erfolg mit einer an Sicherheit grenzenden Wahrscheinlichkeit eintreten würde.*"[116] Gründe für diese Ansicht werden nicht ausgeführt.

Im *Hausbrand*-Fall ging der 1. Senat in der damaligen Besetzung von der Ursächlichkeit des Verhaltens des Vaters für den Tod der Kinder aus, und nahm eine Handlungspflicht des Vaters als Garanten an. Dazu ist in der Entscheidung folgendes zu lesen.

> „*Ohne Rechtsirrtum bejaht das Schwurgericht die Ursächlichkeit der Unterlassung des Angeklagten für den Tod der Kinder. […] Die Unterlassung des Hinabwerfens ist danach für den Tod der Kinder nur ursächlich, wenn dieser durch die unterbliebene Handlung verhindert worden wäre. Dazu genügt die Feststellung einer an Sicherheit grenzenden Wahrscheinlichkeit (RGSt 75, 49, 50). Diese ist im angefochtenen Urteil enthalten (UA S. 47).*
> *[…]*
> *Dem Angeklagten war es […] ohne weiteres möglich, die Kinder vor dem Flammentod zu bewahren, als er nach Ausbreiten des Brandes erkannte, daß nur noch das sofortige Hinabwerfen durch das Fenster die Rettung bringen könnte (UA S. 47). Beim Hinabfallen wären die Kinder ‚mit fast absoluter Gewissheit' am Leben geblieben (UA S. 19.) Allerdings bestand die Möglichkeit, daß sie dabei Verletzungen erlitten. […] Ein sehr hoher Wahrscheinlichkeitsgrad der Rettung vor dem Tode gebietet auch, die fernliegende Möglichkeit der Vernichtung des Lebens gerade durch die zur Rettung bestimmte Handlung hinzunehmen.*"[117]

Jedoch nahm der 1. Senat im Jahr 1970 (im Gegensatz zum Schwurgericht) den Tötungsvorsatz als nicht gegeben an. Im Urteil ist dazu ausgeführt, der Täter „*sei sich [nach den Feststellungen des LG Stuttgart] unwiderlegt des Erfolgs der*

115 BGH, Urteil vom 28. Juli 1970 – 1 StR 175/70 = MDR 1971, 361 (Dallinger).
116 BGH, Urteil vom 19. August 2020 – 1 StR 474/19, Rn. 21.
117 BGH, Urteil vom 28. Juli 1970 – 1 StR 175/70 = MDR 1971, 361 (Dallinger).

unterlassenen Rettungshandlung nicht sicher gewesen (UA S. 49). Das reicht auch zur Bejahung des bedingten Vorsatzes nicht aus. Der Täter der Unterlassung muß sich auch in diesem Falle bewusst sein, daß die von ihm erwartete Handlung mit an Sicherheit grenzender Wahrscheinlichkeit den strafrechtlichen Erfolg verhindern wird."[118]

Dieser letzte Satz streitet auf den ersten Blick für die Vorsatz-Idee des 5. Senates im TX-Fall.

Um diese Ansicht jedoch auf diesen übertragen zu können, müsste beiden Fällen dieselbe Rechtsfrage im oben dargestellten Sinne innewohnen.

Im *Hausbrand*-Fall wurde vom 1. Senat die Kausalität der unterlassenen Rettungshandlung, des Hinauswerfens der Kinder aus dem Fenster, festgestellt. Mit Vornahme dieser Handlung wäre der Tod der Kinder verhindert worden. Um dies für den materiell-rechtlich einzuordnenden Tatbestand als gegeben annehmen zu können, genügt die Feststellung einer mit an Sicherheit grenzenden Wahrscheinlichkeit – so der Spruchkörper im oben aufgeführten Zitat.

Dies erkannte der Vater nicht. Der Vater war Garant im rechtlichen Sinn für seine Kinder. Er sah sich in der Situation im brennenden Haus widerstreitenden Handlungs- und Unterlassungspflichten ausgesetzt. So war er einerseits zur Rettung seiner Kinder verpflichtet, durfte sie aber andererseits nicht durch ein aktives Tun töten. Laut *Hoven* hätte er durch ein Hinauswerfen seiner Kinder im Rahmen seiner objektiven Garantenpflicht selbstständig ein neues Lebensrisiko setzen müssen.[119] Nach der Feststellung der Kausalität des Unterlassens der Rettungshandlung, und damit des hypothetischen Erfolges derselben, hätte der Angeklagte zwar objektiv kein neues Lebensrisiko gesetzt, zumindest aber bereits objektiv ein Verletzungsrisiko. Zudem war er aufgrund seiner Vorstellungen von der Situation psychisch nicht in der Lage, die Situation und seine Pflichten einzuschätzen.

Die oben zitierte Formulierung des 1. Senates, welche Handlung sich hier „gebiete", zeigt bereits, dass sich das Gericht an dieser Stelle mit einer an dem Rechtsinstitut der Gebotenheit orientierten normativen und sozialethischen Wertung konfrontiert sah. Es wurde aufgrund der festgestellten Kausalitätszusammenhänge die Konsequenz gezogen, welches Verhalten von dem Vater aus rechtsethischer Sicht verlangt worden wäre. Dies konnte er jedoch in seiner psychischen Zwangslage nicht reflektieren und war sich somit seinen Handlungspflichten nicht bewusst.

---

118 BGH, Urteil vom 28. Juli 1970 – 1 StR 175/70 = MDR 1971, 361 (Dallinger).

119 *Hoven*, NStZ 2017, 707 (708).

Diese außergewöhnlichen Umstände, die es dem Angeklagten schwer machten sich pflichtgemäß zu verhalten, legen nahe, dass der 1. Senat hier mit seinen Vorsatzanforderungen letztlich nicht unmittelbar auf die innere Einstellung des Vaters zu der möglichen beziehungsweise dann im Prozess festgestellten Kausalkette abgestellt hat. Vielmehr streiten gute Gründe dafür, dass hier das Rechtsinstitut der Zumutbarkeit seine Ausprägung in der Ablehnung einer strafbarkeitsbegründenden inneren Tatseite gefunden hat.

Die Zumutbarkeit entfällt, wenn eigene, zu billigende und in einem angemessenen Verhältnis zum Erfolg stehende Interessen erheblich beeinflusst werden.[120] Jedenfalls in der Rechtsprechung besteht Einigkeit darüber, dass die Strafbarkeit auch beim unechten Unterlassungsdelikt unter dem Vorbehalt der Zumutbarkeit der Handlung steht.[121] Uneinigkeit besteht jedoch darüber, wo dieses Rechtsinstitut einzuordnen ist. Die wohl herrschende Ansicht in Rechtsprechung und Literatur spricht sich für eine Funktion als Tatbestandsmerkmal aus, das die Reichweite der Handlungspflicht, also die Erfolgsabwendungspflicht, einschränkt, beziehungsweise entfallen lässt.[122] Entsprechend müsste sich auch der Vorsatz auf diese Pflicht beziehen, *respective* ließe die irrige Annahme des Täters, ihm sei die erforderliche Rettungshandlung nicht zumutbar, den Vorsatz nach § 16 I StGB entfallen.

Andere Ansichten lassen eine fehlende Zumutbarkeit rechtfertigend[123] oder schuldausschließend[124] wirken.

Im Sinne der ersten Ansicht gäbe es zwar gute Gründe, dann im Tatbestand von einer Unzumutbarkeit ausgehen, womit bereits der objektive Tatbestand nicht erfüllt wäre. Ausgehend jedoch von einer objektiven Zumutbarkeit könnte dies im Urteil mit der Passage begründet werden, dass die Rechtspflicht

---

120 Schönke/Schröder – *Bosch*, StGB, Vor § 13, Rn. 156.

121 BGH, Urteile vom 25. September 1952 – 4 StR 41/52 = BGHSt 3, 203 (206); vom 22. Januar 1953 – 4 StR 417/52 = BGHSt 4, 20 (23); und vom 17. Februar 1954 – GSSt 3/53 = BGHSt 6, 46 (57); OLG Bremen NJW 1957, 72; OLG Köln NJW 1973, 861; OLG Karlsruhe MDR 1975, 771; *Haas*, in: Matt/Renzikowski, StGB, § 13, Rn. 29.

122 *Haas*, in: Matt/Renzikowski, StGB, § 13, Rn. 29; BGH NJW 1994, 1357; ausdrücklich für ein Entfallen des Tatbestandes OLG Karlsruhe MDR 1975, 771; Schönke/Schröder – *Bosch*, StGB, Vor § 13, Rn. 156.

123 *Roxin*, Strafrecht AT/II, § 31, Rn. 231; *Haas*, in: Matt/Renzikowski, StGB, § 13, Rn. 29; *Bosch*, in: Schönke/Schröder, StGB, Vor § 13, Rn. 155.

124 BGH, Urteile vom 18. März 1952 – GSSt 2/51 = BGHSt 2, 194 (204); und vom 17. Februar 1954 – GSSt 3/53 = BGHSt 6, 46 (57); *Wessels/Beulke/Satzger*, Strafrecht AT, Rn. 1218; *Haas*, in: Matt/Renzikowski, StGB, § 13, Rn. 29; Schönke/Schröder – *Bosch*, StGB, Vor § 13, Rn. 155.

zum Handeln trotz des Verletzungsrisikos beim Fensterwurf bestehe. Denn ein sehr hoher Wahrscheinlichkeitsgrad der Rettung vor dem Tode gebiete es, bei fernliegender Möglichkeit des Todes die zur Rettung bestimmte Handlung vorzunehmen. Daran könnte zwar kritisiert werden, dass bei der Zumutbarkeit *per definitionem* gerade die psychische Situation und Motivation des Vaters eine Rolle spielen. Jedoch könnte eben diese subjektive Komponente des Kriteriums für die Lösung des BGH über die Vorsatzanforderungen sprechen: der Vater hat aufgrund der psychischen Ausnahmesituation diese Erfolgsabwendungspflicht nicht (mit Sicherheit) erkannt. Dabei rechtfertigt es der emotionale Faktor dieser besonderen Fallkonstellation bei dem Vater als Garanten, die Anforderungen an den Vorsatz zu verengen, speziell also den fast vollständigen Ausschluss des *dolus eventualis* zu erklären.

Freilich bleibt dieser Erklärungsversuch hier eine Hypothese, und entbehrt gleichzeitig einer ausreichend tiefgründigen Auseinandersetzung mit der Einordnung der Zumutbarkeit. Jedoch zeigt er auf, dass bei einer rechtstheoretischen Auseinandersetzung mit den Rechtsfragen des *Hausbrand*-Falles Rechtsinstitute und deren konkreter Inhalt und ihre Anwendung in den Fokus rücken, die im TX-Fall gar keine Rolle spielen.

Der Göttinger TX-Arzt sah sich keinen widerstreitenden Garantenpflichten ausgesetzt. Ihn traf allein die Pflicht, keine (aktiven) Eingriffe in rettende Kausalverläufe vorzunehmen. Dies war ihm auch unproblematisch zumutbar, selbst wenn die unterbrochene Rettungshandlung nicht mit Sicherheit Erfolg versprechend gewesen wäre.[125] Auch lag keine vergleichbare subjektive Konfliktsituation vor. Der Vater glaubte, seine Kinder durch sein Verhalten in jedem Fall zu schädigen, dies trifft auf den Arzt nicht zu. Zwar hatte er gegenüber seinen Patienten, die von der Manipulation profitieren sollten, eine Garantenstellung kraft Behandlungsvertrag inne. Jedoch beinhaltet eine solche „lediglich" die Pflicht, zu verhindern, dass der zu Beschützende verletzt wird, mithin aufgrund der vertraglichen Übernahme von Schutz- und Beistandspflichten einen Schutz vor Gefahren von außen zu bieten.

Dass bei der Übermittlung der tatsächlich und korrekt erhobenen Daten seiner Patienten andere Patienten vor diesen auf der Warteliste geführt werden, stellt keine Gefahr von außen dar. Zudem würde seinen Patienten mit der Übermittlung der korrekten Daten eine an rechtlichen Regeln, medizinischen Erkenntnissen und faktischen Möglichkeiten und Kapazitäten ausgerichtete Rettungschance *de lege artis* eröffnet. Überdies resultiert gerade daraus eine

---

125 *Hoven*, NStZ 2017, 701 (708).

Pflicht, die Daten seiner Patienten korrekt aufzunehmen und weiterzuleiten, für die Chance auf eine TX.

Inwieweit hier das Rechtsinstitut der Garantenstellung im Zusammenhang mit der Anknüpfung an die Rechtsnatur des Unterlassens zu berücksichtigen ist, wird weiter unten noch adressiert.[126] Das spezielle Problem der widerstreitenden Garantenpflichten des Täters aus dem *Hausbrand*-Fall ist für den TX-Fall jedenfalls nicht übertragbar.

Darüber hinaus könnte der Arzt angesichts seiner Verteidigungsstrategie auch nicht für sich streiten lassen, seinen Patienten eine sichere Rettungsmöglichkeit geschaffen zu haben, während eine solche für die überholten Patienten aufgrund des Letalitätsrisikos während der TX *et cetera* nicht sicher gewesen wäre – dieses bestand genauso für seine Patienten. Das Argument würde also den Kern der Streitigkeit *ad absurdum* führen. Das im *Hausbrand*-Fall dominante Problem des Dilemmas zwischen Garantenpflicht und der Schaffung eines Risikos für dieselben Personen besteht hier jedenfalls gerade nicht.

Das Urteil des 1. Senates im *Hausbrand*-Fall ist mithin aufgrund des anders gelagerten Sachverhaltes mit seinen deutlichen rechtserheblichen Unterschieden keine taugliche Erkenntnisquelle für die vom 5. Senat aufgestellten Anforderungen, dem Täter müsse *„bewusst sein, dass der Rettungserfolg mit einer an Sicherheit grenzenden Wahrscheinlichkeit eintreten würde"*.[127] Die Einschränkung des Vorsatzes ist hier der besonderen psychischen Konfliktsituation des Angeklagten aufgrund der speziellen Konstellation von dessen Verhaltensoptionen geschuldet. Sie taugt daher weder als Ausgangspunkt für eine neue, allgemein gültige Vorsatzdogmatik, noch ist sie auf den TX-Fall übertragbar.

cc) Pflegevernachlässigungs-*Fall (BGH 3 StR 497/06)*

Der 5. Senat sieht zudem *„wohl auch"*[128] in dem Beschluss zum *Pflegevernachlässigungs*-Fall aus dem Jahr 2007 einen Nachweis für sein zugrunde gelegtes Vorsatzverständnis.

Hier hatte der von Schmerz- und Beruhigungsmitteln abhängige Angeklagte gegen Bezahlung die Pflege seines querschnittsgelähmten Mitbewohners und Freundes übernommen. Nachdem er die Pflege zunehmend vernachlässigte, verschlechterte sich der Gesundheitszustand des Freundes derart, dass jede (weitere) Erkrankung zum Tode hätte führen können. Dennoch

126 Vgl. S. 196 f.

127 BGH, Urteil vom 28. Juni 2017 – 5 StR 20/16, Rn. 55.

128 Ebd.

holte der Angeklagte keine ärztliche Hilfe. Der Freund verstarb infolge einer Lungenentzündung.[129]

Der BGH hat den Schuldspruch des LG, die Verurteilung wegen Totschlags durch Unterlassen, geändert. Für die Feststellung der angemessenen Strafzumessung für eine Körperverletzung mit Todesfolge wurde an das LG zurückverwiesen.[130]

Die bezüglich des kognitiven Vorsatzelementes relevanten Passagen der Entscheidung lauten wie folgt:

> *„Zu Bedenken Anlass geben schon die vom Landgericht zur Begründung des bedingten Tötungsvorsatzes im Urteil mehrfach verwendeten Formulierungen, für den Angeklagten seien der schlechte Gesundheitszustand des Tatopfers und die konkrete Todesgefahr ‚erkennbar gewesen'. Durch sie wird das Wissenselement des bedingten Tötungsvorsatzes nicht belegt. Dieses ist nur dann gegeben, wenn der Angeklagte die* ***Möglichkeit tatsächlich erkannt*** *hat, ohne ärztliche Hilfe werde sein Freund zu Tode kommen."*
> *[…]*
> *„Wegen Totschlags durch Unterlassen hat sich der Angeklagte nur strafbar gemacht, wenn das gebotene Handeln, insbesondere die Herbeiholung ärztlicher Hilfe, den* ***als möglich erkannten*** *Tod noch hätte verhindern können und er sich dessen bewusst war (vgl. Cramer/Sternberg-Lieben in Schönke/Schröder, StGB 27. Aufl. § 15 Rdn. 94; Tröndle/Fischer aaO § 13 Rdn. 18). Dazu enthält das angefochtene Urteil keine Feststellungen. Es ist schon nicht dargelegt, zu welchem Zeitpunkt während der lang andauernden Vernachlässigung der Pflege der Angeklagte aufgrund welcher Indizien die Todesgefahr erkannte und der Körperverletzungsvorsatz in einen Tötungsvorsatz umgeschlagen ist. Auch enthält das Urteil keine Aussage dazu, ob zu diesem Zeitpunkt bei sofortiger ärztlicher Hilfe die Verhinderung des Todeseintritts mit an Sicherheit grenzender Wahrscheinlichkeit (vgl. Tröndle/Fischer aaO vor § 13 Rdn. 20) noch* ***möglich und dem Angeklagten die Möglichkeit einer Rettung überhaupt bewusst*** *war."*[131]

Zu betonen sind hier insbesondere zwei der Feststellungen aus den Urteilsgründen.

Erstens stellt der 3. Senat hier darauf ab, dass das kognitive Element des Eventualvorsatzes dann gegeben ist, wenn der Täter es für möglich hielt, den tatbestandlichen Erfolg verhindern zu können.

Zweitens wird in diesem Fall ein vollendeter Totschlag geprüft. Die Formulierung „mit an Sicherheit grenzender Wahrscheinlichkeit" bezieht sich hier auf die objektive, tatsächliche Möglichkeit einer Erfolgsverhinderung, also auf die

---

129 BGH, Beschluss vom 6. März 2007 – 3 StR 497/06, Rn. 2.

130 Ebd., Rn. 8, 10.

131 BGH, Beschluss vom 6. März 2007 – 3 StR 497/06, Rn. 5, 7. Hervorhebungen von der Autorin.

hypothetische Kausalität. Dieser Halbsatz steht in keinem Kontext zum Vorstellungsbild des Angeklagten. Vielmehr wird diesbezüglich daraus abgestellt, dass in den Feststellungen des LG nicht erkennbar sei, ob dem Angeklagten bewusst war, dass überhaupt eine Option einer Rettung durch einen Eingriff seinerseits mit irgendeiner, an dieser Stelle noch nicht näher bestimmten Wahrscheinlichkeit gegeben war. Eine über die „Möglichkeitsvorstellung" hinausgehende Anforderung an eine vorgestellte Wahrscheinlichkeit der Erfolgsverhinderung wird nicht konstituiert. Somit steht auch nicht die Rechtsfrage nach einem „Grad der anzunehmenden Wahrscheinlichkeit" im Vorstellungsbild des Täters im Raum.

Im Ergebnis liegt keine gleiche Rechtsfrage vor und die Heranziehung des Falles, *respective* der Entscheidung des BGH, taugt auch hier nicht für einen Beleg des im TX-Fall angewandten Vorsatzverständnisses.

dd) Rekurs des 5. Senates auf den HIV-*Fall (BGH 1 StR 262/88)*

Bemerkenswert ist zu dem Thema der Übertragbarkeit von Urteilen auch die Referenz des 5. Senates auf die im Rahmen der Revision durch den Generalbundesanwalt ins Feld geführte Entscheidung im *HIV*-Fall aus dem Jahr 1988. Den hier relevanten Sachverhalt und Tenor des Urteils fasst der amtliche Leitsatz zusammen:

> *„Ein HIV-Infizierter, der in Kenntnis seiner Ansteckung mit einem anderen ohne Schutzmittel Sexualverkehr ausübt, kann wegen gefährlicher Körperverletzung strafbar sein. Ist eine Übertragung des Aidserregers nicht feststellbar oder nachweisbar, kommt Strafbarkeit wegen Versuchs in Betracht."*[132]

Der Generalbundesanwalt und der 5. Senat „diskutieren" im Rahmen des voluntativen Vorsatzelementes, inwieweit statistische Lebensgefahren in den Erkenntnisprozess bezüglich des Eventualvorsatzes einfließen sollen oder dürfen.[133] Es geht auch hier um die im Zusammenhang mit dem *„Berliner-Raser"*-Fall bereits angedeutete Frage nach der Einbeziehung einer Wertung objektiver Indikatoren, der objektiven Gefährlichkeit der Tathandlung, neben der Auseinandersetzung mit der Psyche des Täters.[134] Inhaltlich ist dies für die vorliegende Diskussion insofern relevant, wie es bereits als Hypothese angedeutet wurde. Dieses für sich schon sehr weite Problemfeld liefert ob seiner

---

132 BGH, Urteil vom 4. November 1988 – 1 StR 262/88 = BGHSt. 36, 1 (1).

133 BGH, Urteil vom 28. Juni 2017 – 5 StR 20/16, Rn. 60, mit Verweis auf BGHSt. 36, 1 (11 f.).

134 Dazu auch *Deiters*, ZIS 7–9/2019, 401 (404 f.)

diffizilen Handhabung möglicherweise einen Grund für die Suche nach einer Entscheidungsfindung, für die es nicht maßgebend auf eine Prüfung einer Rechtsfehlerhaftigkeit der Annahme des voluntativen Vorsatzelements durch die Vorinstanz ankäme.

Das eigentlich bemerkenswerte an dieser Referenz seitens des 5. Senates ist jedoch die Begründung, warum die im *HIV*-Urteil zugrunde gelegte Rechtsauffassung nicht auf den TX-Fall übertragbar sein soll. Dem vorangestellt sei noch, dass der 1. Senat im *HIV*-Fall für das kognitive Vorsatzelement darauf rekurriert, dass „*[n]ach der ständigen Rechtsprechung des Bundesgerichtshofs [...] der Täter vorsätzlich [handelt], wenn er den Eintritt des tatbestandlichen Erfolges als möglich und nicht ganz fernliegend erkennt [...].*“[135]

Eine Übertragbarkeit lehnt der 5. Senat deshalb ab, weil das Urteil „*wegen des [im TX-Fall] anzulegenden Maßstabs einer ‚an Sicherheit grenzenden Wahrscheinlichkeit‘ [...] nicht übertragbar*“[136] sei. Um eine Übertragbarkeit des Falles beziehungsweise der Begründung des Urteils, und damit auch dort angelegten Maßstabs, abzulehnen, müsste jedoch dargelegt werden, warum es sich hier nicht um dieselbe Rechtsfrage handelt. Im TX-Urteil wird jedoch davon ausgegangen, dass aufgrund einer unabhängig vom dahinterstehenden rechtlich relevanten Sachverhalt angenommenen eigenen, abweichenden Rechtsauffassung als *conclusio* der Fall nicht übertragbar sei.

Ob es sich hierbei lediglich um eine unglückliche Formulierung handelt, oder unter welchen Prämissen der 5. Senat von der Möglichkeit einer Übertragung von Rechtsauffassungen ausgeht, wird sich an dieser Stelle nicht abschließend klären lassen. Jedenfalls wirkt diese Urteilspassage bezüglich der vermeintlich seine Rechtsauffassung stärkenden Referenzen des 5. Senates alles andere als überzeugend. Der augenscheinlich angelegte Maßstab einer Übertragbarkeit entspricht nicht den anerkannten und vor allem rechtstheoretisch fundierten und verfassungsmäßig gebotenen Anforderungen.

b) Zwischenfazit

Bei beiden im Urteil jeweils als vermeintlich einschlägiges Präjudiz zitierten Entscheidungen ist der entscheidende Anknüpfungspunkt nicht mit dem Sachverhalt des TX-Falles dergestalt vergleichbar, dass die dort angenommenen Rechtsgrundsätze übertragen werden könnten. Hier gelten zudem hohe Maßstäbe, da von der bisherigen, dogmatisch fundierten und auf eine große Vielzahl

---

135 BGH, Urteil vom 4. November 1988 – 1 StR 262/88 = BGHSt. 36, 1.

136 BGH, Urteil vom 28. Juni 2017 – 5 StR 20/16, Rn. 60.

unterschiedlicher Fälle unzweifelhaft angewandter Rechtsprechung des BGH abgewichen werden soll. Hier wurden Teilsätze aus Entscheidungen übernommen, die sich als Ausfluss eines speziellen Sachverhaltes darstellen. Es liegt damit keine ausreichend rechtsgleiche Bewertungsgrundlage vor, um eine den rechtsstaatlichen Grundsätzen entsprechende Entscheidung unter Abweichung von der ständigen Rechtsprechung zu kreieren. Erst recht gilt dies für ein solches Vorgehen ohne Begründung. Aufgrund der fehlenden Überzeugungskraft fehlt es auch an jener oben dargelegten faktischen Bindungswirkung, welche aus einer Ableitung nach grundlegender juristischer Methodenlehre resultiert.

Eine einzelfallbezogene Kasuistik aufgrund der Annahme einer speziellen Fallkonstellation wäre nicht begrüßenswert. Zudem wäre sie bezüglich der Vorsatzanforderungen *per se* strukturell in keiner Weise begründbar.

Außerdem verweist der 1. Senat zu Recht darauf, dass eine den 5. Senat unterstützende Rechtsaufassung, selbst wenn diese aus den genannten Fällen extrahiert und übertragen werden könnte, längst aufgegeben wäre.[137]

Nichtsdestotrotz ist die Entscheidung des 5. Senates „in der Welt", und daher auf *mögliche* Erklärungsansätze zu prüfen. Dies gilt auch obwohl die Chancen auf eine *mit an Sicherheit grenzender Wahrscheinlichkeit* die bisherige bisherigem Vorsatzanforderungen revolutionierende Begründung nach dem bisher dargelegten eher gering erscheinen.

5. Der *dolus eventualis* im Tatentschluss

Ein weiterer Ansatzpunkt auf der Suche nach einer Begründung der vom 5. Senat im TX-Fall zugrunde gelegten Anforderungen an das kognitive Vorsatzelement beim *dolus eventualis* könnte sein, dass dabei zwischen Versuch und Vollendung differenziert werden sollte. Ein solcher Anschein wird jedenfalls durch Wortlaut und Aufbau der Urteilsgründe erweckt. Dort wird zunächst dargelegt, dass bedingter Tötungsvorsatz voraussetze, ***„dass der Täter den Erfolg als mögliche, nicht ganz fernliegende Folge seines Handelns erkennt (Wissenselement)*** *und dies billigt oder sich um des erstrebten Zieles willen zumindest mit dem Eintritt des Todes abfindet, mag ihm der Erfolgseintritt auch gleichgültig oder an sich unerwünscht sein (Willenselement).*"[138]

Einige Absätze später, nachdem die vom LG festgestellten Aspekte zum Täterbewusstsein sowie einige Parameter für den hier angenommenen

137 BGH, Beschluss vom 9. März 2022 – 4 StR 200/21, Rn. 14.

138 BGH, Urteil vom 28. Juni 2017 – 5 StR 20/16, Rn. 46. Hervorhebung von der Autorin.

Bezugspunkt des Vorsatzes dargestellt wurden, kommt der 5. Senat zu folgender Konsequenz:

> *„Diese Umstände müssen in die **Prüfung des Tatentschlusses im Rahmen der Versuchsprüfung** einbezogen werden. Nach der Rechtsprechung des Bundesgerichtshofs muss dem Täter bewusst sein, dass der Rettungserfolg mit einer an Sicherheit grenzenden Wahrscheinlichkeit eintreten würde [de.*“[139]

So kann über eine Lesart nachgedacht werden, welche die Betonung nicht primär auf die einzubeziehenden Umstände legt, sondern darauf, dass die Besonderheit gerade beim Tatentschluss im Rahmen der Versuchsprüfung läge.

Grundsätzlich kommen für die subjektive Beurteilungsgrundlage des Versuchs, also der Vorstellung des Täters von der Tat, sämtliche Vorsatzformen in Betracht, sofern diese auch zur Vollendung ausreichen würden – also für einen versuchten Totschlag auch der *dolus eventualis*.[140]

Liest man hierzu, dass der bedingte Vorsatz „genüge“,[141] so mag dies im Ergebnis korrekt sein. Jedoch tendiert diese Formulierung dazu, wie oben bereits angeführt, über die entscheidende Tatsache hinwegzutäuschen, dass es sich beim *dolus eventualis* um eine mit den beiden Alternativen des *dolus directus* gleichwertige Vorsatzform handelt. Eine Einschränkung oder Modifikation der Anwendbarkeit, abgesehen von einer verfassungsrechtlich gegebenen Notwendigkeit, wie sie bei § 212 StGB nicht existiert, lassen sich daher nicht auf Basis einer bereits grundsätzlich „schwächeren“ Anwendungsberechtigung dieser Vorsatzform begründen. Diese Gleichrangigkeit der Vorsatzformen wird zudem dem Strafgrund des Versuchs gerecht, *respektive* ist der Umkehrschluss daraus. Dieser knüpft die Bestrafung an die Betätigung des rechtsfeindlichen Willens (subjektive Theorie des BGH[142]). Zum Strafgrund des Versuchs gibt es unterschiedliche Theorien, die jedoch hier nicht in aller Tiefe betrachtet werden sollen. Vielmehr wird sich am Wortlaut des § 22 StGB orientiert. Das Gesetz determiniert mit der „Vorstellung von der Tat“ die subjektive Beurteilungsgrundlage im Sinne der Ansicht des BGH, und liefert mit dem Kriterium des unmittelbaren Ansetzens eine dem Vorwurf eines „Gesinnungsstrafrechts“[143]

---

139 BGH, Urteil vom 28. Juni 2017 – 5 StR 20/16, Rn. 55. Hervorhebung von der Autorin.

140 BGH, Urteil vom 12. Februar 1969 – 2 StR 537/68 = BGHSt 22, 332; LK – *Hillenkamp* 36; *Fischer*, StGB, § 22, Rn. 8a.

141 So. z.B. *Fischer*, StGB, § 22, Rn. 8a.

142 Vgl. etwa BGH, Urteile vom 5. Januar 1951 – 2 StR 29/50 = BGHSt. 1, 13 (16); vom 16. November 1951 – 2 StR 206/51 = BGHSt 2, 74 (76); und vom 23. Januar 1958 – 4 StR 613/57 = BGHSt 11, 268 (268); *Fischer*, StGB, § 22, Rn. 2a.

143 *Fischer*, StGB, § 22, Rn. 2b.

entgegentretende, verfassungskonforme Objektivierung des tatbestandsmäßigen Handelns. Der mit dem *dolus eventualis* einhergehende unbedingte Tatentschluss, wenn auch auf erkannt unsicherer Tatsachengrundlage, erfüllt die Anforderung der Betätigung eines rechtsfeindlichen Willens. Eine Differenzierung zwischen Vorsatz und Vollendung bei den Anforderungen des kognitiven Vorsatzelementes wäre also dogmatisch nicht begründbar.

Es ist zu vermuten, dass ein solcher Ansatz auch nicht tatsächlich vom 5. Senat verfolgt werden sollte. Vielmehr sprechen auch die vorangegangenen Überlegungen wieder dafür, dass es um ein Verständnis zu gehen scheint, welches nicht in der Vorsatzdogmatik *per se* verwurzelt ist. Es stellt sich eher dar, als entstünde es in der Kombination mit seinem Bezugspunkt aus dem objektiven Tatbestand – wenn nicht gar aus einer der juristischen Dogmatik eher fernliegenden Intention.

6. Zwischenfazit

Der 5. Senat vermag mit seinen im TX-Fall entwickelten Prämissen keine Abkehr vom in der höchstrichterlichen Rechtsprechung gefestigten Vorsatzverständnis bezüglich des kognitiven Elementes zu etablieren.

Eine grundsätzlich gültige Modifikation wäre nicht dogmatisch nachvollziehbar, geschweige denn begründet. Wie auch im Wortlaut des Urteils angedeutet, müsste der Schlüssel im objektiven Tatbestand begründet sein. Mit diesem müsste dann die Definition des *dolus eventualis* dergestalt zusammenwirken, dass bei einer Kombination der subjektiven und objektiven Strafbarkeitsvoraussetzungen die vom 5. Senat gestellten Anforderungen begründet würden.

Zudem verbleibt der leise Anklang der Idee, dass eine Beweiswürdigung der für das voluntative Vorsatzelement relevanten Parameter möglicherweise nicht das vorliegend wünschenswerte tragende Fundament der Entscheidung konstituieren könnte.

II. (Quasi-)Kausalität im objektiven Tatbestand als Bezugspunkt des Vorsatzes

Nachdem eine Betrachtung der Vorsatzanforderungen *per se* keine Erklärung für die mit dem bisherigen Vorsatzverständnis des BGH nicht korrespondierende Entscheidung des 5. Senates bieten kann, ist nun der objektive Tatbestand als Bezugspunkt des Vorsatzes auf eine solche zu untersuchen.

Die speziell im TX-Fall problematischen materiell-rechtlichen Anforderungen sind die der Kausalität, *respective* Quasi-Kausalität, inklusive der gegebenenfalls erforderlichen und ebenso vorsatzrelevanten Korrekturen, die nach der Rechtsprechung des BGH als Zurechnungsfragen adressiert werden.

Scheinbar im Zentrum der widerstreitenden Standpunkte des 5. Senates einerseits, sowie des 1. und 4. Senates andererseits, steht die Frage nach der Unterscheidung von Anforderungen des Tatbestands und solchen der Beweisebene.[144] Dieser Ansatz geriert sich zunächst als simpel erschließbar. So verlangt er schließlich lediglich die Abgrenzung der objektiven Tatbestandsvoraussetzungen für die Kausalität gegenüber den für die Überzeugungsfindung des Strafrichters relevanten Prämissen. Diese Abgrenzung stellt sich hier jedoch als problematisch dar.

Zudem ist die Debatte um die Trennlinie dieser beiden Themengebiete gerade beim TX-Fall, und generell bei Fällen aus dem medizin(straf)-rechtlichen Bereich, Ausdruck einer sehr vielschichtigen Problematik, bei der neben juristischen Fragen auch rechtsfremde, spezielle fachmedizinische Aspekte einbezogen werden müssen. Außerdem können Erkenntnisprozesse oder Nachweise bestimmter Faktoren erschwert sein. Dies darf jedoch nicht zu einer Vermischung von materiell- und prozessrechtlicher Ebene führen.

Dies spitzt sich noch weiter zu in einer Debatte um determinierte und indeterminierte Prozesse. Auch dabei ist zu beachten, dass „das Pferd nicht von hinten aufgezäumt", also nicht von der Erkenntnismöglichkeit auf die Prämisse geschlossen wird.

Noch mehr Potential der unterschiedlichen Auslegung bietet dann die Problematik einer Zurechnung in all ihren Spielarten, wenn es darum geht, festzulegen, ob und wann das Kausalitätskriterium eines Korrektivs bedarf.

So gilt es, im undurchdringlich erscheinenden „*Dickicht von Kausalität und Erfolgszurechnung*"[145] zu untersuchen, welche Formel für die (Quasi-)Kausalität einen dogmatisch fundierten Prüfungsmaßstab bieten kann. Dieser sollte sowohl klar abgegrenzt und „griffig" sein als auch aufgrund fachübergreifender, aktueller Erkenntnisse modifiziert werden können. Dieser Prämisse muss es gelingen, einen Ausgleich zu finden zwischen der rechtlich erforderlichen Bestimmtheit juristischer Anforderungen und Festlegungen einerseits, und einer gewissen Öffnung für die Möglichkeit, aktuelle medizinische Erkenntnisse und Perspektiven einfließen zu lassen andererseits.

---

144 *Heß*, HRRS 6/2021, 266 (267 f.)

145 *Grosse-Wilde*, ZIS 10/2017, 638 (638).

1. Einordnung der Sicherheitsklausel

„Der 5. Strafsenat vermischt [...] Fragen des Vorsatzes mit Fragen des Beweismaßes für die Feststellung der – dem objektiven Tatbestand zuzuordnenden – (hypothetischen) Kausalität.“[146] So lautet der Vorwurf, die Kritik des 1. Senates, am TX-Urteil, wie es auch als Tenor einiger Literaturansichten ausgeführt wird.[147]

Unstreitig ist jedenfalls, dass beide Urteile auf die Quasi-Kausalität, also die hypothetische Kausalität rekurrieren,[148] auch wenn deren inhaltliche Anforderungen nach dem jeweiligen Standpunkt voneinander abweichen. Allerdings werden die Grundsätze dieses Kriteriums in keinem der beiden Urteile ausformuliert dargestellt, es wird lediglich Rekurs auf den Rechtsbegriff genommen.

Der 5. Senat verweist für die Grundsätze der Quasi-Kausalität auf das Urteil des 4. Strafsenates vom 4. September 2014 (*Oury Jalloh*).[149] Der 1. Strafsenat benennt keine Quellen aus der Rechtsprechung, benennt jedoch für seine These, der 5. Senat vermische Fragen des Vorsatzes mit solchen des Beweismaßes für die Feststellung der zum objektiven Tatbestand gehörenden hypothetischen Kausalität, zahlreiche Fundstellen in der Literatur.[150] Dabei sieht er im TX-Urteil *„eine **Änderung der Rechtsprechung** zum Vorsatz in allen Fällen, in denen – wie bei pflichtwidrigem Unterlassen oder einem Eingriff in einen rettenden Kausalverlauf – bei der rechtlichen Bewertung ein hypothetischer Kausalverlauf an die Stelle einer durch aktives Tun tatsächlich in Gang gesetzten Kausalkette tritt. Die Verengung des Vorsatzes auf sicheres Wissen über hypothetische Kausalverläufe bedeutet eine grundlegende **Abkehr von der bisher geltenden Dogmatik** insbesondere in Unterlassungsfällen“*.[151]

Sucht man nach einer Definition für die Bestimmung der Quasi-Kausalität, stößt man schnell auf folgende „Kurz“-Formel: Sowohl für Fälle des Unterlassens

---

146 BGH, Urteil vom 19. August 2020 – 1 StR 474/19, Rn. 21.

147 *Heß*, HRRS 6/2021, 266 (267), mit Verweis auf *Rissing-van Saan/Verrel*, NStZ 2018, 57 (66); *Hoven* NStZ 2017, 707 (708); *Puppe*, ZIS 2018, 484 (492).

148 BGH, Urteile vom 19. August 2020 – 1 StR 474/19, Rn. 16; und vom 28. Juni 2017 – 5 StR 20/16, Rn. 53.

149 BGH, Urteil vom 28. Juni 2017 – 5 StR 20/16, Rn. 53, mit Verweis auf BGH, Urteil vom 4. September 2014 – 4 StR 473/13.

150 BGH, Urteil vom 19. August 2020 – 1 StR 474/19, Rn. 21: *„vgl. nur Rissing-van Saan/Verrel, NStZ 2018, 57, 65 f.; Haas, HRRS 2016, 384, 395 f.; Fischer, StGB, 67. Aufl., § 13 Rn. 87; § 22 Rn. 31a f.; LK – Weigend, 13. Aufl., § 13 Rn. 73; Hoven, NStZ 2017, 707, 708; Greco, GA 2018, 539 ff.“*

151 BGH, Urteil vom 19. August 2020 – 1 StR 474/19, Rn. 20. Hervorhebungen von der Autorin.

als auch für die Sonderkonstellation des Abbruchs von Rettungshandlungen kann ein Unterlassen oder ein aktiver Abbruch einer Rettungshandlung dann mit dem tatbestandlichen Erfolg als quasi-ursächlich in Verbindung gesetzt werden, wenn dieser beim Hinzudenken der gebotenen Handlung, beziehungsweise beim Hinwegdenken der die Rettungshandlung unterbrechenden Handlung **entfiele**, wenn also die gebotene Handlung, *respective* die unterbrochene Handlung, den Erfolg **mit an Sicherheit grenzender Wahrscheinlichkeit** verhindert hätte.[152]

Die Einordnung dieser Sicherheitsklausel (die Wendung *mit an Sicherheit grenzender Wahrscheinlichkeit*) ist Ausgangspunkt für die Kritik des 1. Senates. Dieser geht davon aus, dass diese Klausel nicht zum Unrechtstatbestand gehört, sondern zur Beweisebene. Hypothetische Kausalität ist demnach (nur) dann gegeben, wenn die gebotene Handlung nicht hinzugedacht werden kann, ohne dass der Erfolg *tatsächlich* entfiele. Dieser Zusammenhang würde dann jedoch *im Rahmen einer prozessualen Beweisaufnahme* bereits dann unterstellt, wenn er mit an Sicherheit grenzender Wahrscheinlichkeit angenommen werden könne.[153]

Dem 5. Senat wird vorgeworfen, dementgegen die Sicherheitsklausel dem Unrechtstatbestand zuzuordnen, und dieser nicht erst im prozessualen Rahmen eine Rolle zuzuweisen. Dies bedeutete für die weitere Prüfung des Tatbestandes, nämlich dann im subjektiven Teil, dass die Sicherheitsklausel auch vom Vorsatz umfasst sein müsste. *Rosenau* und *Lorenz*, als in dieser Frage dem 5. Senat folgende Vertreter der Literatur, rekurrieren dafür die anerkannte Grundregel der Kongruenz von objektivem und subjektivem Tatbestand.[154] Jedenfalls diese Prämisse überzeugt uneingeschränkt. Ob die Sicherheitsklausel diesem objektiven Tatbestand zuzuordnen ist, steht jedoch auf einem anderen Blatt. Aus dieser Regel selbst lassen sich also keine Rückschlüsse ziehen.

---

152 *Kinskofer*, HRRS 2021 N1. 21, S. 262 (263); *Greco*, ZIS 8–9/2011, 674 (675) m.w.N in Fn. 11; *Wessels/Beulke/Satzger*, Strafrecht AT, Rn. 1172 führt etwas weiter aus und trennt hier semantisch zwischen Voraussetzung und ihren Nachweis, indem für die Prüfung zunächst die Frage aufgeworfen wird, ob die *„rechtlich geforderte Handlung nicht hinzugedacht werden kann, ohne dass der tatbestandsmäßige Erfolg entfiele. Dazu genügt die Feststellung einer mit an Sicherheit grenzenden Wahrscheinlichkeit."* Auch in der Rechtsprechung kann man diese Kurzformel finden, so BGH, Beschluss vom 27. September 2017 – 4 StR 215/17.

153 *Kinskofer*, HRRS 6/2021, 262 (263).

154 *Rosenau/Lorenz*, JR 2018, 168 (180 f.); referiert von *Heß*, HRRS 2021/6, 266 (267).

Vielmehr führt gerade ihre Gültigkeit bezüglich der unterschiedlichen Prämissen zu den unterschiedlichen Ergebnissen.

So wird im Urteil des 5. Senates geschlossen, dass kein Tatvorsatz gegeben sei, wenn der Nachweis einer mit an Sicherheit grenzender Wahrscheinlichkeit eintretenden Lebensverlängerung durch den Erhalt des Organs nicht geführt werden kann und der Täter die zugrundeliegenden Umstände kannte. Es könnte dabei argumentiert werden, dass es unangebracht erschiene, diesem Täter trotz seiner mit den objektiven Faktoren übereinstimmenden Vorstellung einen Tötungsvorsatz zu attestieren.[155]

Die Gegenansicht kommt zunächst ebenfalls zu einer Versuchsprüfung, nachdem bei der Beweisaufnahme eine tatsächliche Kausalität nicht mit ausreichender Sicherheit nachweisbar ist. Dann jedoch genügt ein „Für-möglich-Halten" im Sinne der oben dargestellten Definition und *ratio* des *dolus eventualis* für den Tatentschluss. Der Täter müsste für möglich gehalten haben, dass der Erfolg durch den rettenden Kausalverlauf tatsächlich verhindert würde.

Abzugrenzen ist also, ob die Sicherheitsklausel

- als Teil der Anforderungen der Kausalität der Gestalt in eine Norm, hier § 212 I StGB, hineinzulesen ist, dass sie Teil der Zielsetzung einer Norm ist, die die Entscheidung unmittelbar bestimmt, indem sie inhaltliche, materielle Regelungen festlegt;

oder

- ob sie vielmehr dem Konstrukt zuzurechnen ist, das festlegt, wie man zur Durchsetzung dieser Inhalte gelangt, mithin zum Prozessrecht als Verfahren zur Aufklärung und Verurteilung des materiell festgelegten strafbaren Handelns.

Folgende Frage gilt es also zu klären: Gehört die Sicherheitsklausel zum Spiel selbst, oder zu den Spielregeln?

Der 5. Senat verweist im Entscheidungstext auf das sogleich noch ausführlicher dargestellte Urteil zum Tod des Asylbewerbers *Oury Jalloh*. In diesem Urteilstext subsumiert der mit dem Fall befasste 4. Senat:

> *„Da die gebotene Handlung des Angeklagten bei Fortführung des Gewahrsams das Veranlassen der unverzüglichen (zumindest ‚symbolischen') Vorführung des J. beim zuständigen Richter bzw. das unverzügliche Herbeiführen von dessen Entscheidung war, entfällt die Kausalität, wenn diese Handlung vorgenommen worden wäre und der*

155 Als Rechtsproblem aufgegriffen, jedoch i.E. abgelehnt von *Verrel*, MedR 2014, 464 (467); *Haas*, HRRS, Heft 8/2016, 384 (395).

> *Richter den Gewahrsam jedenfalls bis einschließlich zum Zeitpunkt des Todes von J. mit an Sicherheit grenzender Wahrscheinlichkeit angeordnet hätte.*"[156]

Die Formulierung ist angelehnt an die oben dargestellte Kurz-Formel für die Quasi-Kausalität. Eine Lesart, die wie der 5. Senat zu der Schlussfolgerung käme, dass die Sicherheitsklausel zum Tatbestand gehörte, ist damit zumindest hinsichtlich des Gangs der Erkenntnisfindung nachvollziehbar.

Wieso dieser Rückschluss jedoch vorschnell wäre, weshalb nämlich ein Verzicht auf Kontext hier irreführend wäre, und warum die Formulierung in der Subsumtion des 4. Senates deshalb dennoch sauber ist, zeigt ein Blick auf das Urteil als Ganzes.

a) Der Fall Oury Jalloh *(BGH 4 StR 473/13)*

Um die Rechtsansicht des 5. Senates zum Bezugspunkt *des dolus eventualis* stützen zu können, müsste das Urteil im Fall *Oury Jalloh* auf den TX-Fall übertragbar sein und die dort dargestellte Rechtsansicht der vom 5. Senates (scheinbar) übernommenen entsprechen.

aa) Inhaltliche Übertragbarkeit des Falles

Der tragische Fall um den Asylbewerber *Oury Jalloh* hat ähnlich viel mediale Aufmerksamkeit erregt und war ebenso Gegenstand vieler kontroverser und auch emotional beladener Diskussionen, wie der TX-Fall. Der später Geschädigte *Jalloh* aus Sierra Leone wurde am 07.01.2005 in Dessau von Polizeibeamten des dortigen Reviers festgenommen, nachdem er mit einer Blutalkoholkonzentration von knapp drei Promille auffällig geworden war. Er wurde gemäß § 37 I Nr. 1 SOG LSA in Gewahrsam genommen und in eine Zelle verbracht. Der Angeklagte war zum Tatzeitpunkt verantwortlicher Dienstgruppenleiter des Reviers und führte entgegen § 38 I SOG LSA keine richterliche Entscheidung über die mit Gewalt verbundene Freiheitsentziehung herbei.

Nachdem *Jalloh* bei der Aufnahme in den Gewahrsam Selbstverletzungsversuche unternahm, ordnete der Angeklagte auf ärztliche Empfehlung seine Fixierung an. Er wurde daraufhin nicht ständig optisch überwacht. Nach den Feststellungen des Landgerichts gelang es ihm trotz seiner Fixierung, die Matratze anzuzünden, auf der er lag. Das dafür verwendete Feuerzeug musste bei seiner Durchsuchung übersehen, oder von einem Polizeibeamten in der

156 BGH, Urteil vom 4. September 2014 – 4 StR 473/13, Rn. 80.

Gewahrsamszelle verloren worden sein. Der Geschädigte verstarb an einem inhalativen Hitzeschock.

Der BGH schloss sich den rechtlichen Ausführungen des LG Magdeburg sowohl hinsichtlich eines Schuldspruchs wegen fahrlässiger Tötung wegen des Gewahrsamsvollzugs ohne ständige optische Überwachung als auch (jedenfalls im Ergebnis) hinsichtlich der Ablehnung einer Freiheitsberaubung mit Todesfolge an. Letzteres hat der BGH damit begründet, dass das Unterlassen der Herbeiführung einer richterlichen Entscheidung über die Freiheitsentziehung zwar gesetzwidrig gewesen sei, jedoch nicht ursächlich für die Freiheitsberaubung. Es müsse davon ausgegangen werden, dass der zuständige Richter bei Befassung mit dem Sachverhalt den Gewahrsam für zulässig erklärt und dessen Fortdauer angeordnet hätte.[157]

Im Urteil enthalten ist eine Definition der Quasi-Kausalität. Die rechtliche Problematik lag hier jedoch gar nicht bei der Frage an die inhaltlichen Anforderungen dieses Zusammenhanges, sondern vielmehr an dessen Einordnung im Prüfungsaufbau. So markiere der Fall *Oury Jalloh*, *respective* das Urteil des BGH laut *Dehne-Niemann* *„den vorläufigen Endpunkt einer Serie von uneinheitlichen Entscheidungen zur Berücksichtigungsfähigkeit hypothetischer Kausalverläufe.*“[158]

Fraglich ist bei dieser Problemstellung, welche Bedingungen zur konkreten Tatsituation zählen, und damit berücksichtigungsfähig sind und berücksichtigt werden müssen, sowie der Kontext dieser Berücksichtigung. Die Einordnung und Anwendung der Sicherheitsklausel, oder die Anforderungen an einen Vorsatz begegneten hier jedoch keinerlei Zweifeln.

Das *Oury-Jalloh*-Urteil ist hinsichtlich der Kausalitätsfrage von der Besonderheit gekennzeichnet, dass es hier nicht um einen Fall der Kausalität des Unterlassens für den Erfolg geht. Die Kausalitätsfrage wird hier nicht auf Tatbestandsebene, sondern auf der Deliktsstufe der Rechtswidrigkeit gestellt. Eine

157 BGH, Urteil vom 4. September 2014 – 4 StR 473/13, Rn. 3 ff., 81 ff.; *Dehne-Niemann*, HRRS 4/2017, 174 (174).

158 *Dehne-Niemann*, HRRS 4/2017, 174 (174 mit Fn. 2), mit Verweis auf: „*BGHSt 13, 13; 37, 106; 48, 77 m. Anm. Knauer NJW 2003, 3101 u. Bspr. Dreher JuS 2004, 17; BGH NStZ 1986, 217; NJW 2000, 2754 m. Anm. Altenhain NStZ 2001, 189; BGH NStZ 2004, 151 m. Anm. Schatz NStZ 2003, 581 u. Bspr. Puppe NStZ 2004, 554; BGHSt 52, 159 = NJW 2008, 1897 = HRRS 2008 Nr. 429 m. Anm. Kühl NJW 2008, 1899; Lindemann ZJS 2008, 404; Satzger JURA (JK) 11/2008, StGB § 13 I/2; BGH NJW 2010, 1087 = HRRS 2010 Nr. 200 m. Anm. Kühl NJW 2010, 1092; Puppe, JR 2010, 355 u. Bspr. Ast ZStW 124 (2012), 612; Stübinger ZIS 2011, 602*“.

richterliche Gewahrsamsfortdaueranordnung hätte eine Freiheitsberaubung nicht schon tatbestandsmäßig ausgeschlossen, sondern erst gerechtfertigt.[159]

Der BGH formuliert dies in seinem Urteil als *„Kausalität des Unterlassens des Angeklagten für eine rechtswidrige Freiheitsberaubung"*.[160] So geht es nicht um die Ursachenbeziehung einer unterbliebenen Freilassung des Geschädigten, denn diese hätte den Erfolg der weiteren Freiheitsentziehung vom Zeitpunkt der Freilassung an verhindert, womit an der Quasi-Kausalität keine Zweifel bestehen könnten. Die Formulierung des BGH soll nicht als Ursächlichkeitsbeziehung im herkömmlichen Sinn, zwischen Täterverhalten und Erfolg, verstanden werden. Vielmehr stellt sie eine Bezugnahme auf einen normativ zu bestimmenden Zusammenhang zwischen den Umständen, die infolge einer Bewertung durch die Rechtsordnung zur Rechtswidrigkeit des Täterverhaltens führen, und dem Dauererfolg des § 239 I StGB, der fortbestehenden Freiheitsberaubung, dar.[161]

Der BGH hatte sich im Fall *Oury Jalloh* mit einer sehr speziellen Kategorie hypothetischer Kausalverläufe zu befassen. Zu deren konkreter und spezieller Problematik, der Frage nach dem Ausschluss der Erfolgszurechnung durch eine hypothetisch rechtfertigend wirkende Einhaltung verfassungsrechtlich gesicherter Förmlichkeiten einer Ermächtigungsnorm (dem Richtervorbehalt in § 38 SOG LSA), lassen sich keine Parallelen im TX-Fall finden. Jedoch lässt die Beurteilung dieser Rechtsfrage die aufgestellte Formel für die Quasi-Kausalität, unter Rekurs auf zahlreiche weitere Nachweise aus der ständigen Rechtsprechung, unberührt. Welche Umstände hierfür einbezogen werden dürfen und müssen, und in welcher Ebene diese zu berücksichtigen ist, betrifft nicht die für die vorliegende Frage relevante Problematik, wie sich die materiell-rechtliche Anforderung zum prozessrechtlichen Nachweis zu verhalten hat. Falls sich also aus dieser Formel Schlussfolgerungen für letztere Frage ableiten lassen, entfalten diese ihre Gültigkeit über die im Fall *Oury Jalloh* revisionsrelevanten Rechtsproblematiken hinaus.

---

159 *Dehne-Niemann*, HRRS 4/2017, 174 (174 f.).

160 BGH, Urteil vom 4. September 2014 – 4 StR 473/13, Rn. 74.

161 *Dehne-Niemann*, HRRS 4/2017, 174 (181 f.) m.w.N., mit Hinweis auf eine *„wenig geglückt[e]"* (181) Formulierung des BGH, dass die Rechtswidrigkeit eines Verhaltens keine kausierungsfähige Entität sei, und man die Rechtswidrigkeit eines Verhaltens oder Erfolges nicht verursachen könne, sondern sie eben eine Folge durch die Bewertung der Rechtsordnung sei.

bb) Einordnung der Sicherheitsklausel

Der 4. Senat führt im Fall *Oury Jalloh* zur Quasi-Kausalität aus:

„Ein Unterlassen, also ein Nichtgeschehen kann – ontologisch – nicht Ursache eines Erfolges sein. Deshalb stellen die ständige Rechtsprechung und die allgemeine Lehre zur – notwendigerweise normativen – Beurteilung der Kausalität bei den unechten Unterlassungsdelikten auf die ‚hypothetische Kausalität', die so genannte ‚Quasi-Kausalität', ab. Diese birgt für die Fälle des Unterlassens die ***Entsprechung zu der nach der Äquivalenztheorie in den Fällen aktiven Tuns anzuwendenden conditio sine qua non-Formel****. Nach ihr ist ein Unterlassen mit dem tatbestandsmäßigen Erfolg als ‚quasiursächlich' in Zurechnungsverbindung zu setzen und zu prüfen,* ***ob dieser beim Hinzudenken der gebotenen Handlung entfiele, ob also die gebotene Handlung den Erfolg verhindert hätte*** *(st. Rspr., vgl. BGH, Urteile vom 4. März 1954 – 3 StR 281/53, BGHSt 6, 1, 2; vom 26. Juni 1990 – 2 StR 549/89, BGHSt 37, 106, 126; vom 19. Dezember 1997 – 5 StR 569/96, BGHSt 43, 381, 397; vom 6. November 2002 – 5 StR 281/01, BGHSt 48, 77, 93). Hierfür muss – da es sich nicht um die Feststellung realer Kausalzusammenhänge handelt – das* ***Gericht eine hypothetische Erwägung anstellen*** *und sich auf deren Grundlage eine* ***Überzeugung*** *bilden (BGH, Urteil vom 12. Januar 2010 – 1 StR 272/09, BGHR StGB § 13 Abs. 1 Ursächlichkeit 3 mwN; vgl. auch SSW-StGB/Schluckebier, aaO, § 239 Rn. 8 a.E. mwN).*

Dabei streitet für einen Angeklagten der Grundsatz in dubio pro reo. Allerdings steht der Bejahung der Ursächlichkeit die ***bloße gedankliche Möglichkeit eines gleichen Erfolgs auch bei Vornahme der gebotenen Handlung nicht entgegen****. Ebenso wenig genügt es, dass das Unterlassen der gebotenen Handlung lediglich das Risiko des Erfolgseintritts erhöht hat (BGH, Urteil vom 12. Januar 2010 – 1 StR 272/09, aaO, mwN). Vielmehr muss sich die alternative Bewertung, der gleiche Erfolg wäre auch bei Vornahme der gebotenen Handlung eingetreten, aufgrund bestimmter Tatsachen so verdichtet haben, dass* ***die Überzeugung vom Gegenteil mit an Sicherheit grenzender Wahrscheinlichkeit vernünftigerweise ausgeschlossen ist*** *(BGH, Beschlüsse vom 25. September 1957 – 4 StR 354/57, BGHSt 11, 1; vom 29. November 1985 – 2 StR 596/85, NStZ 1986, 217; vom 25. April 2001 – 1 StR 130/01; vom 6. März 2008 – 4 StR 669/07, BGHSt 52, 159, 164; Urteile vom 26. Juni 1990 – 2 StR 549/89, BGHSt 37, 106, 126 f.; vom 19. April 2000 – 3 StR 442/99, BGHR StGB § 13 Abs. 1 Ursächlichkeit 1; vom 12. Januar 2010 – 1 StR 272/09, aaO, mwN).*

Die Formulierung, ‚mit an Sicherheit grenzender Wahrscheinlichkeit' müsse die Ursächlichkeit der Pflichtverletzung für den Taterfolg in diesem Sinn feststehen, ***bedeutet jedoch nicht, dass höhere Anforderungen an das erforderliche Maß an Gewissheit von der Kausalität als sonst gestellt werden*** *müssen.* ***‚Mit an Sicherheit grenzender Wahrscheinlichkeit' ist nichts anderes als die überkommene Beschreibung des für die richterliche Überzeugung erforderlichen*** *Beweismaßes (vgl. BGH, Urteil vom 26. Juni 1990 – 2 StR 549/89, BGHSt 37, 106, 127)."*[162]

---

162 BGH, Urteil vom 4. September 2014 – 4 StR 473/13, Rn. 75–77 m.w.N. Hervorhebungen von der Autorin.

Dieses vom 5. Senat zur Quasi-Kausalität zitierte Urteil ordnet die Sicherheitsklausel mithin explizit als Beweisregel ein, unter Auflistung zahlreicher Nachweise aus der bisherigen Rechtsprechung. Darunter ist auch das *Bad-Reichenhall*-Urteil vom 12. Januar 2010, als beim Einsturz des Daches der von der Stadt Bad Reichenhall betriebenen Eissporthalle am 2. Januar 2006 15 Besucher starben, und sechs weitere schwer verletzt wurden. Einem Bauingenieur wurde eine nicht sorgfaltsgemäße Überprüfung im Rahmen eines Sanierungsauftrages vorgeworfen.[163]

Unter Punkt IV. 1. c) des Urteiles wird ausgeführt, dass „[z]ur Beurteilung der Kausalität bei (unechten) Unterlassungsdelikten [...] auf die *hypothetische Kausalität, die so genannte ‚Quasi-Kausalität' abzustellen [ist]. Danach ist ein Unterlassen dann mit dem tatbestandsmäßigen Erfolg als ‚quasi-ursächlich' in Zurechnungsverbindung zu setzen, wenn dieser beim Hinzudenken der gebotenen Handlung entfiele, wenn also die gebotene Handlung den Erfolg verhindert hätte (st. Rspr., vgl. nur BGH, Urt. vom 4. März 1954 – 3 StR 281/53 – [BGHSt 6, 1, 2]; Urt. vom 19. Dezember 1997 – 5 StR 569/96 – [BGHSt 43, 381, 397]; Urt. vom 26. Juni 1990 – 2 StR 549/89 [BGHSt 37, 106, 126]; Urt. vom 6. November 2002 – 5 StR 281/01 – [BGHSt 48, 77, 93]; Weigend in LK 12. Aufl. § 13 Rdn. 70; Stree in Schönke/Schröder, StGB 27. Aufl. § 13 Rdn. 61; Kudlich in Satzger/Schmitt/Widmaier, StGB § 13 Rdn. 10; Fischer, StGB 57. Aufl. Vor § 13 Rdn. 39 jew. m.w.N.).*"[164]

Es folgen Ausführungen vergleichbar mit denen im *Oury-Jalloh*-Urteil. Unter Punkt IV. 2., und damit auch optisch und strukturell von den Ausführungen zu den zugrunde liegenden rechtlichen Überlegungen bezüglich der Kausalität getrennt, wird dann zum Thema Beweiswürdigung festgelegt, dass

> *„[d]ie Formulierung, ‚mit an Sicherheit grenzender Wahrscheinlichkeit' müsse die Ursächlichkeit der Pflichtverletzung für den Taterfolg feststehen, [nicht besagt], dass höhere Anforderungen an das erforderliche Maß an Gewissheit von der Kausalität als sonst gestellt werden müssen. ‚Mit an Sicherheit grenzender Wahrscheinlichkeit' ist nichts anderes als die überkommene Beschreibung des für die richterliche Überzeugung erforderlichen Beweismaßes (vgl. BGH, Urt. vom 26. Juni 1990 – 2 StR 549/89 – [BGHSt 37, 106, 127]). Da es sich nicht um die Feststellung realer Kausalzusammenhänge handelt, muss das Gericht eine hypothetische Erwägung anstellen und sich auf deren Grundlage eine Überzeugung bilden. Hierbei ‚nach höherer oder geringerer Wahrscheinlichkeit abzustufen, trifft die Art und Weise der Überzeugungsbildung nicht' (Weigend in LK 12. Aufl. § 13 Rdn. 72).*"[165]

---

163 BGH, Urteil vom 12. Januar 2010 – 1 StR 272/09.

164 Ebd., Rn. 62.

165 Ebd., Rn. 67.

Was also in der oben dargestellten Kurz-Formel stark auslegungsbedürftig scheint, wird in diesen beiden Urteilen deutlich dargestellt:

Das Verhalten des Täters ist ursächlich, wenn die gebotene Handlung den Erfolg tatsächlich verhindert hätte.[166] Damit sind die Anforderungen der materiell-rechtlichen Kausalität abschließend dargelegt.

Die Sicherheitsklausel taucht erst im Zusammenhang mit der Überzeugungsbildung des Gerichts auf. Die Bildung der Überzeugung des Gerichts von der Wahrheit oder Unwahrheit einer Tatsache ist ureigene Angelegenheit der Beweisaufnahme vor Gericht, der freien richterlichen Beweiswürdigung auf Prozessebene.

Für diese Überzeugung genügt ein so hoher Grad an Wahrscheinlichkeit, dass vernünftige Zweifel nicht mehr bestehen. Für eine solche durch Überlegung erlangte Gewissheit muss diese seitens des Gerichts einen solchen Grad erreicht haben, dass vernünftigen Zweifeln Schweigen geboten ist, ohne dass sie allerdings vollständig ausgeschlossen sein müssen (näheres dazu sogleich). Anders formuliert muss der Tatrichter für eine Verurteilung zu der Überzeugung kommen, dass die Strafbarkeitsvoraussetzungen mit an Sicherheit grenzender Wahrscheinlichkeit erfüllt sind.

Gerade das Strafrecht legt mit seinem materiellen Wahrheitsbegriff und der strikt geltenden Unschuldsvermutung die Hürden für den Tatnachweis und eine darauf basierende Verurteilung besonders hoch. Somit stellt sich die Problematik der tatrichterlichen Überzeugung hier mit besonderer Schärfe. Dabei ergänzen sich objektiv gegebene Wahrscheinlichkeit und subjektives Gewissheitsempfinden.[167] *Baur* beschreibt das Verhältnis, in dem sich diese Elemente gegenüberstehen müssen. Daraus ergibt sich, wie sich die Überwindung der Unschuldsvermutung normativ rechtfertigen lässt, indem ein gewisses Maß an Restzweifeln durch das Gewissheitserleben des Tatrichter überbrückt werden darf, und wann sich *e contrario* eine objektive Verdichtung der Beweislage derart ergibt, dass die Entscheidung des Tatrichters bereits vorgegeben ist. Er formuliert zum Thema der tatrichterlichen Überzeugung wie folgt:

> *„Dem Verhältnis von objektiven und subjektiven Überzeugungsanteilen kann man sich zunächst von der Seite der Grundrechte annähern. Eine zu weitgehende Subjektivierung rückte die tatrichterliche Überzeugung bedenklich in die Nähe rechtsgelöster Willkür.*

166 Ob und inwiefern diese Formel ggf. modifiziert werden muss, wird sich im Folgenden noch zeigen. Für die Einordnung der Sicherheitsklausel jedoch ist dies die relevante und folgerichtige Erkenntnis.

167 *Baur*, ZIS 2/2019, 119 (121 f.).

Es wäre schon unter Gleichbehandlungsgesichtspunkten höchst problematisch, wenn die Verurteilung nicht soweit rechtlich gebunden wäre und auf objektiven, allgemeingültigen Kriterien beruhte, dass sie maßgeblich von der Persönlichkeit des Richters abhinge und Folge von dessen individueller Überzeugungsfreudigkeit oder Zweifelsanfälligkeit wäre.
Um einen staatlichen Eingriff in die Freiheitsrechte des Einzelnen zu rechtfertigen ist ebenfalls ein hohes Maß an Objektivität vorauszusetzen, ehe ein mehrdeutiges Beweisergebnis durch das subjektive Gewissheitserleben des Richters zur Verurteilungsgrundlage gemacht und die Unschuldsvermutung als überwunden gelten darf.
Dabei ist allerdings zu bedenken, dass sogar empfindliche staatliche Eingriffe in das Freiheitsrecht auf objektiv zweifelbehafteter Tatsachengrundlage zu rechtfertigen sind. Auch das Strafrecht nimmt das Risiko für Fehlentscheidungen bewusst in Kauf, um seine übrigen Ziele zu erreichen. Das zeigt sich nicht nur daran, dass es aus Rechtsstaatsgründen eine Wahrheitsermittlung um jeden Preis nicht kennt, aus Effektivitäts- und Verhältnismäßigkeitsgründen den Instanzenzug bisweilen ausschließt (§ 313 Abs. 1 StPO) oder aus Gründen des Rechtsfriedens die Wiederaufnahme strengen Zulässigkeitsvoraussetzungen (§359 StPO) unterwirft, sondern in aller Schärfe auch im Maßregelrecht.“[168]

Die Überzeugungs- und Verurteilungsschwelle des Tatrichters kann also auch erreicht sein, wenn noch gewisse objektive Restzweifel aufgrund der Unkenntnis einiger Faktoren, die wiederum auf wissenschaftlichen Erkenntnisständen beruht, nicht ausgeräumt wurden.

Gerade bei der Quasi-Kausalität, bei der mit dem gedanklichen Konstrukt eines hypothetischen Ereigniszusammenhangs gearbeitet werden muss, stellen sich diese Hürden für den Tatrichter in besonderem Maße. Dies liefert eine nachvollziehbare Erklärung dafür, warum der Senat diese Ausführungen zu der Sicherheitsklausel überhaupt in seine Erklärung zur Formel für die Quasi-Kausalität explizit einbaut. So sollten schließlich die Anforderungen an die tatrichterliche Überzeugung zum einen bekannt, und zudem nicht (nur) spezifisch für den Nachweis bestimmter materiell-rechtlicher Elemente gelten. Gerade bei der Quasi-Kausalität könnte jedoch eine Tendenz entstehen, das materiell-rechtliche Problem über die Idee aus dem Prozessrecht zu lösen. Allerdings ist hier strikt zu separieren. Genau dies hat der Senat auch *expressis verbis* getan, und die möglicherweise zu konfundierenden Elemente klar getrennt. Die Ausführungen zu den prozessrechtlichen Elementen, also zur Sicherheitsklausel, haben einen Klarstellungscharakter, der einem materiell-rechtlich nicht ganz leicht greifbarem Problem geschuldet ist.

168 *Baur*, ZIS 2/2019, 119 (122 f.).

Demzufolge verwundert es durchaus, dass der 5. Senat diese Entscheidung (als Fundstelle) zitiert, und anschließend inkonsequenterweise fordert, dem Täter müsse „*bewusst sein, dass der Rettungserfolg mit einer an Sicherheit grenzenden Wahrscheinlichkeit eintreten würde*“.[169] Der Spruchkörper sieht also dem Wortlaut nach die Sicherheitsklausel als vom Vorsatz umfasst an, obwohl er zuvor selbst eine durch die Stringenz ihrer Ausführung grundsätzlich faktisch bindende Erkenntnisquelle heranzieht,[170] die eine klare Zuordnung der Sicherheitsklausel zur Beweis- und damit zur prozessualen Ebene propagiert, und diese damit als Bezugspunkt des Vorsatzes ausschließt.

Somit wäre eine Zuordnung der Sicherheitsklausel zur Tatbestandsebene zwar nicht in nachvollziehbarer Weise von der vom 5. Senat herangezogenen Rechtsprechung gedeckt, wird aber vielfach als Erklärung von dessen Entscheidungsfindungsprozess bemüht.

b) Relevanz der Einordnung der Sicherheitsklausel

Aller Verwunderung angesichts der zitierten Quellen zum Trotz könnte eine Einordnung der Sicherheitsklausel auf Tatbestandsebene dem ersten Anschein nach zumindest eine strukturell basierte (wenn auch nicht überzeugende) Erklärung für die Entscheidung des 5. Senates darstellen. Jedoch zeigt sie sich gerade aufgrund der von den Fürsprechern der Vorsatzvorstellung des 5. Senates *Rosenau* und *Lorenz* angeführten Prämisse der Kongruenz von subjektivem und objektivem Tatbestand[171] als inkonsequent und deshalb nicht überzeugend.

Legte man dem die Kategorisierung der Sicherheitsklausel des 5. Senates zugrunde, müsste folgende Definition erstellt werden: Das kognitive Vorsatzelement des Eventualvorsatzes erfüllt, wer es für *möglich* hält, dass bei Vornahme der gebotenen Handlung, *respective* ohne eine Unterbrechung eines rettenden Kausalverlaufs, der Erfolg *mit an Sicherheit grenzender Wahrscheinlichkeit* entfiele.[172]

---

169 BGH, Urteil vom 28. Juni 2017 – 5 StR 20/16, Rn. 55.

170 Vgl. zur faktischen Bindungswirkung S. 42 mit Fn. 109.

171 *Rosenau/Lorenz*, JR 2018, 168 (180 f.); vgl. auch Fn. 154. In Fn. 137 dieses Aufsatzes findet sich ein Verweis auf „*Wessels/Beulke/Satzger, AT, 47. Aufl. 2017, Rn. 1000*“, wenn darum geht, die Sicherheitsklausel sei keinesfalls nur Beweisregel. Aber *Wessels/Beulke/Satzger*, Strafrecht AT, Rn. 1172, *52. Auflage* jedenfalls trennen hier begrifflich die materiell-rechtlichen Anforderungen für die Quasi-Kausalität von den prozessrechtlichen, wozu die Sicherheitsklausel gehört, und verweisen dafür u.a. auf *Puppe*, ZIS 11/2018, 484 (492), die dies deutlich herausstellt.

172 *Heß*, HRRS 6/2021, 266 (268); so auch *Kudlich/Hoven*, in: FS Rogall, S. 209, 217 ff.

Demgegenüber steht die Ansicht, die, wie der 4. Senat *im Oury-Jalloh*-Urteil, die Sicherheitsklausel auf Beweisebene einordnet. Demnach setzt Quasi-Kausalität voraus, dass der Erfolg tatsächlich verhindert worden wäre. Das kognitive Element des *dolus eventualis* verlangt dementsprechend, dass der Täter es für möglich hält, dass die gebotene Handlung den Erfolg tatsächlich verhindert hätte.[173]

Der Vorsatz auf „mit an Sicherheit grenzender Wahrscheinlichkeit" ist daher in dem Vorsatz auf „tatsächliche, sichere" Verhinderung des Erfolges nicht nur enthalten, sondern geriert sich sogar als Minus zu diesem. Genaugenommen müsste das kognitive Vorsatzelement also von den Vertretern der Ansicht „Sicherheitsklausel im Tatbestand" immer dann angenommen werden, wenn es von den Vertretern der Ansicht „Sicherheitsklausel aus Beweisebene" angenommen wird, da erstere hier im Ergebnis sogar geringere Anforderungen stellen.[174]

Insofern hätte der 5. Senat auch mit der Einordnung der Sicherheitsklausel auf Tatbestandsebene das kognitive Vorsatzelement bejahen müssen. Auch wenn der Angeklagte den Erfolg des angelegten rettenden Kausalverlaufs mit „nur" 90 % angesetzt hat,[175] hielt er es dennoch für *möglich*, dass eine Transplantation den verdrängten Patienten mit an Sicherheit grenzender Wahrscheinlichkeit hätte retten können, dass also dessen Tod verhindert worden wäre.[176] Wenn in seiner Vorstellung neun von zehn Patienten durch die TX gerettet werden könnten, so besteht zumindest die – sogar sehr wahrscheinliche – Möglichkeit, dass der überholte Patient zu diesen neun gehört, und damit sogar sicher gerettet würde.

Somit könnte man im Ergebnis auch nicht auf eine unklare Formulierung bei der Subsumtion im *Oury-Jalloh*-Urteil rekurrieren, um mit der Kurz-Formel zur Quasi-Kausalität die Sicherheits-Klausel in die Tatbestandsebene

---

173 *Heß*, HRRS 6/2021, 266 (269); so auch *Kudlich/Hoven*, in: FS Rogall, S. 209, 219 f.; *Engländer*, JuS 2001, 958 (961).

174 *Heß*, HRRS 6/2021, 266 (269); so auch *Kudlich/Hoven*, in: FS Rogall, S. 209, 219, mit illustrativem Beispiel in Fn. 31.

175 BGH, Urteil vom 28. Juni 2017 – 5 StR 20/16, Rn. 54 f.: Das LG Göttingen hatte ein 5–10%iges Sterberisiko bei oder unmittelbar nach der TX festgestellt, dieses sei dem Täter bekannt gewesen.

176 Heß, HRRS 6/2021, 266 (269); *Kudlich/Hoven*, in: FS-Rogall, S. 209 (220); BGH, Urteil vom 28. Juni 2017 – 5 StR 20/16, Rn. 55: *„Zwar hielt er es nach den Wertungen des Landgerichts für möglich, dass ein ‚erstüberholter' Patient mangels Angebots des konkreten Organs und darauffolgender Transplantation versterben könnte."*

zu heben. Zwar wäre hier statt des „Entfallens" der Kausalität eventuell die Formulierung, dass „nach den Regeln der Beweiswürdigung ein Nachweis der Kausalität nicht geführt werden könne" noch deutlicher gewesen. Jedoch kann zum einen vorausgesetzt werden, dass bei der Heranziehung einer BGH-Entscheidung die als relevant betrachteten Passagen zumindest im Kontext gelesen werden, *respective* auch alle relevanten Passagen zur Kenntnis genommen werden. Damit wäre die Einordnung der Klausel klar geworden. Zum anderen würde der kongruente Bezug des *dolus eventualis* auf die Quasi-Kausalität die Vorstellung von der *Möglichkeit* der Tatbestandsverwirklichung genügen lassen.

Schließlich formuliert auch der 5. Senat selbst, dass bedingter Tötungsvorsatz voraussetzt, *„dass der Täter den Erfolg als mögliche nicht ganz fernliegende Folge seines Handelns erkennt (Willenselement)."*[177]

c) Rekurs auf die vom 5. Senat zitierten Fälle

Dies vorangestellt, lohnt erneut ein Blick auf die oben bereits auf ihre Übertragbarkeit auf den TX-Fall geprüften Entscheidungen.

Was zunächst den *Pflegevernachlässigungs*-Fall betrifft, standen hier zwar die Spruchkörper vor jeweils unterschiedlichen Rechtsfragen. Beim zitierten Fall war nicht der Grad einer Rettungsmöglichkeit oder -wahrscheinlichkeit zu prüfen, sondern stand bereits das Erkennen einer Möglichkeit zur Rettung überhaupt in Frage. Somit war keine Abgrenzung zu einer Vorstellung einer Rettung mit an Sicherheit grenzender Wahrscheinlichkeit vonnöten. Jedoch soll nicht darüber hinweggegangen werden, dass bereits die Zitierweise des 5. Senates durch den Zusatz *„wohl auch"*[178] beim Verweis auf dieses Urteil ein gewisses Störgefühl indiziert.

Und tatsächlich ist bei einer Lesart, die auf den Bezugspunkt der Wendung „mit an Sicherheit grenzender Wahrscheinlichkeit" vor dem Hintergrund der Trennung von Tatbestands- und Beweisebene fokussiert ist, dieses *„wohl auch"* beim 5. Senat bereits angelegte Störgefühl durchaus berechtigt. Denn das Urteil unterstützt die *conclusio* aus dem TX-Urteil gerade nicht, legt man diesem die Einordnung der Sicherheitsklausel auf Tatbestands-Ebene zugrunde.

Vielmehr wird ausgeführt:

> *„Wegen Totschlags durch Unterlassen hat sich der Angeklagte nur strafbar gemacht, wenn das gebotene Handeln, insbesondere die Herbeiholung ärztlicher Hilfe, den als*

177 BGH, Urteil vom 28. Juni 2017 – 5 StR 20/16, Rn. 47.
178 Ebd., Rn 55.

möglich erkannten Tod noch hätte verhindern können und er sich dessen bewusst war (vgl. Cramer/Sternberg-Lieben in Schönke/Schröder, StGB 27. Aufl. § 15 Rdn. 94; Tröndle/Fischer aaO § 13 Rdn. 18). Dazu enthält das angefochtene Urteil keine Feststellungen. [...] Auch enthält das Urteil keine Aussage dazu, ob zu diesem Zeitpunkt bei sofortiger ärztlicher Hilfe die Verhinderung des Todeseintritts mit an Sicherheit grenzender Wahrscheinlichkeit (vgl. Tröndle/Fischer aaO vor § 13 Rdn. 20) noch möglich und dem Angeklagten die Möglichkeit einer Rettung überhaupt bewusst war."[179]

Der 3. Senat führt hier *expressis verbis* aus, dass das Erkennen, also die Vorstellung, die Annahme der Möglichkeit der Verhinderung des Tötungserfolges für die Strafbarkeit, konkret für die Erfüllung des subjektiven Teils von deren Voraussetzungen, genügt.

Die Formulierung der Sicherheitsklausel bezieht sich dagegen auf die Nachweisbarkeit der Quasi-Kausalität für den Erfolg im Rahmen des Prozesses. Für diese Erkenntnis ist bei der Entscheidungslektüre zu beachten, dass hier, im Gegensatz zum TX-Fall, das LG Aurich als Vorinstanz einen vollendeten Totschlag geprüft und angenommen hatte. Der Revisions-Spruchkörper hat im Ergebnis den Schuldspruch auf eine Strafbarkeit wegen Körperverletzung mit Todesfolge abgeändert. Bemängelt wurde also neben dem fehlenden Vorsatzelement der fehlende Nachweis der (Quasi-)Kausalität des Unterlassens, also ein fehlender Nachweis für die Voraussetzungen eines vollendeten Totschlags. Die hier angeführte Verwendung der Sicherheitsklausel bezieht sich also mitnichten auf die Anforderungen an den Vorsatz, sondern auf die Beweisbarkeit des objektiven Tatbestandes.

Davon abgesehen also, dass die im konkreten Sachverhalt relevante Rechtsproblematik nicht auf den TX-Fall übertragbar ist, geht der 3. Senat von der Prämisse aus, dass die Sicherheitsklausel der Beweisebene zugehörig ist, und für die Annahme des bedingten Vorsatzes die Möglichkeits-Vorstellung genügt.

Gleiches gilt für den *Hausbrand*-Fall. Wie oben zitiert[180] genügt auch hier die Feststellung „*mit an Sicherheit grenzender Wahrscheinlichkeit*" für eine im Ergebnis im materiellen Tatbestand als gegeben gewertete Ursächlichkeit. Auch hier könnte also ein vermeintlich anhand dieser Entscheidung extrahiertes Vorsatzverständnis – abgesehen von der ohnehin fehlenden Übertragbarkeit – auch nicht auf eine Verschiebung der Sicherheitsklausel im Tatbestand gestützt werden.

---

179 BGH, Beschluss vom 6. März 2007 – 3 StR 497/06, Rn. 7.

180 Vgl. S. 53 mit Rn. 116.

d) Zwischenfazit

Die Einordnung der Sicherheitsklausel birgt also jedenfalls unter Zugrundelegung einer Kongruenz von objektivem und subjektivem Tatbestand sowie der Existenzberechtigung des *dolus eventualis* keine Erklärung für die Subsumtion des 5. Senates.

Darüber hinaus entbehrt die Zuordnung der Sicherheitsklausel zur Tatbestandsebene ohnehin einer überzeugenden Grundlage. Die vom 5. Senat herangezogenen Urteile stützen diese Annahme nicht, und sind darüber hinaus mit ihren Rechtsauffassungen auch gar nicht übertragbar.

Die sogar im TX-Urteil außerdem zitierte Rechtsprechung, das *Oury-Jalloh*-Urteil inklusive der dortigen Verweisungen, legt vielmehr die Zuordnung zur Beweisebene fest.

Wollte man also das „Problem Sicherheitsklausel" tatsächlich als zentrale Begründung für das Vorsatzverständnis des 5. Senates heranziehen, müssten dem Spruchkörper gleich mehrere dogmatische unsaubere und inkonsequente Herangehensweisen unterstellt werden.

Zum einen müsste entweder davon ausgegangen werden, dass der Senat das von ihm zur Quasi-Kausalität zitierte Urteil (*Oury Jalloh*) samt seinen dessen sämtlicher weiterer Nachweise für die Formel nicht sorgfältig gelesen hätte, oder aber, dass er zumindest für eine Abweichung davon jegliche Begründung vermissen ließe.

Das Urteils-Zitat hätte demnach lediglich dem Zweck gedient, das „Stichwort Quasi-Kausalität" mittels einer durch die dort enthaltenen weiteren Verweise geschaffenen kaskadenhaften Kette an Nachweisen zu untermauern, ohne sich mit dem Inhalt tatsächlich auseinandergesetzt zu haben oder auseinandersetzen zu wollen. Dies würde auch der hier deshalb extra dargestellte Rekurs inklusive Zitat aus dem wiederum im *Oury-Jalloh*-Urteil zitierten *Bad-Reichenhall*-Urteil unterstreichen.

Zudem müsste dem Urteil die Idee einer Abschaffung des *dolus eventualis* unterstellt werden. Dies könnte in einer ziemlich fragwürdigen Logik insofern Sinn ergeben, als eben ansonsten eine die bisherige Rechtsprechung revolutionierende Einordnung der Sicherheitsklausel auf Tatbestandsebene so gut wie keinen Anwendungsspielraum finden würde. Dies würde jedoch nicht nur einer dogmatisch sauberen Grundlage entbehren, sondern zudem wie aufgezeigt zu kriminalpolitisch nicht hinnehmbaren Ergebnissen führen.

Jedoch soll im Ergebnis weder davon ausgegangen werden, dass hier ein derart unausgegorener Gedanke zugrunde gelegt wurde, noch davon, dass hier gezielt solchermaßen grundlegend von fundierten Grundregeln des Strafrechts abgewichen wurde, ohne Erklärungsansätze dafür darzulegen. Ansonsten könnte der fehlenden Überzeugungskraft der Urteilsbegründung lediglich eine durchaus ambitionierte geistige Schöpfungskraft des Urteilslesers zu Hilfe eilen.

So gilt es also, weiter zu prüfen, welche der außerdem in Betracht zu ziehenden Rechtsfragen beziehungsweise zu prüfenden Rechtsinstitute als Ausgangspunkt einer Erklärung der Rechtsaufassung des 5. Senates in Betracht kommen könnten.

2. Kausalitätsdogmatik und Anwendung auf den Transplantations-Fall

Beim „Göttinger Organspende-Skandal" ist bei den Kausalitätserwägungen zu prüfen, ob der Arzt *Aiman O.* durch die Übermittlung falscher Patientendaten einen auf die dadurch überholten Wartenden auf der Liste gerichteten rettenden Kausalverlauf unterbrochen hat.

Um die Quasi-Kausalitäts-Formel auf den TX-Fall anwenden zu können, ist zunächst deren *ratio* zu betrachten. Dabei sind mögliche Schwächen und gegebenenfalls erforderliche Korrekturen zu untersuchen, bevor diese Ergebnisse übertragen werden können.

Der Begriff der „Kausalitätsdogmatik" in der Abschnittsüberschrift umfasst eine Kausalität im weiteren Sinn. Das heißt, er beinhaltet neben der Quasi-Kausalität, mit ihrem Ursprung im naturalistischen Ursachenzusammenhang, auch Ergänzungen oder Modifikationen, die in der Regel unter den Begriff der Zurechnung fallen.

Um aufzeigen zu können, welchen Herausforderungen sich sowohl die Bestimmung der Kausalität im engeren Sinn als auch die meist in einem zweiten Schritt erfolgenden weiteren Betrachtungen stellen müssen, und welche Auswirkungen abweichende Ansichten erzeugen können, ist für beide Rechtsinstitute zunächst getrennt die Entwicklung grundlegender Prämissen detailliert zu betrachten.

a) Die Prämissen der Quasi-Kausalität

Dreh- und Angelpunkt der rechtsdogmatischen Diskussionen um den TX-Fall ist, unabhängig von der rechtstechnischen Einordnung dieser Problematik, immer wieder die Tatsache, dass es dem Beweis nicht mit letzter Sicherheit zugänglich ist, ob die durch die Manipulation überholten Patienten auf der Warteliste durch eine Organzuteilung nach ihrem ursprünglichen Listenplatz gerettet worden wären. Es ist also jedenfalls mangels Nachweisbarkeit davon auszugehen, dass schon die Kausalität im engeren Sinn entfällt. Unstreitig ist daher nicht eine vollendete, sondern eine versuchte Tötung zu prüfen. Die Versuchsstrafbarkeit ist dadurch gekennzeichnet, dass der Täter seine Vorstellung gerade auf die Verwirklichung der objektiven Tatbestandsmerkmale gerichtet haben muss. Daher ist nun für letztere zu untersuchen, welche Bedingungen weshalb, wie, und mit welchen Konsequenzen überhaupt in die rechtliche Erklärung eines Kausalverlaufs einzubeziehen sind.

Bei der Verhinderung rettender Kausalverläufe muss zunächst eine negative Tatsache, das Ausbleiben des rettenden Ereignisses, durch eine positive, die Handlung des Verhinderers, erklärt werden. Sodann steht man wie bei einer Unterlassung vor der Aufgabe, eine positive Tatsache, den Erfolg, durch eine negative, das Ausbleiben der Rettungshandlung oder des rettenden Ereignisses, zu erklären.[181] Die Diskussion, ob Unterlassungen streng genommen überhaupt kausal für Erfolge sein können, sei hier dahingestellt (und den Philosophen überlassen). Dass eine Mutter, die ihr Baby schlicht verhungern lässt, einen Totschlag durch Unterlassen i.S.d. §§ 212 I, 13 I StGB begangen hat, ist unzweifelhaft.[182]

Die entscheidende Frage ist vielmehr, wie ein Zusammenhang zwischen der Unterlassung und dem Erfolg konzipiert sein muss. Dies gilt umso mehr in den Fällen, in denen es unklar bleiben muss, ob die Vornahme der gebotenen Handlung, beziehungsweise das Nicht-Abbrechen des rettenden Kausalverlaufs, den Erfolg vermieden hätte.[183]

Laut der *Oury-Jalloh*-Entscheidung birgt die Quasi-Kausalität *„für die Fälle des Unterlassens [als Ausgangspunkt]*[184] *die* ***Entsprechung zu der nach der Äquivalenztheorie in den Fällen aktiven Tuns anzuwendenden conditio sine qua non-Formel****. Nach ihr ist ein Unterlassen mit dem tatbestandsmäßigen Erfolg als ‚quasiursächlich' in Zurechnungsverbindung zu setzen und zu prüfen,* ***ob dieser beim Hinzudenken der gebotenen Handlung entfiele, ob also die gebotene Handlung den Erfolg verhindert hätte.***"[185]

Nach der *conditio-sine-qua-non*-Formel (im Folgenden: *conditio*-Formel) ist ursächlich jede Bedingung eines Erfolgs, die nicht hinweggedacht werden

181 *Puppe*, ZStW 1980, 863 (903).

182 *Greco*, ZIS 8–9/2011, 674 (674 f.).

183 Ebd., 675.

184 Ergänzung der Autorin, da auch der BGH diesen Ausgangspunkt im Fortlauf der Formel ergänzt. Dies wird sich in der folgenden Darstellung widerspiegeln.

185 BGH, Urteil vom 4. September 2014 – 4 StR 473/13, Rn. 75. Hervorhebungen von der Autorin.

kann, ohne dass der Erfolg in seiner konkreten Gestalt entfiele.[186] Umformuliert für das Unterlassen würde wie im Urteilszitat also verlangt, dass der Täter die Möglichkeit hätte, den Erfolg zu verhindern. Für die Fälle des Abbruchs rettender Kausalverläufe würde für eine Kausalität verlangt werden, dass alle Vorrausetzungen dafür vorliegen, dass der Kausalverlauf ein rettender sei, mit Ausnahme von dessen Verhinderung durch den Täter – oder: wer einen Kausalverlauf abbricht, der den Erfolg verhindert hätte, verursacht den Erfolg.[187] Die konsequente Anwendung dieser Formel soll also folgende Idee umsetzen: Nur wenn es vom falschen Verhalten des Täters abhinge, ob ein Erfolg eintritt oder nicht, soll er dafür verantwortlich gemacht werden.[188] So weit, so einleuchtend.

Diese unmodifizierte Anwendung der *conditio*-Formel kann jedoch bei bestimmten Fallkonstellationen zu Ergebnissen führen, die unter rechtsstaatlichen und kriminologischen Aspekten nicht hinnehmbar wären. Beispiele folgen sogleich.

Dabei soll aufgezeigt werden, welche Parameter bei der Frage nach kausalen Erklärungen eines Erfolgs eine entscheidende Rolle spielen. Zunächst ist deshalb der Lebenssachverhalt danach zu filtern. Das bedeutet, es ist festzulegen, ob ein bestimmtes Ereignis einzubeziehen ist oder nicht, wie weit in die Vergangenheit die Ursachenkette zu erforschen ist, und wann eine Kausalerklärung so vollständig ist, dass man sicher sein kann, keine Ursache vergessen zu haben.[189]

Vorliegend wird dies anhand einer Gegenüberstellung der von der Rechtsprechung angewandten Modalitäten und der in Deutschland insbesondere von *Puppe* vertretenen NESS-Theorie (*necessary element of a sufficient set of conditions*)[190] dargestellt. Durch den Vergleich dieser beiden Kausalitätsmodelle wird deutlich, an welcher Stelle und mit welcher Konsequenz Weichenstellungen erfolgen, beziehungsweise wo diese erforderlich sind und in welche Richtung sie jeweils leiten.

---

186 *Wessels/Beulke/Satzger*, Strafrecht AT, Rn. 226; mit Verweis auf RGSt. 1, 373; BGHSt. 1, 332.

187 *Puppe*, ZIS 11/2018, 484 (484); MüKo – *Freund*, StGB, Vorbem. zu § 13, Rn. 335; *Roxin/Greco*, Strafrecht AT/I, § 11 Rn. 33 f.

188 *Puppe*, ZJS 5/2008, 488 (489).

189 *Dies.*, ZStW 1980, 863 (865.)

190 *Puppe*, ZIS 11/2018, 484 (484 mit Fn. 2) m.w.N.; *dies.*, ZStW 1980, 863 (890 f.), jeweils m.w.N., verweist für die Entwicklung der zugrundeliegenden Gedanken auf den Sprachphilosophen *Mackie*, sowie auf die Juristen *Hart* und *Honoré*; sodann wurde die Idee in Amerika durch den Juristen *Wright* aufgegriffen.

Deutlich wird die Relevanz dieses Prüfungsschrittes bei Sachverhalten, in denen der Erfolg im Einzelfall auf verschiedene Weise eintreten könnte. Verhalten sich bei einem Unfall im Straßenverkehr mehrere Verkehrsteilnehmer derart sorgfaltswidrig, dass der Fehler eines jeden für sich genommen für die Erklärung des Unfalls genügte, so könnte sich bei einer konsequenten Anwendung der *conditio*-Formel jeder mit dem Argument entlasten, dass das Fehlverhalten der/des anderen das Opfer ohnehin geschädigt hätte, und es diesem somit auch nicht genützt hätte, hätte man sich selbst verkehrsgerecht und sorgfaltsgemäß verhalten.[191]

Ein weiterer Fall, in dem sich ein jeder mit Verweis auf die Pflichtverletzung eines anderen entlassen könnte, ist das Auftreten so genannter Ersatzursachen. Diese oftmals auch als „hypothetische Ersatzursachen" bezeichneten Situationen und Verläufe sind jedoch nicht mit der Rechtsfigur oder dem Dogma der hypothetischen Kausalität zu verwechseln.

Bei den für die Annahme der Kausalität unbeachtlichen Ersatzursachen führt das Fehlverhalten des Täters eine Gefahr herbei, die im Falle des korrekten Verhaltens des Täters durch einen anderen, im Fall bereits angelegten Umstand herbeigeführt worden wäre.[192]

So hatte der BGH zu entscheiden, ob die Genehmigung eines unbeaufsichtigten Ausgangs eines wegen schwerer Gewalt- und Sexualdelikte verurteilten Patienten durch zwei leitende Ärzte einer psychiatrischen Klinik kausal war für die durch den Patienten während des Ausgangs begangene Tötung zweier Frauen und mehrere sexuelle Nötigungen. Der als hochgradig gefährlich und nicht therapierbar geltende Mann war bereits zweimal aus der Klink ausgebrochen, indem er die Stäbe eines unter Denkmalschutz stehenden schwachen Fenstergitters aufgebogen hatte. Die Idee, dass er sich diese Möglichkeit des „Ausgangs" erneut hätte zu Nutzen machen können, wenn die Ärzte die Genehmigung nicht erteilt hätten, und er auch dann die beiden Frauen getötet hätte, war Gegenstand der zu diskutierenden Problematik.[193]

Bei „sturer" Anwendung der *conditio*-Formel, also dem Hinwegdenken der Ausgangsgewährung als zu prüfende Handlung der Ärzte, entfiele der Tötungserfolg an den beiden Frauen eben nicht, da es dem Täter leicht möglich gewesen wäre, aus der Anstalt auszubrechen. Es würde dabei ein Ereignis, welches gar

191 *Puppe*, ZJS 5/2008, 488 (489).

192 Ebd.; *Ulsenheimer/Gaede*, in: Ulsenheimer/Gaede (Hrsg.), Arztstrafrecht (6. Auflage), Rn. 61 f.

193 BGH, Urteil vom 13. November 2003 – 5 StR 327/03.

nicht stattgefunden hat, nämlich der Ausbruch durch Verbiegen der Gitterstäbe, hinzugedacht, um festzustellen, ob die zu prüfende Handlung, das Erstellen der Genehmigung, eine notwendige Bedingung für den Erfolgseintritt war. Wenn aber das Schicksal der beiden getöteten Frauen nicht von diesem Fehlverhalten der Ärzte abhing, stellt sich die Frage „wovon dann?". Jedenfalls auch nicht von dem maroden Zustand der Gitterstäbe, beziehungsweise dem Unterlassen von deren Sanierung durch die Verantwortlichen aus der Klinik. Mithin wäre keiner verantwortlich für die von dem Patienten begangenen Verbrechen….?![194] Diese Konsequenzen wären verheerend.

Der BGH löst dies dergestalt, dass im Falle eines Ergebnisses, welches nach der konsequenten Anwendung der *conditio*-Formel ein solches Störgefühl hervorruft, Modifikationen vorgenommen werden. Dies ist auch bei der Formel aus dem *Oury-Jalloh*-Urteil erkennbar, wenn nach für das Unterlassen umgestellten Darstellung der *conditio*-Formel ergänzt wird, dass der *„[…] Bejahung der Ursächlichkeit [allerdings] die bloße gedankliche Möglichkeit eines gleichen Erfolgs auch bei Vornahme der gebotenen Handlung nicht entgegen[steht]."*[195]

Ein anderer Ansatz wäre, bereits von einer anderen Prämisse auszugehen. Dies ist bei der NESS-Formel der Fall. Demnach muss die zu prüfende Bedingung für den Erfolg keine notwendige sein, wie sie von der *conditio*-Formel gefordert wird. Vielmehr genügt es für die Kausalität, wenn ein Element ein notwendiger Bestandteil einer hinreichenden Bedingung ist.[196]

Für den Fall des aus der Psychiatrie geflohenen Patienten bedeutete dies jeweils folgendes:

Bei der NESS-Formel wird von vornherein auf das Geschehen abgestellt, was wirklich stattgefunden hat, um die bei Auftreten hypothetischer Ersatzursachen inakzeptablen Ergebnisse der *conditio*-Formel zu vermeiden. Damit stellt sich die Frage, welche Bedingungsbeziehungen hier herzustellen sind, möchte man verhindern, dass sich mehrere Beteiligte gegenseitig entlasten.

Puppe führt hierzu aus: *„Da der Erfolg tatsächlich eingetreten ist, muss es in Wirklichkeit eine Bedingung gegeben haben, die für seinen Eintritt hinreichend war. Hinreichend ist die Bedingung für den Erfolg dann, wenn wir allgemeine Gesetze, sog. Kausalgesetze angeben können von der Form: immer dann, wenn bestimmte Voraussetzungen erfüllt sind, tritt ein Erfolg der betreffenden Art ein. Eine Handlung ist dann kausal für eine Erfolg, wenn sie in einer solchen nach*

---

194 *Puppe*, ZJS 5/2008, 488 (489 f.).

195 BGH, Urteil vom 4. September 2014 – 4 StR 473/13, Rn. 76, m.w.N.

196 *Puppe*, ZIS 11/2018, 484 (484) m.w.N.

allgemeinen Gesetzen hinreichenden Bedingung des Erfolges als notwendiger Bestandteil vorkommt und diese Bedingung in Wirklichkeit auch gegeben war."[197]

Somit legt die Formel vom notwendigen Bestandteil einer hinreichenden Bedingung bereits in ihrer Prämisse fest, dass Ersatzursachen, also potenzielle Ursachen, die durch den wirklichen Kausalprozess verdrängt wurden, keine Erfolgszurechnung begründen können. Dies liegt daran, dass in einer Kausalkette als kontinuierlichem Prozess, der eine Ursache mit einer zeitlich und örtlich entfernt liegenden Folge verknüpft, Zwischenwirkungen bestehen, die ihrerseits jeweils hinreichende Bedingungen für weitere Zwischenfolgen auf dem Weg zum Enderfolg sind.[198]

Wollte man im vorliegenden Fall nun ein Unterlassen der Verstärkung der Gitterstäbe seitens der Klinikverantwortlichen mittels einer Kausalkette mit den Tötungserfolgen verbinden, gehörte zu dieser auch die Tatsache, dass der Patient die Gitterstäbe aufgebogen und sich aus dem Fenster abgeseilt hätte. Dies ist jedoch in Wahrheit nicht geschehen. Das Unterlassen erweist sich somit als (für eine Erfolgszurechnung unbeachtliche) Ersatzursache.

Zudem wird bereits in der Formel selbst determiniert, dass die hinreichende Bedingung eine Mindestbedingung sein muss. Das heißt, es dürfen nicht mehr Bestandteile enthalten sein, als für die Feststellung, dass sie für den Erfolgseintritt hinreichend ist, erforderlich ist. Die hinreichende Bedingung darf also nicht zwei Elemente enthalten, die sich gegenseitig ersetzen können.[199]

Auch der BGH hat im vorliegenden Fall das Urteil des LG, welches nach konsequenter Anwendung der *conditio*-Formel eine Kausalität der Erteilung der Ausgangsgenehmigung durch die Ärzte für den Tötungserfolg abgelehnt hatte, mit diesem Ergebnis nicht akzeptiert. So hatte auch der 5. Senat in diesem Fall das Ziel, dass sich in einem solchen Fall mit mehreren Beteiligten die Angeklagten nicht mit Berufung auf die für die Gebäudesicherheit Verantwortlichen entlasten können, und *vice versa*.[200] Jedoch wird dies damit begründet, dass ein gewaltsamer Ausbruch nicht der konkreten Tatsituation zuzurechnen sei.[201] Dies überzeugt im Ergebnis nicht, waren doch in der Tatsituation die Gitterstäbe nach wie vor marode und der Patient wäre zum Ausbruch in der Lage

197 *Puppe*, ZJS 5/2008, 488 (490), m.w.N. in Fn. 5.

198 NK – *Puppe*, Vor § 13, Rn. 114 f.; *Puppe*, ZStW 1980, 863 (869 ff.); zust. *Roxin/Greco* AT/I 11, § 11 Rn. 23, 30b; *Kindhäuser*, ZStW 2008, 481 (486).

199 NK – *Puppe*, Vor § 13, Rn. 103; *Puppe*, ZStW 1980, 863 (875 f.)

200 BGH, Urteil vom 13. November 2003 – 5 StR 327/03.

201 Ebd.

gewesen.[202] Warum dies nicht der konkreten Tatsituation zugerechnet werden soll, erschließt sich nicht denklogisch, jedoch zumindest vor dem Hintergrund „zielorientierten" Denkens. Dieser Weg zur Ergebnisfindung irritiert aufgrund seiner fehlenden Konsequenz. So stellt der BGH auch hier die Prämisse auf, in modifizierter Anwendung der *conditio*-Formel auf das tatsächlich Geschehene abzustellen. Es wird ausgeführt, die Voraussetzungen dieser Formel *„liegen auch dann vor, wenn die Möglichkeit oder die Wahrscheinlichkeit besteht, daß ohne die Handlung des Täters ein anderer eine – in Wirklichkeit jedoch nicht geschehene – Handlung vorgenommen hätte, die ebenfalls den Erfolg herbeigeführt haben würde"*.[203]

Ob sich der 5. Senat, aus welchen Gründen auch immer, hier nicht zu möglichen Kritikpunkten oder Korrekturbedarf an der *conditio*-Formel positionieren wollte und deshalb mit der Prüfung einer (jedoch nicht klar definierten) „konkreten Tatsituation" auf einen anderen Begründungsweg ausweichen wollte, kann hier dahingestellt bleiben.

Deutlich wird, dass der Spruchkörper hier über normative Korrekturen zum gleichen Ergebnis wie die NESS-Theorie gelangt, wenn auch der BGH im Beispielsfall noch einen auch von seiner eigenen Prämisse ausgehend unnötigen und wenig überzeugenden Haken geschlagen hat.

Diese Ergebnisse erklären, warum beim Vergleich der beiden Theorien divergierende Ansichten[204] zu Ausmaß und Relevanz des Unterschiedes vertreten werden.

Die Darstellung der unterschiedlichen Wege und der entsprechenden Notwendigkeit von wertenden Korrekturen zeigen jedoch das Potenzial, an welchen Stellen einer Strafbarkeitsprüfung möglicherweise Weichen gestellt werden, die sich dann innerhalb ihres gesteckten Prüfungsrahmens auch jeweils dogmatisch stringent präsentieren können.

Der 5. Senat beruft sich im TX-Fall auf das *Oury-Jalloh*-Urteil (auch wenn gewisse Zweifel legitim erscheinen, dass diese Entscheidung tatsächlich bewusst inhaltlich inkorporiert wurde), das mit der *conditio*-Formel und deren Handhabung auch bezüglich der Kausalität der bisherigen Rechtsprechung folgt. Allerdings ist hier explizit formuliert, dass *„der Bejahung der Ursächlichkeit*

---

202 *Puppe*, ZJS 5/2008, 488 (490).

203 BGH, Urteil vom 13. November 2003 – 5 StR 327/03.

204 *Samson*, in: FS-Rudolphi, 259 (265 f.); *Röckrath*, NStZ 2003, 641 (646). *Puppe*, ZJS 5/2008, 488 (490).

die bloße gedankliche Möglichkeit eines gleichen Erfolgs auch bei Vornahme der gebotenen Handlung nicht entgegen[steht]."[205]

Somit ist festzuhalten, dass sowohl BGH als auch die *conditio*-Formel favorisierende Vertreter der Literatur grundsätzlich Modifikationsmöglichkeiten der dem Wortlaut nach auch im TX-Urteil vorausgesetzten Formel[206] annehmen.

Eine Einbeziehung der NESS-Formel kann jedenfalls als überzeugender Kontrollmaßstab für das Ergebnis einer normativ modifizierten *conditio*-Formel dienen, während dieses Ergebnis wiederum den Bezugspunkt für das im TX-Fall kritisierte Vorsatzverständnis darstellt. Der NESS-Formel ist zugute zu halten, dass sie mit ihrem naturalistischen Ansatz einen breiteren logischen Rahmen für die Erklärung von Kausalverläufen liefert. Auch dieser Ansatz verschließt sich nicht gegenüber gegebenenfalls erforderlichen Korrekturen, jedoch müssten diese, wenn überhaupt, grundsätzlich erst „weiter hinten" ansetzen. Damit laufen sie weniger Gefahr, durch eine stark normative oder rein auf einem Störgefühl beruhende Prägung in einem dogmatischen Vakuum zwischen Prämisse und (angestrebtem) Ergebnis zu stehen. Die Vorhersehbarkeit des Ergebnisses wird dadurch gesteigert und geht damit einen Schritt in Richtung vermehrter Rechtssicherheit. Dies ist umso wichtiger, wenn beachtet wird, dass für diese „Korrekturmechanismen" für die Kausalitätsprüfung ein kaum über- und durchschaubares Dickicht an Ansichten und Ansätzen im juristischen Meinungskosmos existiert.

---

205 BGH, Urteil vom 4. September 2014 – 4 StR 473/13, Rn. 76.

206 So schreibt dazu Puppe, ZJS 5/2008, 488 (491 in Fn. 10): „*Kühl nennt diese Modifikationen ‚Anwendungsregeln der Formel' [Strafrecht AT, 6. Auflage 2008, § 4 Rn. 11]; die wichtigste dieser Modifikationen/Anwendungsregeln ist die sog. Alternativenformel. Sie lautet: Von mehreren Handlungen, die alternativ, aber nicht kumulativ hinweggedacht werden können, ohne dass der Erfolg entfiele, ist jede kausal. Diese Methode weist drei Fehler auf: Erstens wäre nach dieser Methode auch jede Ersatzursache eine Ursache. Zweitens ist diese Methode nur dann anwendbar, wenn es nur zwei konkurrierende Ursachen gibt. Versuchen sie doch einmal diese Alternativenformel auf den Fall anzuwenden, dass bei einer illegalen standrechtlichen Erschießung zwölf Schützen gleichzeitig auf das Opfer schießen und alle das Herz treffen. Drittens, und das ist das Schlimmste, diese Formel setzt voraus, dass man bereits erkannt hat, dass ein Fall von Mehrfachkausalität vorliegt und welche Ursachen miteinander konkurrieren. Erkennt man das nicht, so bleibt es eben bei der Anwendung der ursprünglichen Conditio-sine-qua-non-Formel mit dem Ergebnis, dass der Angeklagte freigesprochen wird, weil seine Handlung hinweggedacht werden kann, ohne dass der Erfolg entfiele.*"

Im Zusammenhang mit dem Begriff der „Ersatzursache" sei außerdem erwähnt, dass der 5. Senat in seinem Urteil hierbei erneut den Eindruck erweckt, sich mit jedenfalls einigen der von ihm zitierten Quellen nicht sehr tiefgründig befasst zu haben. Im Urteil steht geschrieben: *„Anerkanntermaßen dürfen und müssen daher beim Eingriff in rettende Kausalverläufe hypothetische Kausalverläufe berücksichtigt werden"*,[207] mit Verweis auf *„**aM** Rissing-van Saan [NStZ 2014, 233] S. 241"*.[208] *Rissing-van Saan* wendet sich hier jedoch mitnichten gegen die Einbeziehung hypothetischer Kausalverläufe, sondern lediglich gegen die Einbeziehung von Ersatzursachen, was wie eben aufgezeigt, dogmatisch konsequent begründbar ist. Sie formuliert, dass *„in Manipulationsfällen selbstverständlich auch die übrigen allgemeinen strafrechtlichen Grundsätze anzuwenden sind, d.h. es genügt, wenn die Handlung des Täters den Erfolgseintritt beschleunigt hat, hypothetische Ersatzursachen dürfen nicht hinzugedacht werden, und es ist stets auf den konkret eingetretenen Erfolg abzustellen, in dem sich das vom Täter geschaffene Risiko bzw. die Gefahr realisiert haben."*[209]

Auch diese interpretations- oder formulierungsbedingte Hürde, die unterschiedlichen Rechtstermini sauber auseinanderzuhalten, *respective* mögliche Verständnisdivergenzen bei der Referenz auf Darstellungen in der Literatur, untermalen die Schwierigkeiten bei der Findung eines Ansatzes, die *conditio*-Formel dogmatisch sauber und zugleich der normativen Wertausfüllung taugend zu modifizieren.

Nicht zu folgen ist jedenfalls einem Ansatz, *den Grosse-Wilde* zu Beginn seiner Aufarbeitung des Love-Parade-Verfahrens in den literarischen Raum wirft: *„Gemeinhin wird im deutschsprachigen Schrifttum des Straf- wie Deliktsrechts in etwa Folgendes erzählt: Die Kausalität ist trivialerweise erfüllt. Alles ist conditio sine qua non. Entscheidend ist allein die Wertungsebene der (objektiven) Zurechnung."*[210] Nicht nur, dass der BGH dem Konzept der Zurechnung, wenn überhaupt, dann jedenfalls nicht nach klar umrissenen Strukturen, folgt[211] – zudem besitzt auch ein Ansatz, der versucht, diese Problematik möglichst umfassend über logische Regeln der Kausalität zu lösen, durch die Anwendung grundlegender juristischer Methodenlehre mehr Überzeugungskraft. Dass auch diese Regeln an ihre Grenzen kommen können, gerade wenn

207 BGH, Urteil vom 28. Juni 2017 – 5 StR 20/16, Rn. 53.
208 Ebd. Hervorhebung von der Autorin.
209 *Rissing*-van Saan, NStZ 2014, 233 (241).
210 *Grosse-Wilde*, ZIS 10/2017, 638 (638).
211 Dazu ausführlich ab S. 93.

zudem empirische Daten aus fachfremden Gebeten wie eben der Medizin eine Rolle spielen und die gedankliche Einhaltung der Grenze zwischen materiellrechtlicher Prämisse und prozessrechtlicher Nachweisbarkeit erschweren, soll dabei nicht in Frage gestellt werden. Die Prämisse jedoch, vorbehaltlich einer gegebenenfalls benötigten Korrektur, ein möglichst breites dogmatisch stabiles Fundament zu erstellen, um dann ergänzend normative Wertungen einfließen lassen zu können, soll Ausgangspunkt für die nachfolgenden Überlegungen sein.

Selektion und Zuordnung der in Kausalitätsfragen einzubeziehenden Prozesse sind also entscheidend für ein juristisch sauber begründbares und damit dogmatisch haltbares Ergebnis. Bezüglich der besonderen Konstellation des Abbruchs rettender Kausalverläufe stellt sich daher zunächst die Frage, warum diese überhaupt in die Überlegungen zum Kausalverlauf einzubeziehen sind.

So erhielte man nämlich bei einem Abbruch eines rettenden Kausalverlaufes, wenn also diese störende Bedingung für eine erfolgreiche Rettung nicht gesetzt würde, auch dann eine schlüssige Erklärung für den Erfolgseintritt, ohne die störende Bedingung überhaupt zu erwähnen.[212]

Damit würde jede kausale Erklärung die Negation aller denkbaren störenden Bedingungen implizieren. Dies sei an folgendem Beispiel verdeutlicht:

Ertrinkt ein Mensch, nachdem ein anderer die eine Rettungsmöglichkeit bietende Planke, die auf den Ertrinkenden zutrieb, abgelenkt hat, ist es eine völlig schlüssig kausale Erklärung für den Tod des Ertrinkenden, dass er beim Untergehen Wasser eingeatmet hat und dadurch erstickt. Das Ablenken der Planke bräuchte keine Erwähnung in dieser Kausalkette zu finden. Wenn nun aber diese störende Bedingung, das Ablenken der Planke, nicht hinzugetreten wäre, also dieser rettende Kausalverlauf nicht abgebrochen wäre, und der im Wasser Treibende dennoch verstürbe, würde diese kausale Erklärung für den Tod im Wasser Treibenden falsch, denn er hätte ja dann auf die rettende Planke zugreifen können. Käme er jedoch gleichwohl zu Tode, müsste dies eine andere Ursache haben, zum Beispiel dass ihm ein anderer in den Kopf geschossen hat. Ist also eine störende Bedingung für einen bestimmten Kausalverlauf vollständig erfüllt, so verfälscht sie die kausale Erklärung für den Erfolg mittels dieses Verlaufes, und darf daher in der Betrachtung nicht außer Acht gelassen werden, damit keine falschen kausalen Erklärungen auftreten.[213]

---

212 *Puppe*, ZIS 11/2018, 484 (484).
213 Ebd., 484 f.

Grundsätzlich sind also störende Bedingungen beachtenswert. Daher gilt es nun auch bei diesen, festzulegen, welche Bedingungen genau einbezogen werden müssen, beziehungsweise welche Anforderungen an eine solche Bedingung zu stellen ist, um sie notwendigerweise in den Kausalverlauf einzubeziehen. Dies trifft insbesondere zu, wenn es mehrere, potenziell einzubeziehende störende Bedingungen gibt.

Puppe formuliert hierzu: „*[…] wenn für einen Kausalverlauf eine störende Bedingung vorhanden ist, dann wird sich bei dessen genauer Analyse zeigen, dass ein Glied in der Kausalkette fehlt, sodass diese abbricht. Fehlt kein Glied der Kausalkette, so war eben keine störende Bedingung für diesen Verlauf erfüllt. Das Vorhandensein einer störenden Bedingung ist also* ***lediglich ein zwingendes Indiz*** *dafür, dass eine bestimmte Kausalerklärung eines Ereignisses nicht zutrifft.*“[214] Dies bedeutet in der Konsequenz, dass nicht jede kausale Erklärung die Negation aller denkbaren störenden Bedingungen impliziert. Einzubeziehende störende Bedingungen sind dabei Kausalverläufe, die der Täter zu verhindern oder initiieren zu unterlassen in der Lage ist,[215] die also nicht rein natürlich und damit makrophysikalisch vollständig determiniert sind. Nach diesem Ansatz ist ein Kausalverlauf daher bereits dann ein rettender, wenn er einen bestimmten, in der Welt angelegten kausalen Verlauf zum Erfolg verhindern würde. Unschädlich ist dann auch, wenn diese störende Bedingung nicht den Erfolg schlechthin, sondern nur einen bestimmten auf den Erfolg angelegten Kausalverlauf unterbricht.[216]

Dies ist zudem der logische Umkehrschluss aus den Prämissen der NESS-Theorie mit ihrer Idee vom notwendigen Bestandteil einer hinreichenden Bedingung beim aktiven Tun. Wendete man diese an, und würde dann wie die umgestellte *conditio*-Formel (ohne weitere Modifikationen), für die Annahme eines rettenden Kausalverlaufs wie oben aufgezeigt verlangen, dass jegliche Möglichkeit der Erfolgsverursachung verhindert würde, und für das Unterlassen, dass der Täter die Möglichkeit hätte den Erfolg zu verhindern, würde man für die beiden letzteren mehr verlangen als beim aktiven Tun. Dafür besteht kein dogmatisch überzeugender Grund.

Ob im Falle des Unterlassens auch eine Verpflichtung bestünde, ist eine andere Frage.[217] Diese schlüge nämlich den Bogen zurück zum Beispiel des

214 *Puppe*, ZIS 11/2018, 484 (485). Hervorhebungen von der Autorin.

215 Näheres zu determinierten und indeterminierten Prozessen sowie der Einordnung Handelns ab S. 118.

216 *Puppe*, ZIS 11/2018, 484 (484 f.).

217 Ebd., 484 f.

Hausbrand-Falles. Der BGH hat hier Kausalität angenommen, da mit an Sicherheit grenzender Wahrscheinlichkeit nachgewiesen werden konnte, dass die Unterlassung des Vaters, die Kinder aus dem Fenster zu werfen, eine notwendige Bedingung für deren Tod war. Sie wäre es nicht, wenn die Kinder durch den Wurf aus dem Fenster ums Leben gekommen wären, beziehungsweise dies nicht mit an Sicherheit grenzender Wahrscheinlichkeit ausgeschlossen werden könnte. Nach der NESS-Theorie wäre dies jedoch kein Grund, den Tod durch Verbrennen, also den Kausalverlauf der bereits als hinreichende und wahre Bedingung des Todeserfolges festgestellt wurde, anzuzweifeln.[218] Entscheidend wäre dann, ob eine Handlungspflicht des Garanten zum „Fensterwurf", bestanden hätte. *Puppe* sieht eine solche als gegeben an, auch wenn der Garant durch den Wurf nur die *Möglichkeit* gehabt hätte, seine Kinder zu retten. Der Vater wäre jedoch nach ihrer Ansicht wegen Unzumutbarkeit – hier sei an die unterschiedlichen Meinungen zur Einordnung dieses Kriteriums erinnert – entschuldigt.[219]

Das Ergebnis für die Strafbarkeit bleibt unter dem Strich gleich, wird jedoch auf unterschiedlichen Wegen erreicht. Erneut soll es hier um eine Sensibilisierung für die Bedeutung der in die Kausalitätsbewertung einzubeziehenden Ereignisse gehen. Dies betrifft insbesondere die gegebenenfalls in einem weiteren Schritt erforderlichen normativen Korrekturen.

Somit wird auch derjenige kausal für einen Erfolg, der bei mehreren auf einen Erfolg zusteuernden Kausalverläufen eine störende Bedingung (also einen rettenden Kausalverlauf) beseitigt, die nicht den Erfolg schlechthin, sondern lediglich einen der auf den Erfolg angelegten Kausalverläufe unterbrechen würde.

Dies vorangestellt ist zu klären, welche Anforderungen an einen solchen „rettenden Kausalverlauf" zu stellen sind, um im Falle seines Abbruchs auch eine Verursachung durch Verhinderung eines rettenden Kausalverlaufes annehmen zu können.

Als Konsequenz der Idee vom notwendigen Bestandteil einer hinreichenden Bedingung ist die Unterbrechung eines rettenden Kausalverlaufs nur dann als Verursachung anzusehen, wenn alle Bedingungen gegeben sind, dass dieser rettende Verlauf auch den zum (Todes-)Erfolg führenden Kausalverlauf abbricht. Fehlt eine dieser Bedingungen, ist der Eingriff durch den (potenziellen) Täter für die Erklärung des schädigenden Kausalverkaufes nicht relevant.[220] Gibt es

---

218 *Puppe*, ZIS 11/2018, 484 (485 mit Fn. 8).
219 Ebd., 485 f.
220 Ebd., 486.

mehrere Bedingungen, so ist für jede zunächst zu determinieren, ob sie tatsächlich als Mindestbedingung für den (Todes-)Erfolg miteinzubeziehen ist. Des Weiteren ist eine zeitliche Reihenfolge innerhalb der Kausalkette zu beachten.

Zunächst ist das negierte Rettungsereignis zu bestimmen. Dieses müsste nach Naturgesetzen i.V.m. anderen gegebenen Tatsachen eine hinreichende Minimalbedingung des Erfolgs sein. Das Negat darf dabei nicht mehr Aussagekraft haben, als für die Erklärung des Erfolges notwendig ist. Es ist daher mit möglichst vielen Bestimmungsteilen zu versehen.[221] Somit muss begründet werden, dass die abgebrochene Rettungshandlung, beziehungsweise der angenommene auf das Opfer zulaufende rettende Kausalverlauf, überhaupt als hinreichende Mindestbedingung für den Tod des Opfers einbezogen werden kann.

So könnten zum einen beispielsweise eine bestimmte Krankheit und die Voraussetzungen ihrer Entwicklung bis zum Tod bereits als hinreichende Bedingung für den eintretenden Tod gesehen werden. Liegen jedoch irgendwo in der Welt die Voraussetzungen vor, dass diese Entwicklung bis zu Tode verhindert wird, ist diese Mindestbedingung unvollständig.[222]

Dies illustriert der „Serum-Fall“:

Im Dschungel liegt ein Kranker, der nur durch ein bestimmtes Serum vor dem Tod gerettet werden kann. Ein Buschflugzeug mit diesem Serum steht auf dem nächstgelegenen Flugplatz bereit. Mangels einer Kühleinrichtung würde das Serum jedoch während des Fluges verderben. Beim Einladen des Serums in das Flugzeug wird es von einem unachtsamen Arbeiter verschüttet. Die Frage lautet, ob dieser kausal für den Tod des Kranken ist?![223]

Wäre im Flugzeug eine Kühlanlage, wären zum Zeitpunkt des Beladens durch den Arbeiter alle Voraussetzungen gegeben, die Fortentwicklung der Krankheit zum Tod zu unterbrechen. Man könnte nun annehmen, der Arbeiter wäre kausal für den Tod. Läge eine echte Mehrfachkausalität vor, würden also gleichzeitig durch mehrere Beteiligte je einzelne gegebene Elemente einer den schädigenden Kausalverlauf unterbrechenden Bedingungen beseitigt, gäbe es keine Möglichkeit, diese zu werten. Dies wäre der Fall, wenn zur selben Zeit ein Arbeiter das Serum verschüttete, ein anderer die Kühlanlage beschädigte, und ein Dritter das Benzin aus dem Flugzeug abließe. Liegen jedoch solche Handlungen zeitlich nacheinander, wird schon durch die erste Handlung bewirkt, dass die den Schadensverlauf störende Bedingung im Einzelfall nicht mehr

---

221 *Puppe*, ZStW 1980, 863 (903).

222 *Dies.*, ZIS 11/2018, 484 (486).

223 *Samson*, Hypothetische Kausalverläufe, S. 94; *Puppe*, ZIS 11/2018, 484 (486).

besteht. Zu folgern könnte demnach sein, dass aufgrund der zeitlich nacheinander folgenden Handlungen der Arbeiter nur der erste, der das Serum verschüttet hatte, kausal für den Tod des Kranken im Dschungel wäre. Als die beiden anderen in Aktion traten, wäre durch das vorherige Verschütten des Serums schon keine störende Bedingung mehr für den Tod des Patienten vorhanden, also kein Grund, deren Handeln mit dem Tod des Kranken überhaupt in Verbindung zu bringen. Ihr Handeln wäre lediglich eine tatsächlich nicht aufgetretene (und für die Kausalität unbeachtliche) Ersatzursache.[224]

Jedoch ist kausal für den Tod den Kranken nicht die Tatsache, dass er kein Serum erhält, sondern (nur), dass er kein unverdorbenes Serum zur rechten Zeit erhält.[225]

„Zureichende Bedingung dafür, dass etwas nicht geschieht, ist die Negation einer notwendigen Bedingung dafür, dass es geschieht.“[226] Notwendige Bedingung für die Rettung des Kranken im Dschungel ist es, dass das Serum nicht verschüttet wird. Jedoch ist das Vorhandensein einer funktionierenden Kühleinrichtung eine weitere notwendige Bedingung. Fehlt diese, ist das Verschütten des Serums in dem geschilderten Szenario nicht (Bestandteil einer gegebenen) Mindestbedingung für den Tod des Kranken. Gibt es mehrere Bedingungen, so ist also für jede zunächst zu determinieren, ob sie tatsächlich als hinreichende Mindestbedingung für den (Todes-)Erfolg miteinzubeziehen ist.

Die Unterbrechung eines Kausalverlaufs kann also nur dann Erfolgsursache sein, wenn der Verlauf zur Rettung geeignet ist, mithin (auch) die (übrigen) Voraussetzungen für eine Rettung gegeben waren.[227]

Bei der Prüfung des TX-Falles gilt es, diese Prämissen der Quasi-Kausalität zu berücksichtigen.

b) Konstituierung von Handlungsunrecht und Konsequenzen für die subjektive Tatseite

Bei den Ausführungen zu den Prämissen der Quasi-Kausalität wurde bereits dargelegt, dass die Ergebnisse der Kausalitäts-Formeln, seien diese solche der *conditio-* oder auch der NESS-Formel, in einigen Sachverhaltskonstellationen eines Korrektivs bedürfen, um unbillige Konsequenzen zu vermeiden.

224 *Puppe*, ZIS 11/2018, 484 (486); *dies.*, ZStW 1980, 863 (904, 907 f.).
225 *Puppe*, ZStW 1980, 863 (904).
226 Ebd.
227 Ebd.; *Puppe*, ZIS 11/2018, 484 (486).

Die Frage, ob zwischen dem vom gesetzlichen Tatbestand umschriebenen Erfolg, also bei § 212 StGB dem Tod eines Menschen, und dem Verhalten des Täters eine Verbindung dergestalt herzustellen ist, dass dem Täter der Erfolg angelastet und entsprechend mit einer Strafe bewehrt werden kann, wird in der Regel in zwei Schritten geprüft:

Konnte (1.) ein Kausalnexus festgestellt werden, greift (2.) nach der herrschenden Lehre korrigierend oder bestätigend das Kriterium der „objektiven Zurechnung". Es geht darum, über eine reine Kausalbeziehung hinaus zu klären, ob das Verhalten des Täters als haftungsbegründend im Sinne einer strafrechtlichen Verantwortlichkeit einzustufen ist.

Den folgenden Ausführungen ist vorwegzunehmen, dass sich diese Arbeit wie auch bereits in der Überschrift dieses Abschnitts ersichtlich, vom Begriff der „objektiven Zurechnung" aus der herrschenden Lehre lösen möchte. Davon zu trennen ist die Verwendung des *terminus* einer Zurechnung, wie sie der BGH versteht und verwendet, wenn es unabhängig von einer fixen Doktrin darum geht festzustellen, ob eine Person für ihr Verhalten strafrechtlich zur Verantwortung gezogen werden kann.

Warum dem so ist, und weshalb und wie dies für die Bewertung des Vorsatzverständnisses des 5. Senates bezüglich der Quasi-Kausalität eine Rolle spielt, soll nun dargelegt werden.

Zur Formel des Senates für die Quasi-Kausalität wird im *Oury-Jalloh*-Urteil formuliert, dass nach der *conditio-sine-qua-non*-Formel *„ein Unterlassen mit dem tatbestandsmäßigen Erfolg als ‚quasiursächlich' in* ***Zurechnungsverbindung*** *zu setzen"*[228] sei. In Verknüpfung mit dem bisher zur Kausalität Ausgeführten scheint hier dem Wortlaut nach diese Zurechnungsverbindung als Oberbegriff verstanden worden zu sein, welcher die Elemente „naturwissenschaftliche Kausalität" und „normative Zurechnung" umfasst, wie sie hier unter der Überschrift „Kausalitätsdogmatik" zusammengefasst werden. Diese unterschiedlichen Oberbegriffe bedeuten *per se* keinen Unterschied bezüglich der in ihrem Gesamt-Rahmen behandelten Rechtsfragen. Auch lassen sie noch keine Rückschlüsse auf deren genaue Kategorisierung und Definition zu. Sie lassen jedoch bereits anklingen, dass eben diese Definitionen und Kategorisierungen je nach zugrundgelegter Ansicht variieren und insbesondere auch in ihrer Abgrenzung verschwimmen können. Diese Grenzziehung kann sich dann, wiederum abhängig von der zugrunde gelegten Prämisse bezüglich der

228 BGH, Urteil vom 4. September 2014 – 4 StR 473/13, Rn. 75. Hervorhebung von der Autorin.

Vorsatzrelevanz, eben auf die subjektive Seite des Tatbestands auswirken oder auch nicht.

Was aber genau verbirgt sich nun hinter diesem interpretations- und ausfüllungsbedürftigen Rechtsbegriff der Zurechnung? Dient er als Stichwort, gleichsam eine Art Zauberwort, das beim gut vorbereiteten Studenten reflexartig weitere Stichworte wie „Schutzzweck der Norm“ oder „unerlaubtes Risiko“ in die Gedanken und die Subsumtion schießen lässt (gegebenenfalls ohne das dahinterstehende Rechtsproblem durchdrungen oder hinterfragt zu haben)[229]? Handelt es sich nicht doch um eine von einer naturalistischen Kausalität völlig losgelöste, auf Empirie anderer Fachwissenschaften, wie zum Beispiel die der Medizin, basierende Wertung, die gefragt ist, sobald ansonsten triviale Kausalzusammenhänge ausnahmsweise kompliziert werden?[230] Dient er als Oberbegriff für ein systemloses Sammelsurium von Topoi,[231] oder verbirgt sich dahinter schlicht eine logisch aufeinander aufbauende Verknüpfung von Bedingungen[232]? Und welche Relevanz hat dieser Begriff der Zurechnung letztlich?

All dies gilt es im Folgenden zu klären.

In der herrschenden Literatur kommt der Zurechnung als objektives Merkmal große Bedeutung zu. Dabei wird eine auf normativen Wertungen basierende, über die reine Kausalität hinausgehende engere Verknüpfung von Tathandlung und möglichem (Todes-)Erfolg verlangt. Diese muss den Erfolg als *Werk des Täters* erscheinen lassen. Ein Erfolg ist demnach „objektiv zurechenbar“, wenn der Täter eine rechtliche relevante Gefahr oder ein rechtlich relevantes Risiko geschaffen hat, und sich diese(s) in tatbestandskonformer Weise in dem konkreten Erfolg niedergeschlagen hat, also ein Risikozusammenhang besteht.[233]

Nach der Lehre von der „objektiven Zurechnung“ erfolgt eine Zuordnung anhand verschiedener Fallgruppen. Die erste übergeordnete Gruppe ist die des rechtlich relevanten Risikos, zu der beispielsweise die Unterpunkte erlaubtes Risiko und Risikoverringerung zählen. Die zweite große Gruppe ist die den

229 *Puppe*, ZJS 5/2008, 488 (488).

230 *Grosse-Wilde*, ZIS 10/2017, 638 (638), m.w.N. in Fn. 4.

231 *Kaufmann*, in: Jescheck-FS zum 70. Geb., S. 251 (271), am Anschluss daran *Hettinger*, JuS 1991, L33 (L33); *Puppe*, ZJS 6/2008, 600 (608 mit Fn. 33) m.w.N.

232 *Puppe*, ZJS 6/2008, 600 (608).

233 *Rissing-van Saan*, NStZ 2014, 233 (239); *Wessels/Beulke/Satzger*, Strafrecht AT, Rn. 253 ff.; *Kühl*, Strafrecht AT, § 4 Rn. 36 ff.; *Roxin/Greco*, Strafrecht AT/I, § 11 Rn. 47; Schönke/Schröder-*Eisele*, StGB, §§ 13 ff., Rn. 91 ff.

Risikozusammenhang beschreibende, mit den Unterpunkten Schutzzweck der Norm und dem eigenverantwortliche Dazwischentreten Dritter (neben weiteren). Diese Einteilung wurde maßgeblich von *Roxin* begründet.[234]

Der Vorteil dieser Fallgruppen-Lehre scheint zunächst zu sein, den vermeintlich kaum greifbaren Begriff der „objektiven Zurechnung" zugänglich zu machen, indem eine Kategorisierung der Handlungen oder des Verhaltens des Täters in vorhandene „Schubladen" ermöglicht wird.

Allerdings handelt es sich bei dieser Einteilung nicht um eine systematische Lehre, sondern um eine reine Betrachtung von (bisher aufgetretenen) Einzelfällen, die so verdichtet werden soll, dass daraus eben jene Fallgruppen konzipiert werden können. Eine strenge Orientierung an dieser Betrachtung zwingt dazu, einzelne Sachverhalte unter diese aufgestellten Fallgruppen zu subsumieren, sie dadurch zu kategorisieren und eine „richtige" Entscheidung abzuleiten. Zwar weist eine solche Kasuistik den Vorteil der Detailgenauigkeit (hier die der einzelnen Fallgruppen) auf, jedoch können gerade aufgrund der dadurch fehlenden Abstraktheit, wie sie dagegen eine konzeptionelle Vorgabe aufwiese, auch Strafbarkeitslücken entstehen. Solche konzeptionellen Vorgaben finden sich in der Rechtswissenschaft grundsätzlich in abstrakten Gesetzen und Generalklauseln. Diese wiederum laufen mit ihrem umfassenden und allgemeinen Geltungsanspruch Gefahr, gehaltlos zu werden, oder auf mehr Sachverhalte zuzutreffen, als ursprünglich vom Gesetzgeber intendiert. Daher hat zwar auch eine – ergänzende – kasuistische Betrachtung durchaus ihre Berechtigung bei der Interpretation von Gesetzen und der Subsumtion der Sachverhalte, insbesondere aufgrund der Möglichkeit einer dynamischen Weiterentwicklung in forschungs- und entwicklungsintensiven Bereichen, wie eben auch bei medizinischen Sachverhalten. Im Vordergrund stehen sollten jedoch rechtssystematische und dogmatisch begründete Strukturen. Die Zurechnung eines Erfolges ausschließlich anhand solcher Fallgruppen dagegen stellt sich als reine Kasuistik gleichsam ohne eine solche dogmatische Struktur dar, wie sie eben beispielsweise beim Vorsatz und dessen *ratio* zu finden ist.

Zwar kann auch argumentiert werden, dass diese Fallgruppen als exemplarisch und nicht abschließend zu betrachten sind, und damit nicht dazu zwingen, einen Sachverhalt in eine bestimmte Schublade zu pressen oder unbillige Lücken hinnehmen zu müssen. Jedoch scheint gegebenenfalls die Entwicklung einer neuen Fallgruppe angesichts der fehlenden dogmatischen Struktur der Gruppen – zugespitzt formuliert – willkürlich. Zudem führt sie,

---

234 *Roxin*, Strafrecht AT/I, § 11 Rn. 53 ff.

paradoxerweise, angesichts der geäußerten Kritik potenzieller Lücken, gerade dazu, dass die Idee der Entwicklung bestimmter Fallgruppen zur Kategorisierung obsolet erscheint, wenn ein bestimmter Sachverhalt dann in keine der bestehenden Gruppen eingeordnet werden kann.

Die Rechtsprechung hat diese Lehre von der „objektiven Zurechnung", und damit auch die erstellten Fallgruppen, bei Vorsatzdelikten bislang zumindest nicht vollständig ausdrücklich übernommen.[235] Dennoch taucht ein Kriterium der „Zurechnung" stetig in den Urteilen des BGH auf. Auch können regelmäßig Parallelen zur Fallgruppen-Lehre erkannt werden, jedoch ohne dass eine entsprechende Prämisse (explizit) dargestellt wird. So geschehen auch beim TX-Urteil, wenn die Frage aufgeworfen wird, ob eine Zurechnung an der Zielrichtung des TPG, welche den tatbestandlichen Erfolg nicht umfasse, scheitern könnte.[236] Mit anderen Worten, es steht der Schutzzweck des TPG im Prüfungs-Raum.

Oft wird in den Urteilen jedoch kaum bis gar nicht dargestellt, welche Prämissen der Zurechnungs-Prüfung zugrunde liegen. Eine Zurechnung wird angenommen oder abgelehnt, manchmal mit einem subsumtionsähnlichen Bezug zum Sachverhalt, jedoch ohne vorangehende abstrakte Definition der Voraussetzungen – wie auch beim TX-Fall und der Idee der Prüfung des Schutzzweckes einer Norm geschehen. Somit erfolgt die Zurechnungs-Prüfung durch den BGH ohne ein wiedererkennbares Muster, gleichsam an der jeweiligen Stelle plötzlich wie ein Schachtelteufel aufspringend, jedoch tatsächlich angesichts der Regelmäßigkeit deutlich weniger überraschend.

Obwohl der BGH also nicht (explizit) der in der Literatur herrschenden Lehre folgt, ist das Kriterium der Zurechnung von hoher Relevanz, und spielt eine nicht hinwegzudenkende Rolle.

So wird auch im TX-Urteil die Möglichkeit einer fehlenden Zurechenbarkeit erwähnt, und dies anhand mehrerer in Betracht gezogener Aspekte geprüft.

Für diese ist zunächst, soweit aus der Rechtsprechung extrahierbar, ein Prüfungsmaßstab zu etablieren.

Eine BGH-Entscheidung, bei der ein abstrakter Prüfungsmaßstab angedeutet und dann auch anhand der vorliegenden Konstellation ähnlich einer der Fallgruppen zu einer tauglichen allgemein gültigen Bewertungsmaxime formuliert wird, ist der *Radfahrer*-Fall:

---

235 So *Rissing-van Saan*, NStZ 2014, 233 (239); *Fischer*, Vor § 13, Rn. 31 m.w.N.; *Henkel*, HRRS 7/2018, S. 273 (278); *Jahn*, JuS 2009, 370 (371).

236 BGH, Urteil vom 28. Juni 2017 – 5 StR 20/16, Rn. 27 f.

Während ein LKW einen Radfahrer mit zu geringem Seitenabstand überholt, gerät der Radfahrer mit dem Kopf unter einen Reifen des LKW und verstirbt sofort. Das Opfer hatte dabei eine Blutalkoholkonzentration von 1,96 Promille. Aufgrund der Fahruntüchtigkeit des Radfahrers und der dadurch bedingten Minderung der Wahrnehmungs- und Reaktionsfähigkeit hätte sich der Unfall mit tödlichem Ausgang mit hoher Wahrscheinlichkeit auch dann ereignet, wenn der LKW-Fahrer einen den Verkehrsregeln entsprechenden Seitenabstand eingehalten hätte.[237]

Aufgrund dieser bestehenden Zweifel an der „*Ursächlichkeit des vorwerfbaren Verhaltens*“[238] hat der BGH den LKW-Fahrer vom Vorwurf der fahrlässigen Tötung nach § 222 StGB freigesprochen.

Der Begriff Zurechnung findet sich in diesem Urteil nicht. Dabei ist dieser Fall ein Lehrbuch-Klassiker[239] für die Problematik der Beachtlichkeit von (rechtmäßigem) Alternativverhalten im Rahmen der „objektiven Zurechnung“ bei Fahrlässigkeitsdelikten. Dazugehöriger „abzurufender“ *topos* wäre der „Pflichtwidrigkeitszusammenhang“.[240]

Was der BGH also prüft, ist die Grundlage der oben dargestellten Zurechnungs-Dogmatik, wie sie auch bei den Prämissen der Quasi-Kausalität schon als gegebenenfalls erforderliches Korrektiv physikalischer Zusammenhänge angedeutet wurde. Im Urteil ist ausgeführt:

> „*Natürlich war die Fahrweise des Angeklagten eine Bedingung im mechanisch-naturwissenschaftlichen Sinn für den Tod des Radfahrers. Damit ist aber nicht gesagt, daß die in seinem Verhalten steckende Verkehrswidrigkeit, das zu knappe Überholen, für die Herbeiführung des Tötungstatbestandes gemäß § 222 StGB im strafrechtlichen Sinne ursächlich war. Das vom Schuldgrundsatz beherrschte Strafrecht begnügt sich nicht mit einer rein naturwissenschaftlichen Verknüpfung bestimmter Ereignisse, um die Frage nach dem Verhältnis zwischen Ursache und Erfolg zu beantworten. Für eine das menschliche Verhalten wertende Betrachtungsweise ist vielmehr wesentlich, ob die Bedingung nach rechtlichen Bewertungsmaßstäben für den Erfolg bedeutsam war.*“[241]

Was dieser Maßstab der *Bedeutsamkeit* des Handelns beinhalten soll oder kann, wird folgend für die Konstellation des zu betrachtenden Falles konkretisiert: „*Dafür ist entscheidend, wie das Geschehen abgelaufen wäre, wenn der Täter sich rechtlich einwandfrei verhalten hätte. Wäre auch dann der gleiche*

237 BGH, Urteil vom 25. September 1957 – 4 StR 354/57 = BGHSt 11, 1.

238 Ebd.

239 Statt vieler *Wessels/Beulke/Satzger*, Strafrecht AT, Rn. 302.

240 Ebd., Rn. 301.

241 BGH, Urteil vom 25. September 1957 – 4 StR 354/57 = BGHSt 11, 1.

Erfolg eingetreten oder läßt sich das aufgrund von erheblichen Tatsachen nach der Überzeugung des Tatrichters nicht ausschließen, so ist die vom Angeklagten gesetzte Bedingung für die Würdigung des Erfolges ohne strafrechtliche Bedeutung. In diesem Falle darf der ursächliche Zusammenhang zwischen Handlung und Erfolg nicht bejaht werden.“[242]

Der BGH verlangt also für eine ursächlichen Zusammenhang im strafrechtlich relevanten Sinn, dass der Erfolg ohne das pflichtwidrige Handeln nicht eingetreten wäre. Um dies im Sinne einer Tatbestandserfüllung annehmen zu können, also auf der materiell-rechtlichen Ebene, genügt die Überzeugung des Tatrichters mit an Sicherheit grenzender Wahrscheinlichkeit. Bestehen daran Zweifel, ist in *dubio pro reo* festzustellen, dass die Kausalität der Sorgfaltspflichtverletzung nicht nachgewiesen werden kann, also keine strafbarkeitsbegründende Kausalität anzunehmen ist.[243]

Beim *Radfahrer*-Fall hatte das Landgericht zuvor festgestellt, dass Der Unfall sogar mit hoher Wahrscheinlichkeit auch bei pflichtgemäßem Alternativverhalten des Lkw-Fahrers einen tödlichen Ausgang genommen hätte. Somit wurde eine Ursächlichkeit im strafrechtlichen Sinn verneint.[244]

Festzustellen ist an dieser Stelle, dass in dieser Entscheidung die im *Oury-Jalloh*-Urteil unter „Zurechnungsverbindung“ zusammengefassten und hier mit „Kausalität im weiteren Sinn“ betitelten Rechtsfragen unter „Ursächlichkeit im strafrechtlichen Sinn“ adressiert werden. Es sei daher erneut auf das bereits erwähnte Begriffsgestrüpp hingewiesen, was jedoch in der Gesamtschau stets auf dem gleichen Grundgedanken fußt. So extrahiert auch *Rissing-van Saan* im Rahmen ihrer Überlegungen zum TX-Fall aus dem *Radfahrer*-Urteil, dass der BGH für die über die reine Kausalität hinausgehende engere Verbindung zwischen Tathandlung und -erfolg auf eine wertende Betrachtungsweise des gesamten, zum Erfolg hinführenden Geschehens abstelle,[245] um für ein bestimmtes Verhalten strafrechtliche Verantwortung zu begründen. Der Vergleich mit dem *Oury-Jalloh*-Urteil weist zudem darauf hin, dass der BGH hierbei keine starre Doktrin verfolgt. Dazu passt auch, dass er sich mit dem Bedeutsamkeitskriterium einen sehr flexiblen Rahmen geschaffen hat.

---

242 BGH, Urteil vom 25. September 1957 – 4 StR 354/57 = BGHSt 11, 1.

243 So auch i.E. BGH, Beschluss vom 5. Mai 2021 – 4 StR 19/20, Rn. 21: „*Ferner werden Erfolge nur dann zugerechnet, wenn sie im Falle eines pflichtgemäßen Verhaltens des Täters nicht eingetreten wären.*“

244 BGH, Urteil vom 25. September 1957 – 4 StR 354/57 = BGHst 11, 1. BGHSt.

245 *Rissing-van Saan*, NStZ 2014, 233 (239); vgl. OLG Stuttgart, StraFo 2011, 281.

Dieses Ergebnis des BGH im Umgang mit der Frage nach der Auswirkung des rechtmäßigen Alternativverhaltens entspricht der herrschenden Lehre.[246] Jedoch wurde daran auch Anstoß genommen. So entwickelte *Roxin* daraufhin seine Risikoerhöhungstheorie, da er gerade den Rechtsgutträgern, die sich zum Tatzeitpunkt bereits in Gefahr befänden, nicht den Rechtsschutz entziehen wollte.[247] *Puppe* dagegen löst diesen Fall nach der oben dargestellten Maxime vom notwendigen Bestandteil einer hinreichenden Bedingung über das Problem der Doppelkausalität von Sorgfaltspflichtverletzungen. Beide Sorgfaltspflichtverletzungen, also die des Radfahrers wegen seiner Trunkenheit, sowie die des Lkw-Fahrers wegen des zu geringen Abstandes beim Überholen, ergeben für sich jeweils ohne die andere Pflichtverletzung eine Erfolgswahrscheinlichkeit von weniger als 100 Prozent. Unabhängig vom genauen Zahlenverhältnis ergeben jedenfalls nur beide zusammen eine Erfolgswahrscheinlichkeit von 100 Prozent. Deshalb sind beide notwendiger Bestandteil der wahren und hinreichenden Bedingung des Unfalls, beziehungsweise des Erfolgseintritts. Der Lkw-Fahrer kann sich also nach der Ansicht *Puppes* nicht damit entlasten, dass eine gewisse Wahrscheinlichkeit bestand, dass der Fahrradfahrer auch bei ordnungsgemäßen Überholabstand *„unter die Räder geraten wäre."*[248]

Eine Bewertung der unterschiedlichen Ergebnisse der hier dargestellten Lösungswege kann an dieser Stelle dahingestellt bleiben. Aufgezeigt werden soll, dass die Idee der Zurechnung je nach der die Grundsätze der Kausalität prägenden Ansicht bereits an unterschiedlicher Stelle anknüpft, beziehungsweise im vorliegenden Fall nach der NESS-Theorie gar keinen Anwendungsspielraum als Korrektiv einer rein naturwissenschaftlichen Kausalität erfährt. Im Gegensatz zum oben angeführten Psychiatrie-Fall unterscheiden sich hier auch noch die Ergebnisse bei den strafbarkeitsbegründenden Feststellungen. Der Weg ist also hier tatsächlich das Ziel, und nicht nur lediglich eine Präferenzfrage bezüglich der jeweiligen Prämisse, mit einem einheitlichen Ergebnis am Ende.

Bei dem Drahtseilakt, an der richtigen Stelle weg von der reinen Kasuistik an einem Ende über ein Korrektiv durch normative Maßstäbe wie die Bedeutsamkeit des Täterhandelns hin zu einer dogmatisch und systematisch begründeten Anlastung des spezifischen Taterfolges an den Täter am anderen Ende zu balancieren, zerfließt der Begriff der Zurechnung regelrecht.

---

246 *Wessels/Beulke/Satzger*, Strafrecht AT, S. 99, Rn. 302.

247 *Roxin/Greco*, Strafrecht AT/I, § 11 Rn. 88 ff.

248 *Puppe*, 5/2008, 488 (495 f.), Zitat dort auf S. 496.

Um dabei einer dieses Zerfließen aufhaltenden Begrenzung noch mehr Fassungsvermögen abzuverlangen, oder auch dieser einen Riss zuzufügen, sei ein weiterer Aspekt der unter dem Begriff der Zurechnung diskutierten Problematik in den Fokus gerückt. Handelte es sich bei den bisherigen Ausführungen hierzu lediglich um die Frage einer „*objektiven* Zurechnung", die mit dem Kausalitätserfordernis aus dem objektiven Tatbestand in (einer wie auch immer gearteten) Verbindung steht, steht dieser gegenüber auch die *subjektive* Zurechnung.

Diese Rechtsfigur stellt einen weiteren Ansatz dar, der sich in Urteilen des BGH als eine gewisse Konstante für die Prüfung der Zurechnung finden lässt. Beispielhaft sei hierfür der *Scheunenmord*-Fall vorgestellt, der Nachweise für weitere einschlägige BGH-Urteile enthält:

Der Täter hat das Opfer zunächst in Tötungsabsicht mit einer Metallstange niedergeschlagen, dann den Tatort verlassen und später den Entschluss gefasst, in Verdeckungsabsicht zum „Tatort Scheune" zurückzukehren. Von dort wollte er die Polizei rufen und den von ihm angenommenen Tod des Opfers, welches er angeblich wie verabredet dort hätte abholen sollen, melden. Jedoch war das Opfer bei seiner Rückkehr zum Tatort entgegen seiner Erwartung noch nicht tot. Daraufhin schnitt er diesem den Hals mit einem Messer bis zur Wirbelsäule durch. Das Opfer verstarb.[249] Der BGH führt dazu aus:

> *„Der Tod des Opfers als Folge der mit der Metallstange geführten Schläge ist dem Angeklagten auch* ***subjektiv*** *als von dem die Ausführung der Schläge tragenden Vorsatz mitumfasst* ***zuzurechnen****. Der* ***Vorsatz*** *des Täters muss sich auf den zum Eintritt des tatbestandlichen Erfolgs führenden* ***Geschehensablauf*** *erstrecken (vgl. BGH, Urteile vom 9. Oktober 1969 – 2 StR 376/69, BGHSt 23, 133, 135; vom 21. April 1955 – 4 StR 552/54, BGHSt 7, 325, 329). Da dieser indes kaum je in allen Einzelheiten zu erfassen ist,* ***wird der Vorsatz durch unwesentliche Abweichungen des vorgestellten vom tatsächlichen Geschehensablauf nicht in Frage gestellt****. Eine Abweichung vom vorgestellten Kausalverlauf ist nach der Rechtsprechung des Bundesgerichtshofs als* ***unwesentlich*** *anzusehen, wenn sie sich* ***innerhalb der Grenzen des nach allgemeiner Lebenserfahrung Vorhersehbaren hält und keine andere Bewertung der Tat rechtfertigt*** *(st. Rspr.; vgl. BGH, Beschluss vom 15. Februar 2011 – 1 StR 676/10, BGHSt 56, 162, 166; Urteil vom 30. August 2000 – 2 StR 204/00 aaO; Beschluss vom 11. Juli 1991 – 1 StR 357/91, BGHSt 38, 32, 34; Vogel in LK-StPO, 12. Aufl., § 16 Rn. 56 ff. mwN). Unter Zugrundelegung dieses Maßstabs ist in Fällen, in denen bei Angriffen gegen das Leben der Tod des Opfers nicht unmittelbar durch die Angriffshandlung sondern durch vorsätzliches Handeln eines Dritten oder eine nicht mehr vom Tötungsvorsatz getragene Verdeckungshandlung des Täters herbeigeführt wurde, von der Rechtsprechung eine*

249 BGH, Urteil vom 3. Dezember 2015 – 4 StR 223/15, Rn. 2 ff.

wesentliche Abweichung vom Kausalverlauf verneint worden (vgl. BGH, Urteile vom 30. August 2000 – 2 StR 204/00 aaO; vom 26. April 1960 – 5 StR 77/60 aaO; vom 6. Juli 1956 – 5 StR 434/55, aaO.).“[250]

Mit diesen Anforderungen an eine subjektive Zurechnung laufen nun die Fäden zusammen und zeigen dabei auf, welche Auswirkungen unterschiedliche Auffassungen zur Rechtsfigur der Zurechnung für den Vorsatz bezüglich der Quasi-Kausalität mit sich bringen.

Die subjektive Zurechnung stellt auf die Vorstellung des Täters vom Kausalverlauf beziehungsweise Geschehensablauf ab, und nimmt in ihrer Definition mögliche Abweichungen wertend auf. Ist also die Zurechnung ein subjektives Element, wäre ein Vorsatz, beziehungsweise Tatentschluss, nicht mehr möglich, wenn sie entfällt.

Nach dem bisher dargelegten muss jedoch präzisiert werden, was zu eben jenem Kausalverlauf gehört. Denn je nach präferiertem Oberbegriff oder Prüfungsaufbau kommen dafür eben „nur“ der naturwissenschaftliche Zusammenhang, oder eben in einem (zer)fließenden Übergang auch jene präzisierenden Modifikationen, über normative Korrekturen, hin zu einem einheitlich verstandenen Zurechnungszusammenhang in Betracht.

Die subjektive Zurechnung bezieht sich laut dem *Scheunenmord*-Fall auf die Vorstellung des Täters vom *tatsächlichen Geschehensablauf*. Der Begriff des Geschehensablaufs impliziert hier eine Interpretation des Kausalverlaufs als äußeres Geschehen, als Ablauf der Dinge, wie sie vom objektiven Beobachter von außen wahrgenommen werden können. Es geht um das, was als objektiver Sachverhalt in der Welt tatsächlich passiert ist, um die naturalistische Verknüpfung von Ereignissen. Wertende Korrekturen, also rechtliche Aspekte, die eine bestimmte Bewertung hinsichtlich einer Verantwortungs- oder Haftungsbegründung dieses äußeren Ablaufs verlangen, gehören dem Wortlaut nach nicht zum für die subjektive Zurechnung relevanten Vorstellungsinhalt des Täters.

Grundsätzlich überzeugt die Idee, eine Zurechnung des tatbestandlichen Erfolges zum Täterverhalten zum Zwecke einer individuell anknüpfenden Haftungsbegründung als rein subjektives Kriterium zu betrachten. Dies ist aus zwei Gründen der Fall:

Erstens trägt die Idee des BGH einer subjektiven Zurechnung als Prüfung einer wesentlichen Abweichung des tatsächlichen Geschehensablaufs von dem vom Täter vorgestellten den Folgen des Koinzidenzprinzips Rechnung. Dieses

250 BGH, Urteil vom 3. Dezember 2015 – 4 StR 223/15, Rn. 12. Hervorhebungen von der Autorin.

verlangt die Gleichzeitigkeit von Vorsatz und Tathandlung. Als maßgeblicher Zeitpunkt für das Vorliegen des Vorsatzes gilt die Begehung der Tat (vgl. § 16 StGB). Das bedeutet auch, dass der Vorsatz nicht bis zur Tatvollendung, also nicht bis zum Erfolgseintritt, durchgehalten werden muss.[251] Ein durch solches Tathandeln in Gang gesetzter Kausalverlauf wirkt also auf seinem Weg hin zum Erfolg auch über den für den Vorsatz maßgeblichen Zeitpunkt hinaus fort. Somit kommt es für den Vorsatz nicht darauf an, dass der Täter den Kausalverlauf vollständig in allen Einzelheiten über den Zeitpunkt der Tathandlung, welche das Risiko eines bestimmten Erfolgseintrittes birgt, hinaus antizipiert. Genaugenommen wird dies in den meisten Fällen gar nicht möglich sein. Der im subjektiven Tatbestand beim Vorsatz zum Ausdruck gebrachte Handlungsunwert, also die subjektive Auflehnung gegen die Rechtsordnung in Gestalt der Begehungsweise der Tathandlung,[252] erfordert dies nicht. Die Idee der subjektiven Zurechnung eines Erfolges bei unwesentlichen Abweichungen bei vom Täter vorgestellten beziehungsweise antizipierten Kausalverlauf überzeugt daher.

Die Zurechnung als rein subjektives Kriterium zu betrachten, überzeugt des Weiteren deshalb, weil sie auch dem Ursprung eines Zurechnungskriteriums Rechnung trägt.

Das Bedürfnis, eine „objektiven Zurechnung" zu etablieren, kommt aus der Abgrenzung von Vorsatz- und Fahrlässigkeitsdelikten. Bei Fahrlässigkeitsdelikten wird im Bereich der Schuld eine subjektive Sorgfaltspflichtverletzung verlangt. Erfolg und Kausalverlauf müssen für den Täter individuell vorhersehbar und vermeidbar gewesen sein, wofür als Maßstab persönliche Kenntnisse und individuelle Fähigkeiten des Täters herangezogen werden.[253] Um die schwer überschaubare Weite dieses Feldes zu begrenzen, sollte bereits im objektiven Tatbestand ein Kriterium zu Abgrenzung geschaffen werden. Eine aus diesen Gründen resultierende Eingrenzung wäre jedoch beim Vorsatzdelikt mangels der Voraussetzung der subjektiven Sorgfaltsverletzung nicht erforderlich.

Daher wäre die vorzugswürdige Handhabung dieser Problemfelder, wenn der Begriff der Zurechnung im Sinne eines dogmatisch abgeleiteten und bestimmten Rechtsinstitutes ausschließlich für die in der Rechtsprechung klar umrissene subjektive Zurechnung Geltung fände.

---

251 *Wessels/Beulke/Satzger*, Strafrecht AT, Rn. 316 mit Fn. 7 m.w.N.

252 Ebd., Rn. 29 f.; Schönke/Schröder – *Sternberg-Lieben/Schuster*, StGB, § 15, Rn. 121.

253 *Wessels/Beulke/Satzger*, Strafrecht AT, Rn. 1147.

Hierbei geht es in erster Linie um die Verwendung des *terminus technicus* „Zurechnung". Dieser sollte aus den dargelegten Gründen nach der hier vertretenen Ansicht für die *subjektive Zurechnung* im Sinne des BGH – tatsächlicher *vs.* vorgestellter Geschehensablauf – verwendet werden. Daneben dürfen jedoch zweifelsohne diejenigen Problemfelder und Rechtsfragen, die nach der herrschenden Literatur unter die Idee der „objektiven Zurechnung" und nach dem BGH unter die Zurechnungsverbindung im Zusammenhang mit der Quasi-Kausalität subsumiert werden, nicht unberücksichtigt bleiben.

Dies geschieht vorliegend unter dem *topos* der Konstituierung von Handlungsunrecht (KonstHU).

„Unrecht" ist dabei als inhaltliche Bewertung eines Verhaltens als Störung der Rechtsordnung zu verstehen. Es ist zwischen den Unrechtsgehalten von Handlungs- und Erfolgsunrecht zu unterscheiden. Während sich das Erfolgsunrecht auf die objektive Seite des Unrechts beim Vorsatzdelikt bezieht, ist das Handlungsunrecht als subjektive Auflehnung gegen die Rechtsordnung im subjektiven Tatbestand einzuordnen. Dabei reflektiert der Handlungswert die Art und Weise der Begehung, indem geprüft wird, ob sich der Täter wissentlich und willentlich in einer von der Rechtsordnung missbilligten Art und Weise verhalten hat.[254] Beim geltenden Schuldstrafrecht basieren Voraussetzungen und Rechtsfolgen auf dem Vorwurf, dass sich der Täter für das Unrecht entschieden hat, *„obwohl er sich rechtmäßig verhalten, sich für das Recht hätte entscheiden können"*.[255] Somit geht es um einen individuellen Vorwurf der strafrechtlichen Verantwortung an den Täter, nach dessen persönlicher Handlungs- und Motivationsfähigkeit. Während letztere im Bereich bei der Prüfung der Strafbarkeit im Rahmen der Schuld Beachtung findet, bezieht sich die Handlungsfähigkeit als subjektives Kriterium auf die individuelle *„Fähigkeit, sich so zu verhalten, dass der Tatbestand eines Delikts nicht verwirklicht wird. Zu dieser Fähigkeit gehört [...] auch und vor allem die Möglichkeit, kausale Veränderungen durch das eigene Verhalten zutreffend einschätzen zu können."*[256] Damit wird personales Unrecht konstituiert.[257]

Interessanterweise ist gerade auch die *ratio* einer „objektiven Zurechnung" laut der herrschenden Lehre *per definitionem*,[258] dass der Erfolg dem Täter als

---

254 *Wessels/Beulke/Satzger*, Strafrecht AT, Rn. 29.

255 *Walter*, in: Hoyer, FS-Schroeder, 2006, S. 131; aufgenommen in *Marlie*, ZJS 1/2008, 41 (41).

256 *Kindhäuser*, JRE 2005, 527 (527).

257 Ebd., 527.

258 Vgl. S. 95.

„sein Werk" zugerechnet werden kann. Noch dezidierter formuliert, soll also der Erfolg als *persönliches* Werk des Täters verstanden werden können, um eine Strafbarkeit zu begründen.

Damit scheint es konsequenter, die entsprechenden Rechtsfragen nicht im objektiven Tatbestand, in dem das Erfolgsunrecht angesiedelt ist, sondern im Rahmen des subjektiv geprägten Handlungsunrechts zu prüfen. Denn die Täterhandlung ist initiiert vom tätereigenen, individuell geprägten Entschluss zum Tätigwerden. Nach zutreffender Ansicht konstituiert sie die persönliche Zuschreibung strafrechtlicher Verantwortung für einen daraus naturalistisch kausal resultierenden Erfolg dann, wenn in einer Verantwortungsmatrix die subjektive, bewusste und gewollte Auflehnung gegen ein rechtsstaatliches Werteprinzip festgestellt werden kann. Die Anforderungen dieses Werteprinzips als Bezugsgröße sind nach objektiven Kriterien zu ermitteln. Dafür muss anhand einer normativen Prüfung gewertet werden, ob das Täterverhalten gegen durch die Rechtsordnung konstituierten Anforderungen an eine soziale Ordnung innerhalb einer Gesellschaft als Aufgabe des Strafrechts[259] verstößt.

Im Ergebnis mögen die KonstHU und die „objektive Zurechnung", jedenfalls wenn letztere unter Annahme einer Kongruenz von objektivem und subjektivem Tatbestand geprüft würde, die gleichen oder jedenfalls sehr ähnlichen Rechtsfragen adressieren. Dies sind solche, wie sie eben auch unter die Fallgruppen-Lehre von *Roxin* und vom BGH in bemerkenswert konsequenter Inkonsequenz unter die Zurechnung subsumiert werden. Sodann stellt sich die Frage nach dem kognitiven und voluntativen Vorsatzelement, sofern die Prämisse angesetzt wird, dass die zuvor geprüften Feststellungen als Bezugspunkt dienen. Bei der KonstHU fungieren diese Fragen als Bezugsgröße einer Prüfung der Gesamtproblematik im Rahmen des subjektiven Tatbestandes. Bei einer „objektiven Zurechnung" ist die Problematik eine des objektiven Tatbestandes, wie er im Folgenden vom subjektiven Tatbestand aufgenommen werden müsste.

Neben der eben dargestellten *ratio* der KonstHU spricht außerdem für diese, dass es eben nicht unumstritten ist, ob Fragen einer „objektiven Zurechnung" vom Vorsatz umfasst sein müssen. Zweifelsohne ist dies für die Kausalität in ihrer Grundform der Fall, abhängig von deren jeweils favorisierter Definition – womit bereits mögliche Weichenstellungen erkennbar werden. Ob jedoch auch die unter eine „objektive Zurechnung" subsumierten, den Kausalverlauf

---

259 *Meier*, Strafrechtliche Sanktionen, S. 1.

wertend ergänzenden Elemente vom Vorsatz umfasst sein müssen, beantwortet beispielweise *Ast* ablehnend:

Die „objektive Zurechnung“ sei nicht Vorsatzgegenstand. Das Unrechtsbewusstsein gehöre nicht zum Vorsatz, und bei der Zurechnung gehe es schließlich um die Schaffung eines rechtlich missbilligten Risikos, was eben genau das Unrechtsbewusstsein reflektiere. Zudem argumentiert er mit der Strafbarkeit des untauglichen Versuchs. Dabei werde auch dann Vorsatz angenommen, wenn ein objektiv ungefährliches und nicht verbotenes Mittel verwendet werde. Der Versuch werde nach der subjektiven Konzeption des Gesetzes allein auf Grundlage der Handlung gebildet, nicht auf der eines objektiven Gefahrurteils. Der Vorsatz sei deshalb Unrechtsvoraussetzung, weil er die tatbestandliche Handlung konstituiere, die Gegenstand des Verbots sei. Die „objektive Zurechnung“ dagegen bezeichne aber neben der Handlung stehende, objektive Unrechtsvoraussetzungen, die sich aus der teleologischen Folgerichtigkeit der Verbotssetzung ergeben.[260]

Hier zeigt sich die Vorsatzrelevanz der Diskussion, und damit auch speziell für die Anforderungen an das kognitive Element des Vorsatzes bezüglich der Quasi-Kausalität.

Allerdings überzeugt die Ansicht *Asts* nicht. Zwar ordnet dieser den zu diskutierenden Rechtsfragen eine Relevanz für den Unrechtsgehalt der Tat zu, indem er über deren Reflexion im Unrechtsbewusstsein schreibt, also sie als Bezugspunkt der Schuld einordnet. Reine objektive Strafbarkeitsbedingungen, die den Unrechtsgehalt nicht beeinflussten, würden jedoch weder im Vorsatz noch in der Schuld reflektiert. Eine Trennung von Handlungsunrecht und einem „objektiven Gefahrenurteil“, wie *Ast* sie aus dem Konzept des untauglichen Versuchs entnimmt, ist in diesem Kontext nicht stichhaltig. Beim strafbaren untauglichen Versuch geht es um eine Ungeeignetheit von Tatmittel, Tatobjekt oder Tatperson. Beispielsweise schießt A auf B mit einer Waffe, die keine Munition enthält. Betrachtet man jedoch die in diesem Abschnitt zu diskutierenden Fragen am Beispiel des TX-Falles, stellt sich folgende Situation. Zur Vereinfachung und Fokussierung auf die bei der KonstHU oder eben Zurechnung relevanten Fragen soll hier für den Moment die Hypothese nachgewiesener naturalistischer Kausalität aufgestellt werden.

Ein TX-Arzt versucht, mittels Datenmanipulation einen dadurch auf der Warteliste überholten Patienten zu töten. Mit dem unmittelbaren Ansetzen würde ein Kausalverlauf angestoßen, der bei ungehindertem Fortgang, also

260 *Ast*, HRRS 12/2017, 500 (502).

beispielsweise ohne einen den Erfolgseintritt verhindernden Rücktritt durch den Täter, zum Tod des überholten Patienten führte. Dieser hätte sich also *durch* das Täterhandeln *tatsächlich* in einer Gefahrensituation befunden. Fraglich ist lediglich, ob das Handeln einen *strafbarkeitsbegründenden* Zusammenhang geschaffen hat. Dafür könnte beispielsweise relevant werden, ob das TPG und die RLBÄK dem Zweck dienen, das Leben der Patienten auf der Liste zu schützen. Bei einem untauglichen Versuch dagegen besteht objektiv zu keiner Zeit eine tatsächliche Gefahr für das vermeintliche Tatopfer.

Für die Prüfung der Handlungsfähigkeit kommt es auch auf die hier erforderlichen normativen Wertungen der Fähigkeit zur Erkenntnis einer kausalen Deliktsverwirklichung an. Dies gilt unabhängig davon, ob die als Tatbestandsmerkmal verstandene Kausalität nun als Oberbegriff für die naturalistische Kausalität und diese gegebenenfalls ergänzende, korrigierende oder einschränkende Rechtsfragen verstanden wird, oder ob letztere als „zweite Stufe" oder als nachfolgendes, eigenständiges Rechtsinstitut eingeordnet und geprüft werden soll. Denn die Handlungsfähigkeit erfordert gerade ein Bewusstsein über die Veränderungen in der Außenwelt hinaus, ein Bewusstsein hinsichtlich der Verwirklichung von auch normativ geprägtem, tatbestandlichen Unrecht. Hierfür genügt eine Parallelwertung in der Laiensphäre. Das heißt, der Täter muss den normativen Gehalt dieser Zusammenhänge nicht vollumfänglich erfassen. Es genügt, wenn er im Rahmen eines natürlichen Verständnisses für den Rechtsbegriff die Umstände, die zu einer korrekten rechtlichen Wertung führen, erfasst.

Angesichts dieser Formulierung liegt es zwar nicht völlig fern, hier wie *Ast* an ein Unrechtsbewusstsein im Sinne des § 17 StGB und somit eine Relevanz im Deliktsaufbau bei der Schuld zumindest zu denken. Dieses knüpft jedoch nicht an die soeben beschriebene Handlungsfähigkeit, sondern an die Motivationsfähigkeit des Einzelnen. Diese wiederum meint die Fähigkeit, Handeln an den Normen des Rechts auszurichten.[261] Dabei geht es eben nicht wie bei der Handlungsfähigkeit darum, ob der Täter intellektuell und psychisch in der Lage war, eine Tatbestandsverwirklichung gezielt zu vermeiden,[262] sondern vielmehr um die Fähigkeit zur Einsicht ob, *respective* dass sein Verhalten rechtlich verboten ist.[263]

---

261 *Kindhäuser*, JRE 2005, 527 (527).

262 Ebd., 527.

263 *Wessels/Beulke/Satzger*, Strafrecht AT, Rn. 678.

Diese Argumente bekräftigen die Verankerung der Problematik im subjektiven Tatbestand im Sinne der KonstHU. Dass zudem eben auch die herrschende Literatur die „objektive Zurechnung“ als Teil des objektiven Tatbestandes[264] und damit vom Vorsatz umfasst ansieht, veranschaulicht die Konsequenz der Ableitung der hier vertretenen Ansicht.

All dies vorangestellt, sollen nun im Folgenden die hier relevanten Rechtsfragen inhaltlich geprüft werden. Die vorangegangene Darstellung hat gezeigt, dass die Verknüpfungslinien zu Grundsatzfragen des Vorsatzes und der Quasi-Kausalität immer länger und feiner werden. Je feiner und möglicherweise auch fragiler jedoch diese Verästelungen werden, desto notwendiger ist eine umfassende Auseinandersetzung mit der hinter den einzelnen Implikationen stehenden Dogmatik, um über eine Relevanz entscheiden zu können.

c) Quasi-Kausalität und Handlungsunrecht beim Transplantations-Fall

Im TX-Fall wird die Strafbarkeit wegen versuchten Totschlags geprüft, weil der TX-Arzt *Aiman O.* durch sein Verhalten einen rettenden Kausalverlauf unterbrochen haben könnte, welcher auf die Verhinderung des Todes bestimmter Personen zusteuerte.

Die Warteliste für eine Leber-TX führt in einer bestimmten Reihenfolge Patienten, die aufgrund ihrer Lebererkrankung dringend auf eine Spenderleber angewiesen sind, um nicht an dieser Krankheit zu versterben. Die Zuweisung einer Leber soll diesen zum Todeserfolg führenden Kausalverlauf unterbrechen, also einen rettenden Kausalverlauf, oder eine störende Bedingung für den auf den Todeserfolg zulaufenden Kausalverlauf, konstituieren. Indem der Arzt durch die Falschangaben über die Daten seiner Patienten dergestalt auf die Warteliste für eine Leber-TX eingewirkt haben könnte, dass die dadurch von ihren Wartelisten-Plätzen nach hinten verdrängten Patienten länger auf eine Leber warten müssten als nach einer auf korrekten Angaben beruhenden Warteliste, könnte eine (andere) Zuweisung nicht mehr rechtzeitig erfolgen und der Patient an seiner Krankheit versterben.

aa) Letalitätsrisiko

Als erstes Problem der Quasikausalität beim TX-Fall soll hier das vom 5. Senat und auch bereits zuvor vom LG ins Feld geführte Letalitätsrisiko betrachtet werden. Im Urteil ist dazu ausgeführt:

---

264 Z.B. *Wessels/Beulke/Satzger*, Strafrecht AT, Rn. 253 ff., m.w.N.

„Mit Recht geht das Landgericht davon aus, dass der Nachweis einer mit an Sicherheit grenzender Wahrscheinlichkeit eintretenden Lebensverlängerung und damit eines vollendeten Totschlags vorliegend nicht geführt werden kann (UA S. 291). Das gilt bereits wegen ***des mit 5 bis 10 % (vgl. UA S. 585) beträchtlichen Risikos jedes Patienten, in oder unmittelbar nach der Transplantation zu versterben****. […] Diese Umstände müssen in die Prüfung des Tatentschlusses im Rahmen der Versuchsprüfung einbezogen werden."*[265]

Es ist also zu prüfen, wie sich die Einbeziehung dieses 5–10 %igen Letalitätsrisikos bei einer TX auswirkt. Dabei geht es darum, festzustellen, ob oder dass der Angeklagte tatsächlich einen rettenden Kausalverlauf unterbrochen hat. Dazu müsste ein solcher zunächst angelegt gewesen sein.

Wie oben dargelegt[266] ist ein Kausalverlauf zwar bereits dann ein rettender, wenn er einen bestimmten, in der Welt angelegten kausalen Verlauf zum Erfolg verhindern würde. Dies folgt unmittelbar aus den Prämissen der NESS-Theorie, mittelbar jedoch auch über die normativen Korrekturen der *conditio*-Formel. Bei beiden Ansichten ist es eine grundlegende Prämisse, dass eine Unterbrechung des (potenziell) rettenden Kausalverlaufs nur dann Erfolgsursache sein kann, wenn der Verlauf auch zur Rettung geeignet ist, also mit ihm alle Voraussetzungen für eine Rettung vorlägen. Das heißt, die Frage nach den Auswirkungen des Letalitätsrisikos bei der Organverpflanzung betrifft zunächst noch die „erste Stufe" der im Gesamtkontext der Kausalität zu prüfenden Parameter, wird also bei der „grundlegenden Kausalität", vor der Ebene einer „objektiven Zurechnung", beziehungsweise der Idee der KonstHU relevant.

Für die Frage, ob aus makrophysikalischer Sicht überhaupt ein rettender Kausalverlauf angelegt ist, ist es entscheidend, ob man einzelne, in den Kausalverlauf einzubeziehende Prozesse als determiniert oder indeterminiert ansieht. Es kommt also darauf an, ob bestimmte Ereignisse als durch Vorbedingungen eindeutig festgelegt betrachtet werden oder eben nicht. Dies ist für einige Bereiche beziehungsweise Prozesse umstritten.

So sind bei der Quasi-Kausalität zunächst eben solche einzelnen, in den Kausalverlauf einzubeziehende Bereiche oder Prozesse abzugrenzen. Für diese ist dann jeweils zu beurteilen, ob es sich um einen determinierten oder indeterminierten Prozess handelt. Beim TX-Fall kommt es entscheidend darauf an, wie man Krankheits- und Heilungsprozesse und die menschlichen Leistungen bei einer komplexen Operation – wie eben einer TX – einstuft.

---

265 BGH, Urteil vom 28. Juni 2017 – 5 StR 20/16, Rn. 54 f. Hervorhebungen von der Autorin.

266 Vgl. S. 90.

Hinzuweisen ist an dieser Stelle auf eine Abgrenzung von einer Fortwirkung des Ursachenzusammenhanges und dem Vorliegen von Ersatzursachen bezüglich des Sterberisikos bei einer TX. Hierbei handelt es sich nicht um eine andere Ursache im Rechtssinne für den (potenziellen) Todeserfolg als die des Unterbindens der nach Warteliste an sich gebührenden Zuteilung im Sinne einer Ersatzursache. Vielmehr gehörte eine (nicht im tatbestandlichen Sinn) erfolgreich verlaufende Operation in den Ursachenzusammenhang des rettenden Kausalverlaufs, also eben zu der Frage, ob ein solcher tatsächlich angelegt war. Durch das Ausbleiben der TX würde der Patient aufgrund seiner Krankheit sterben, und nicht aufgrund einer Operation. Und die Krankheit kann eben deshalb nicht als hinreichende Bedingung für den eintretenden Tod gesehen werden. Mit der Zuteilung des Organs lägen die Voraussetzungen vor, dass diese Entwicklung bis zu Tode verhindert würde, und dass damit diese Mindestbedingung unvollständig wäre, so denn eben diese Voraussetzungen tatsächlich eine Verhinderung des Erfolges bewirkten.

Zunächst sind vollkommen natürliche Kausalverläufe, in denen weder menschliches Handeln noch menschliches Unterlassen vorkommt, zu betrachten. Dabei könnte eine störende Bedingung für ein Ereignis, also ein rettender Kausalverlauf, der tatsächlich nicht eingetreten ist, auch gar nicht eintreten, da diese Prozesse vollständig determiniert sind.[267] So würde man beispielswiese die Strömung, die eine Planke zunächst auf den Ertrinkenden zu-, dann jedoch wieder abgetrieben hätte, nicht als kausal für dessen Ertrinken annehmen.

Betrachtet man menschliches Verhalten als nicht determiniert, so ist ein rettender Kausalverlauf zunächst möglich, wenn ihn ein Mensch verhindern oder anstoßen könnte. Er wird erst durch die Verhinderung durch den Täter oder die Unterlassung der Initiierung unmöglich, und muss daher in der kausalen Erklärung des Erfolges erwähnt werden.[268]

Von Seiten des BGH werden jedenfalls menschliche Entscheidungen als indeterminierte Prozesse verstanden. Dass der BGH davon ausgeht, dass der Mensch einen freien Willen habe, wird bereits im Urteil des Großen Senates vom 18. März 1952 deutlich. Dort wird ausgeführt, dass der *„innere Grund des Schuldvorwurfs [darin liegt], dass der Mensch auf freie, verantwortliche, sittliche Selbstbestimmung angelegt und deshalb befähigt ist, sich für das Recht und gegen das Unrecht zu entscheiden.“*[269] Demzufolge basiert das Schuldstrafrecht auf

---

267 *Puppe*, ZIS 11/2018, 484 (485).

268 Ebd., 486.

269 BGH, Urteil vom 18. März 1952 – GSSt 2/51 = BGHSt 2, 194.; *Harrendorf*, ZIS 1/2008, 41 (44).

der Fähigkeit zur freien Selbstbestimmung.[270] Ein solch deutliches Bekenntnis zum Indeterminismus bleibt zwar selten, jedoch finden sich wiederholt Formulierungen in den Entscheidungen des BGH, die belegen, dass das Gericht weiterhin eine indeterministische Sicht vertritt.[271] Hiergegen wird zuweilen aus Wissenschaft und Literatur vorgebracht, dass Erkenntnisse aus der Hirnforschung aufzeigen würden, dass die Idee eines freien Willens mit wissenschaftlichen Überlegungen nicht vereinbar sei, und freies, nicht determiniertes Verhalten nicht denkbar sei. Freiheit und Schuld seien durchaus mit Determination vereinbar.[272]

Die Überprüfung und gegebenenfalls die Weiterentwicklung von Rechtsgrundsätzen gehören zu den Aufgaben der Rechtsprechung. Daher sei hier dieser kurze Hinweis auf diese aktuellen Entwicklungen eingefügt, ohne diese Denkansätze dabei zu analysieren oder zu bewerten. Denn ein Umdenken würde die Idee des Schuldkonzeptes berühren und somit die Basis einer Verantwortungszuschreibung an den Straftäter. Beim TX-Fall gibt es jedoch keine Indizien, dass die Frage nach determinierten und indeterminierten Kausalabschnitten das Schuldprinzip in seinen Grundideen reformieren wollte. Vielmehr ist davon auszugehen, dass jedenfalls das menschliche Verhalten unzweifelhaft als indeterminiert anzusehen, und gerade deshalb in die kausale Erklärung des Erfolges einzubeziehen ist. Dieses indeterminierte menschliche Verhalten ist Ausgangspunkt der dadurch angestoßenen Kausalkette, beziehungsweise überhaupt Grund für die Prüfung der folgenden, (auch) durch determinierte Prozesse geprägten Kausalkette. Damit ist es die Basis der Prüfung, ob dem Täter ein Schuldvorwurf zu machen ist.

Die Einordnung medizinischer Prozesse hat je nach vertretener Ansicht folgende Konsequenzen:

---

270 *Harrendorf*, ZIS 1/2008, 41 (42); *Spielgies*, HRRS 2005, 43 (43).

271 *Harrendorf*, ZIS 1/2008, 41 (44) mit Fn. 24, m.w.N.; *Spielgies*, ZIS 4/2007, 155 (155 mit Fn. 8, 157 m.w.N.); vgl. außerdem BGH, Urteil vom 25. September 1957 – 4 StR 354/57 = BGHSt 11, 1: „*Das vom Schuldgrundsatz beherrschte Strafrecht begnügt sich nicht mit einer rein naturwissenschaftlichen Verknüpfung bestimmter Ereignisse, um die Frage nach dem Verhältnis zwischen Ursache und Erfolg zu beantworten. Für eine das menschliche Verhalten wertende Betrachtungsweise ist vielmehr wesentlich, ob die Bedingung nach rechtlichen Bewertungsmaßstäben für den Erfolg bedeutsam war.*“; sowie BGH, Beschluss vom 8. Juli 1987 – 2 StR 269/87 = NJW 1987, 2940.

272 *Harrendorf*, ZIS 1/2008, 41 (43); *Spielgies* ZIS 4/2017, 155 (156).

(1) Medizinische Prozesse als determinierte Prozesse

Geht man von einem determinierten, also festgelegten und vorhersehbaren Prozess aus, kann der der Quasi-Kausalität zugrundeliegende Zusammenhang nur zwei Ergebnisse kennen: entweder wäre der tatbestandliche Erfolg bei Vornahme der gebotenen Handlung, beziehungsweise ohne den Abbruch des rettenden Verlaufs, entfallen, oder er wäre eben nicht entfallen. In Bezug auf den hypothetischen Geschehensablauf gibt damit immer ein (objektiv) 100 % vorhersehbares Ergebnis. Ist die TX erfolgreich hinsichtlich ihres medizinischen Ziels, wäre ein rettender Kausalverlauf angelegt, welcher im TX-Fall durch das Verhalten des Arztes unterbrochen würde.

Übertragen auf die Annahme eines 5–10 %igen Letalitätsrisikos bedeutet dies, dass es zwei Gruppen von Patienten geben muss:

- Gruppe 1, die 5–10 %, für die es feststeht, dass eine TX mit dem durch die Manipulation entzogenen Organ ohnehin erfolglos geblieben wäre;

und

- Gruppe 2, die 90–95 %, für die feststeht, dass eine Operation mit dem zugeteilten Organ erfolgreich gewesen wäre, indem sie das Leben der Patienten nennenswert verlängert hätte.

Die Ungewissheit, ob der betreffende Patient jeweils zu der ersten oder zweiten Gruppe gehört, ist daher eine rein subjektive, während dies objektiv mit 100 %iger Sicherheit feststeht.[273] Diesen Nachweis gilt es in der Beweisaufnahme zu führen.

Somit korreliert diese Prämisse mit der (korrekten) Zuordnung der Sicherheitsklausel zur Beweisebene. Eine Zuordnung zur Tatbestandsebene setzte dem entgegen voraus, es gäbe hypothetische Geschehensabläufe, bei denen die Wahrscheinlichkeit der Erfolgsabwendung eben nicht objektiv 100 % betrüge.

Die Einordnung medizinischer Prozesse als determiniert stützt das Urteil des 5. Senates also nicht. Dabei fügt sie sich jedoch in gefestigte Strukturen in Rechtsprechung und Literatur.

Dies bekräftigt auch ein Rückbezug auf die oben[274] dargestellten Grundsätze der tatrichterlichen Überzeugungsbildung im Kontext mit den hier zu bewertenden Geschehensabläufen.

Dass Krankheits- und Heilungsverläufe hinsichtlich der Kausalität von Seiten der Medizin eher probabilistisch als deterministisch begriffen werden,

---

273 *Puppe*, ZIS 11/2018, 484 (491).

274 Vgl. S. 73 f.

bedeutet nicht zwangsläufig, dass nun davon auszugehen wäre, dass bei den entsprechenden Prozessen die Wirklichkeit „würfele". Sondern kann vielmehr auch angenommen werden, dass dieser probabilistische Ansatz eben gerade die Problematik der Unkenntnis der genauen Faktoren,[275] beziehungsweise die Schwierigkeit ihres Nachweises, widerspiegelt. Dies bedeutete, dass medizinische Prozesse durchaus als determiniert zu betrachten sein können. Dies wäre so zu fassen, dass ihr Verlauf als inhaltliche Anforderung einer den gesetzlichen Tatbestand beschreibenden Kausalitäts-Anforderung festgelegt wäre. Das probabilistische Element wäre als Problem der Nachweisbarkeit als Inbegriff der prozessrechtlichen Ebene von diesen materiell-rechtlichen Anforderungen zu trennen.

Trotz hierbei möglicherweise verbleibender Restzweifel aufgrund der Unkenntnis einiger Faktoren, die der wissenschaftlichen Erkenntnis (noch) nicht zugänglich sind, kann die Überzeugungs- und Verurteilungsschwelle des Tatrichters erreicht werden.

Dies bezeichnet *Baur* als ein bestimmtes Maß objektiver Wahrscheinlichkeit bei der tatrichterlichen Überzeugungsbildung. Er schreibt dazu, dass diese Wahrscheinlichkeit *„überwiegend statistisch [verstanden wird]. Schon weil die Bestimmung – oder besser: Bezifferung – eines Fehlurteils oder, anders gewendet, der statistischen Wahrscheinlichkeit eines alternativen Sachverhalts, praktisch kaum zu leisten ist [...] und deswegen ein reines Denkkonstrukt bleiben muss, ist ein solches Verständnis aber nicht unbedingt zielführend. Eine naheliegende Alternative zu einem statistischen Wahrscheinlichkeitsverständnis (probabilitas) ist ein alltagspraktischer Wahrscheinlichkeitsbegriff. Gemeint ist die Vorstellung einer nicht an bloßen Häufigkeitsbeziehungen, sondern an Plausibilitäten ausgerichteten Wahrscheinlichkeit, also einer ‚qualitativen Wahrscheinlichkeit'[...], im Sinne einer Wahrscheinlichkeitsähnlichkeit, die auf Konsens gerichtet ist und damit argumentativ verbindlich gemacht werden kann. Damit wird die Wahrscheinlichkeit aus einem mathematischen in einen für das Recht typischen sprachlich-sozialen Zusammenhang gerückt, der zwar objektive und rationale Inhalte in sich aufzunehmen weiß, diese aber nicht absolut setzt. Ein Charakteristikum eines alltagspraktischen Wahrscheinlichkeitsbegriffs ist es, dass er in Teilen subjektiv geprägt ist. Die Wege zur Überzeugung von einer qualitativen Wahrscheinlichkeit sind immer auch subjektiver, intuitiver, und was nicht gänzlich auszuschließen ist, möglicherweise irrationaler Natur."*[276]

---

275 *Greco*, ZIS 8–9/2011, 674 (677).

276 *Baur*, ZIS 2/2019, 119 (122); m.w.N., u.a. auf „*Ortloff, Die gerichtliche Redekunst, 1887, S. 87: ‚Man stellt daher, soweit Urteile von rechtsgelehrten oder von*

Dieses Wahrscheinlichkeitsverständnis überzeugt. Die Praktikabilität dieser Idee ist gerade auf der prozessualen Ebene entscheidend, wenn es darum geht, im Rahmen einer gerichtlichen Entscheidung die Anforderungen eines Rechtsstaates umzusetzen. Gleichzeitig ist es mit seinen subjektiven Elementen auch ausschließlich als Prämisse auf prozessualer Ebene, und nicht für eine Bezifferung von Wahrscheinlichkeiten auf materiell-rechtlicher Ebene geeignet. Letzteres würde jedoch, wie im Folgenden noch genauer aufgezeigt, von einer Annahme medizinsicher Prozesse als indeterminiert gefordert. Auch bleiben mit diesem Wahrscheinlichkeitsverständnis probabilistische Aussagen möglich, jedoch würde eine Bezifferung der Wahrscheinlichkeit nicht zwingend verlangt. Die zu einer strafrechtlichen Verantwortung führenden Festlegungen wären nicht auf diese beschränkt.

So ging auch der BGH von einer Einordnung medizinischer Prozesse als determiniert aus, als er ein Urteil aufgehoben hat, bei dem das LG einen Angeklagten wegen fahrlässiger Tötung verurteilt hatte. Dem Angeklagten wurde vorgeworfen, nach der Operation eines Patienten wegen eines Hodenseminoms die nach den Regeln der ärztlichen Sorgfalt gebotene Bestrahlung nicht angeordnet, und dadurch den frühzeitigen Tod des Patenten nicht verhindert zu haben.[277] Ungerügt blieben dabei die Feststellungen des LG, welches nach Anhörung von drei Sachverständigen zu dem Schluss kam, dass in (mindestens) 90 % der Fälle eine Bestrahlung den Patienten fünf bis zehn Jahre länger am Leben hielte, als er ohne diese Behandlung überleben würde, der Patient dabei also „erfolgreich bestrahlt" würde. Dem folgend ging es um die Feststellung, ob der vom Angeklagten behandelte Patient zu den 90 % dieser erfolgreich Bestrahlten, oder zu den 10 % der Erkrankten, bei denen die Behandlung ohnehin keine Lebensverlängerung erwirken könnte, gehörte.[278] Diese Einteilung in zwei Gruppen entspricht der eben ausgeführten Prämisse beziehungsweise Konsequenz einer deterministischen Sichtweise für die Bestrahlung als medizinischem Prozess.

Gerade das, was besonders in der Laiensphäre als unbillig angesehen werden kann, nämlich dass „eine Überlebenschance von 90 %" hier für einen

Laienrichtern gegeben werden, die juristische und die moralische Überzeugung entgegen; indessen nicht ganz mit Recht, indem auch rechtsgelehrte Richter nicht gehindert sind, den allgemeinen Eindruck und moralische Gründe auf die Gewinnung ihrer Überzeugung mitwirken zu lassen [...]'."

277 BGH, Urteil vom 8. Juli 1987 – 2 StR 269/87 = BGH NJW 1987, 2940 (2940) = GA 88, 184.

278 Ebd.

Anlastung nicht ausreiche, weil dies nicht das Kriterium „mit an Sicherheit grenzender Wahrscheinlichkeit" erfüllte, wird jedoch durch die mit der deterministischen Betrachtung einhergehenden Einordnung der Sicherheitsklausel auf der Beweisebene relativiert. Denn die aufgrund der Auswertung der Einschätzung der Sachverständigen festgestellte „90 %ige Erfolgschance" hätten eine Verurteilung durchaus begründen können.

Um dies zu erklären, ist zunächst die Rolle der Gutachter im Gerichtsverfahren zu betrachten.

Ein Sachverständigen-Gutachten erzeugt keine Tatsachen im materiellen Rechtssinn. Es dient dem Richter im Rahmen der freien richterlichen Beweiswürdigung nach § 261 StPO als Hilfsmittel zur Überzeugungsfindung, wenn es beim Prozess auf Tatsachen ankommt, für deren (Feststellung und) Bewertung dem Gericht die eigene Sachkunde fehlt. Der Sachverständige agiert vor Gericht in der instrumentalen Funktion, als Gehilfe des Gerichts diesem das Fachwissen seiner Disziplin zu vermitteln. So formuliert beispielsweise das LG Duisburg in seinem Urteil zum Unglück bei der Love Parade 2010, wonach gegen die Stadt Duisburg und die Veranstalter des Events ermittelt wurde, nachdem es in einer Gedrängesituation zu einer Massenpanik kam, welche 21 Tote und über 600 Verletzte forderte, wie folgt: *„Das Gutachten von Prof. Dr. T kann […] den **Beweis** für […] die Kausalität bzw. Realisierung der vorgeworfenen Sorgfaltspflichtverletzung im konkreten Taterfolg nicht erbringen"*.[279] Damit wird das Gutachten, beziehungsweise die Aussage des Sachverständigen explizit der Beweisebene zugeordnet, und nicht der Schaffung von Tatsachen im Rechtssinne. An die Feststellungen, die das Gericht auf der Grundlage der Darstellungen eines Sachverständigen trifft, ist jedoch die nachfolgende Instanz (sofern diese Feststellungen nicht im Rahmen eines Rechtsmittels angegriffen werden) gebunden, die Feststellungen werden damit zu Tatsachen im Rechtssinn. Dabei ist das Tatgericht nicht gehalten, einem Sachverständigen grundsätzlich zu folgen. Abweichungen von dessen Gutachten müssen allerdings durch konkrete Auseinandersetzung mit den Ausführungen belegt und begründet werden.[280]

---

279 LG Duisburg, Beschl. v. 30.03.2016 – 35 KLs – 112 Js 23/11 – 5/14, S. 453. Hervorhebung von der Autorin. Zitiert von *Grosse-Wilde*, ZIS 10/2017, 638 (649 mit Fn. 78) zur Diskussion einer möglichen Sorgfaltspflichtverletzung bei der Planung der Veranstaltung.

280 BGH, Urteile vom 12. Juni 2001 – 1 StR 190/01, S. 19; und vom 20. Juni 2000 – 5 StR 173/00, S. 5 f. m.w.N.

Damit wird auch dem oben dargestellten Anspruch an das Verhältnis der objektiven und subjektiven Überzeugungsanteile[281] Genüge getan.

So rügt der BGH im *Bestrahlungs*-Fall eben die Art und Weise der Einbeziehung und Auswertung der Sachverständigenaussagen durch das LG, rügt also die Beweiswürdigung durch die Tatsacheninstanz. Die Revisionsinstanz sieht den Weg der Überzeugungsfindung, dass der betreffende Patient nicht zur Gruppe der 10 % gehört hätte, denen die Behandlung keinen Erfolg in Gestalt einer Lebensverlängerung eingebracht hätte, als rechtsfehlerhaft an. Er sagt damit nicht, dass dies nicht grundsätzlich nachweisbar oder feststellbar gewesen wäre.[282]

Im Hinblick auf das hier übergeordnete Thema, der Vorsatz auf die Quasi-Kausalität, ist an dieser Stelle kurz zu adressieren, wie dieser Einfluss des subjektiven Richter-Empfindens für die Feststellung ebendieser Quasi-Kausalität als Bezugspunkt zu bewerten ist. Es stellt sich die Frage, ob sich dies nicht auch in irgendeiner Art und Weise bei der Bewertung des Vorsatzes widerspiegeln sollte oder müsste. Schließlich könnte argumentiert werden, dass dem Täter dieses im Zweifel nicht zur Last gelegt werden könnte, beziehungsweise dass auch ihm eine subjektive Ungewissheit bereits des juristisch versierten und mit der Möglichkeit der Einholung von Erkundigungen versehenen Richters erst recht und im Zweifel grundsätzlich entlastend zugeschrieben werden sollte. Dem ist jedoch entgegenzusetzen, dass die freie richterliche Beweiswürdigung schließlich keinesfalls meint, der Richter nähme (überwiegend) seine persönlichen und individuellen Kenntnisse und Überzeugungen als Maßstab. Vielmehr geht es bei dem für die Beweiswürdigung gesteckten Rahmen darum, im Rahmen des Menschenmöglichen zu einer möglichst objektiven Bewertung zu gelangen. „*Denn für die richterliche Überzeugung ist nur eine der menschlichen Erkenntniskraft mögliche, dagegen keine gedanklich unumstößliche Gewißheit zu fordern.*“[283] Hierbei verbleibende Lücken in der Objektivität sind tatsächlich wie von *Baur*[284] dargelegt schon aus Effektivitäts- und Verhältnismäßigkeitsgründen auch gerade im Sinne der Idee des Rechtsstaates hinzunehmen. Zudem, und dies kann einem Störgefühl überzeugend entgegentreten, ist es in den Anforderungen des Vorsatzes explizit und mit einiger Gewichtung

---

281 Vgl. S. 73 f.

282 BGH, Urteil vom 8. Juli 1987 – 2 StR 269/87 = BGH NJW 1987, 2940 (2940) = GA 88, 184.

283 BGH 4 StR 354/57 = openJur 2010, 3216, Rn. 12 m.w.N.

284 Vgl. S. 73 f.

einhergehend vorgesehen, dass individuelle Kenntnisse und Fähigkeiten des Täters berücksichtigt und in die Bewertung einbezogen werden. Dies wiederum wird (neben anderen Faktoren) in der Schwierigkeit der Beweiswürdigung des Vorsatzes reflektiert, wenn für das voluntative Element auch Rückschlüsse aus den kognitiven Fähigkeiten des Täters gezogen werden sollen.

Mit der Annahme von medizinischen Verläufen als determinierte Prozesse ist also das Ergebnis in Bezug auf den hypothetischen Geschehensablauf objektiv immer 100 % vorhersehbar. Eine möglicherweise auftretende Ungewissheit ist somit (lediglich) bei der Überzeugungsbildung des Tatrichters von subjektiver Relevanz, wenn er objektiv gegebene Wahrscheinlichkeiten und subjektives Gewissheitsempfinden zu seiner Überzeugungsfindung zu ergänzen hat, um dabei für einen Ausgleich zwischen den möglicherweise widerstreitenden Interessen von Individualrechtsschutz und Effektivität der Strafrechtspflege zu sorgen.[285]

(2) Medizinische Prozesse als indeterminierte Prozesse

Bezieht man dagegen indeterminierte Prozesse in den zu betrachtenden Kausalverlauf ein, ginge diesbezüglich also von nicht vorhersehbaren, nicht festgelegten Prozessen aus, bliebe lediglich eine Wahrscheinlichkeit einzelner Erfolgseintritte.[286] Man nähme die Existenz hypothetischer Geschehensabläufe an, bei denen die Wahrscheinlichkeit der Erfolgsabwendung gerade nicht 100 %, sondern weniger, betrüge.

Diese Sichtweise weist Anklänge einer Spur der möglichen Erklärung der Urteilsgründe des 5. Senates auf.

Die vom Spruchkörper zitierten Grundsätze zur Quasi-Kausalität setzen voraus „*zu prüfen, ob [der Erfolg] beim Hinzudenken der gebotenen Handlung entfiele, ob also die gebotene Handlung den Erfolg verhindert hätte*".[287] Nach dem Wortlaut wäre also Voraussetzung für eine Bejahung der Kausalität ein klares, festgelegtes Ergebnis für einen bestimmten Prozess. Ein solches gibt es aber unter der Prämisse „medizinische Prozesse als indeterminierte Prozesse" gerade nicht. Man könnte also entweder schlussfolgern, dass die Annahme von medizinischen Prozessen als indeterminiert schlicht nicht mit den angeführten Grundsätzen vereinbar sei und deshalb keine Geltung beanspruchen könne. Zum einen wurde jedoch hier bereits wiederholt darauf hingewiesen, dass die

---

285 *Baur*, ZIS 2/2019, 119 (121).

286 *Heß*, HRRS 6/2021, 266 (270); *Puppe*, ZIS 11/2018, 484 (491).

287 BGH, Urteil vom 4. September 2014 – 4 StR 473/13, Rn. 75.

Einbeziehung von Quellen und Nachweisen beim Urteil des 5. Senates wohl nicht (durchgehend) von tiefgründiger Recherche und ausführlichen wissenschaftlichen Auseinandersetzungen mit der Rechtsmaterie geprägt sein dürfte. Zum anderen ist auch darauf zu achten, sich hier nicht dem Verdacht des Vorwurfs eines Zirkelschlusses auszusetzen. Modifikationen der *conditio*-Formel oder auch „Korrekturen" in einer dem naturalistischen Kausalzusammenhang nachfolgenden Stufe sind möglich und auch durchaus Teil deren Anwendungssystems. Die Annahme der medizinischen Prozesse als indeterminiert setzt auf einer Ebene an, die als Prämisse nicht damit abgelehnt werden kann, dass sie nicht in den für eine andere Prämisse ausgelegten Rahmen passt.

Die Annahme von medizinischen Prozessen als indeterminiert würde für die Erfolgsabwendungswahrscheinlichkeit bedeuten, dass diese eben nicht 100 %, sondern nach Wahrscheinlichkeitsgesetzen im TX-Fall nur 90–95 % betrüge. Für eine unmodifizierte Anwendung der *conditio*-Formel bedeutete dies, dass der Erfolg der gebotenen Handlung nie sicher entfiele und das Unterlassen nie quasi-kausal sein könnte. Der objektive Tatbestand könnte also nie erfüllt werden, beziehungsweise die Prämisse der unmodifizierten *conditio*-Formel, dass die gebotene Handlung den Erfolg verhindert haben müsste, existierte nach einer indeterministischen Sichtweise gar nicht.

Lässt man für den Moment beiseitegestellt, dass eine Prämisse, nach der der objektive Tatbestand nie erfüllt sein könnte, wenig zufriedenstellend scheint und selbstredend einer Modifikation bedürfte, lohnt dennoch ein Blick auf eine verbleibende Versuchsstrafbarkeit. Verbindet man das eben Angeführte mit dem zur Relevanz der Einordnung der Sicherheitsklausel gesagten, bedeutete dies im Ergebnis lediglich, dass die Kausalität im objektiven Tatbestand entfiele, also bereits an den Anforderungen der materiell-rechtlichen Ebene scheiterte, wie sie es auch mit einer Einordnung der Sicherheitsklausel auf die Tatbestandsebene würde. Dann müsste bei einem Versuch auch das oben zur Relevanz für *den dolus eventualis* dargelegte gelten, nämlich dass auch hier gleichwohl ein „Für-Möglich-Halten" genügte.

Hier zeigt sich bei genauerer Betrachtung, dass die jeweiligen Kombinationsmöglichkeiten nur in bestimmten Konstellationen Sinn ergeben.

Entlang der oben dargestellten Erkenntnis,[288] dass nach der Vorsatzdoktrin der ganz herrschenden Lehre und der Rechtsprechung ein *dolus eventualis* bezüglich der Sicherheitsklausel im Tatbestand in einem solchen bezüglich einer sicher erfüllten Quasi-Kausalität enthalten ist, wird hier deutlich, dass

288 Vgl. S. 76 f.

die unmodifizierte *conditio*-Formel sinnvollerweise eine deterministische Sicht voraussetzt. Damit korrespondiert die (überzeugende) Einordnung der Sicherheitsklausel in der Beweisebene. Auf Tatbestandsebene wäre diese obsolet, da es immer ein 100 %iges Ergebnis, *respective* immer eine sichere Zuordnung zu einer bestimmten Gruppe gibt. Im Tatbestand „nur" eine Kausalität „mit an Sicherheit grenzender Wahrscheinlichkeit" zu verlangen wäre sonst lediglich eine unnötige und keinerlei Logik oder Begründung folgende Herabsetzung der Anforderungen. Überlegte man dann weiter, dass ein Täter, dem bewusst wäre, dass die Kausalität nicht erst bei 100 %iger Sicherheit gegeben wäre, sondern die Schwelle schon eher überschritten und der Tatbestand erfüllt wäre, dann von einem engeren Vorsatzverständnis mit höheren Anforderungen entlastet werden sollte, so verursacht dies nicht nur einen Kurzschluss im Gedankensystem, sondern bringt auch die Erkenntnis hervor, dass dabei keine der Puzzleteilchen ineinandergriffen.

Eine Betrachtung der medizinischen Prozesse als indeterminiert dagegen setzt auf materiell-rechtlicher Ebene die Einbeziehung von Wahrscheinlichkeiten voraus. Dies scheint zunächst mit einer Modifikation der tatbestandlichen Voraussetzungen bezüglich der Kausalität dergestalt einherzugehen, wie sie auch bei einer Einordnung der Sicherheitsklausel auf materiellrechtlicher in die Tatbestandsmerkmale gehörte. Man könnte also argumentieren, der 5. Senat hätte auf der Grundlage einer indeterministischen Betrachtungsweise die Anforderung „mit an Sicherheit grenzender Wahrscheinlichkeit" in den objektiven Tatbestand verlagert. Das Argument von oben, dass die Sicherheitsklausel überzeugenderweise jedoch in die Beweisebene und eben nicht in den Tatbestand gehört, greift bei dieser Betrachtung nicht. Denn mit der Einordnung der medizinischen Prozesse als indeterminiert wäre eben dies die Prämisse, von der aus eine Lösung für deren strafrechtliche Handhabung etabliert werden müsste. Es darf dagegen nicht geschlossen werden, dass wegen der „Sicherheitsklausel-Dogmatik" die medizinischen Prozesse als determiniert zu betrachten wären.

Warum jedoch eine Verlagerung der Sicherheitsklausel als Tatbestandsmerkmal in eine modifizierte *conditio*-Formel, nach der die gebotene Handlung den Erfolg „nur" mit an Sicherheit grenzender Wahrscheinlichkeit verhindert haben müsste, nicht überzeugen kann, zeigen folgende Überlegungen.

Mit einer indeterministischen Sichtweise soll auf materiell-rechtlicher Tatbestandsebene eine Wahrscheinlichkeit eines eben gerade unbestimmten Prozesses konkret beziffert werden. Die irritiert aus zwei Gründen.

Zum einen sollen die Merkmale des Straftatbestandes dem grundgesetzlich festgelegten Bestimmtheitsgebot (Art. 103 II GG, § 1 StGB, *nulla poena sine lege certa*) genügen. Dieser verlangt ein gewisses Mindestmaß an Eindeutigkeit und Begriffspräzision, um den Anwendungsbereich und die Trageweite einer Strafnorm für „jedermann" erkennbar zu machen. Inwieweit dies der Realität entspricht, angesichts stetig zunehmender wissenschaftlicher Erkenntnisprozesse und zunehmender Europäisierung,[289] um nur zwei der dies verkomplizierenden Parameter aufzuführen, soll hier dahingestellt bleiben. Bei der Annahme eines indeterminierten Prozesses ginge es nicht um einen geistigen Verstehensakt gleich dem bei einer auslegungs- oder wertungsausfüllungsbedürftigen Norm. Bei dieser wäre gegebenenfalls zu differenzieren, ob diesem „Jedermann" die gesetzgeberische Grundsatzentscheidung für das Verständnis eines bestimmten Tatbestandsmerkmales abverlangt wird, und ob sie in der Umsetzung vor Gericht auch abverlangt werden darf.[290] Vielmehr jedoch sollte in dem vom Bestimmtheitsgrundsatz überschriebenen Tatbestand einer Strafnorm unter einen buchstäblich nicht bestimmbaren Parameter subsumiert werden.

Zum zweiten müsste für eine Subsumtion unter dieses „Tatbestandsmerkmal" eine Bezifferung der Wahrscheinlichkeiten vorgenommen werden. Auf dieser materiell-rechtlichen Ebene geht es noch nicht um die Beweisbarkeit dieses Merkmals, sondern um das Aufstellen einer Prämisse, eines Denkkonstruktes. Die Bezifferung eines nicht bestimmbaren Vorgangs ist sachlogisch nicht möglich. Wie kann dies jedoch als eine Größe im Tatbestand notwendigerweise beziffert werden, ohne auf dieser materiell-rechtlichen Ebene auf den von *Baur* für die tatrichterliche Überzeugungsbildung beschriebenen, argumentativ verbindlich zu machenden, subjektiv geprägten, qualitativen Wahrscheinlichkeitsbegriff zurückzugreifen? Diese Frage bleibt wohl offen, beziehungsweise kann die Antwort nach dem hier aufgezeigten nur lauten: „Gar nicht."

Zudem stellte sich auch hier wieder das Problem, dass der 5. Senat, die indeterministische Betrachtung einmal als mögliche Begründung seines Urteils unterstellt, daraus auch Rückschlüsse für den Vorsatz zöge. So könnte argumentiert werden, dass es einem Täter ja zugute zu halten sein müsste, dass eine Erfolgsverhinderung (im Falle des Abbruchs rettender Kausalverläufe) schon objektiv gar nicht vorhersehbar sein könnte. Es gäbe also immer die Möglichkeit, dass der rettende Kausalverlauf den tatbestandlichen Erfolg nicht verhindert hätte. Das Wissen und Bewusstsein darum würde dann nach diesem eingeschlagenen Kurs dazu führen, dass der Täter als Strafbarkeitsvoraussetzung in kognitiver Hinsicht auch von einer mit Sicherheit grenzenden

---

289 *Bott/Krell*, ZJS 6/2010, 694 (695 f.).

290 Ebd., 696.

Wahrscheinlichkeit vom (hypothetischen) Erfolg des rettenden Kausalverlaufs ausgehen müsste.

Dies bedeutete jedoch *de facto*, wie oben bereits ausgeführt,[291] den *dolus eventualis* für diese Fälle abzuschaffen, und den Vorsatz annähernd vollständig auf den *dolus directus* 2. Grades zu verengen. Die offensichtlich nicht erwünschten Konsequenzen der untragbaren Strafbarkeitslücken[292] stellten sich dann im Bereich des Arztstrafrechts in besonderem Maße.

Zudem ist vor dem Hintergrund des ebenfalls schon dargelegten Strafgrundes des Versuchs[293] die Idee, den Eventualvorsatz hier „einfach wegfallen zu lassen" weder dogmatisch noch eben kriminologisch annähernd nachvollziehbar zu begründen. Dieser Strafgrund entfaltet schließlich gerade besonders beim Eventualvorsatz seinen Sinngehalt, wenn ein bloßes *Für-möglich-halten* für die kognitive Seite als Ausdruck der Betätigung des rechtsfeindlichen Willens genügt. Insofern kann es für die Anwendbarkeit dieser Vorsatzform keine Rolle spielen, welche Anforderungen auf tatbestandlicher Ebene an die Sicherheit eines antizipierten Kausalverlaufs gestellt werden beziehungsweise überhaupt gestellt werden können. Denn hier wird gerade auf die subjektive Einstellung des Täters zur Rechtsordnung abgestellt. Für diese genügt ein *Für-möglich-halten*. Dieses kann freilich die eine Sicherheit oder Wahrscheinlichkeit des antizipierten Kausalverlaufs begründenden Umstände umfassen. Dennoch bleibt es beim Vorsatz zu prüfen, ob der Täter die Verwirklichung des objektiven Tatbestandes, gegebenenfalls in Kenntnis und unter geistiger Verarbeitung der genannten besonderen Umstände, *für möglich gehalten* hat.

Als Zwischenfazit kann also festgehalten werden, dass der Weg über eine Vorsatzmodifikation bezogen auf eine für die Kausalität erforderliche mit an Sicherheit grenzende Wahrscheinlichkeit auch mit der Prämisse einer indeterministischen Sichtweise nicht überzeugt. Um diesem Konzept gerecht werden zu können, müsste also ein anderer Weg gefunden werden. Sodann kann das Ergebnis dieses Lösungsweges mit dem des 5. Senates abgeglichen werden. Dabei kann geprüft werden, ob die Annahme medizinischer Prozesse als indeterminiert zumindest das Ergebnis rechtfertigen könnte, wenn auch der Weg dahin nicht nachvollziehbar dargelegt oder womöglich von vornherein vom 5. Senat gar nicht erst geebnet oder erbaut wurde.

---

291 Vgl. S. 49 f.

292 *Heß*, HRRS 6/2021, 266 (271), mit Verweis auf *Puppe*, in: NK, Vor § 13, Rn. 139.

293 Vgl. S. 62 f.

Um indeterminierte Prozesse für materielle Strafbarkeitsvoraussetzungen handhabbar zu machen, könnte indes auf eine Zurechnung nach Wahrscheinlichkeitsgesetzen im Sinne einer kausalitätseinschränkenden Risikoerhöhungstheorie[294] rekurriert werden, beziehungsweise auf eine an das Unterlassen angepasste, kausalitätsersetzende Risikoverminderungslehre.[295]

An dieser Stelle sei an den oben im Zusammenhang mit dem „Zurechnungsbegriff-Gestrüpp" zitierten *Radfahrer*-Fall erinnert, der in den Lehrbüchern neben den bereits genannten *topoi* außerdem auch als Klassiker für die Darstellung der Risikoerhöhungslehre dient. Diese kommt, im Gegensatz zum BGH und der herrschenden Literatur, zum Ergebnis einer Strafbarkeit des Lkw-Fahrers.

Nach der Risikoerhöhungslehre genügt für die Annahme einer Quasi-Kausalität bereits, wenn der Täter durch seine Handlung die Gefahr (oder das Risiko) eines Erfolgseintritts erhöht hat.[296] Adaptiert an ein Unterlassen begnügt sich dann die Risikoverminderungslehre für eine Anlastung des tatbestandlichen Erfolges mit der Voraussetzung, dass die gebotene Handlung die Gefahr des Erfolgseintritts vermindert, beziehungsweise das unterlassene Handeln eine Rettungschance eröffnet hätte.[297]

Hier müssten also Wahrscheinlichkeiten nicht beziffert werden. Dies stellt sich zunächst gegenüber der zuvor aufgeworfenen Kritik an einer solchen Notwendigkeit als Vorteil dar, ist jedoch auch gerade Ansatzpunkt für Argumente gegen diese Ansicht.

So wird der Risikoerhöhungslehre oft entgegengesetzt, die Zurechnung eines Erfolges trotz bestehender Zweifel an seiner Vermeidbarkeit verstoße gegen den *in-dubio-pro-reo*-Grundsatz,[298] und sie verwandele Verletzungsdelikte unzulässigerweise in Gefährdungsdelikte.[299] Die Kritik weist jedoch Schwächen auf und ist indes zirkelhaft:

Ob die Vermeidbarkeit eines Erfolges zur Struktur der Verletzungsdelikte gehört oder nicht, ist gerade umstritten. Somit ist die Behauptung, der

---

294 *Puppe*, ZIS 11/2018, 484 (491).

295 *Greco*, ZIS 8–9/2011, 674 (676); Greco ZIS 2018, 674 ff.

296 Grdl. *Roxin*, ZStW 1962, 411 (411 ff.). Dabei belegen S. 413, 438, dass *Roxin* nur Begehungsdelikte im Blick hatte, so *Greco*, ZIS 8–9/2011, 674 (676 mit Fn. 14).

297 *Otto*, JURA 2001, 275 (276); *Greco*, ZIS 8–9/2011, 674 (676) m.w.N.

298 Vgl. *Heß*, HRRS 6/2021, 266 (271); *Greco*, ZIS 2011, 674 (678).

299 *Samson*, Hypothetische Kausalverläufe, S. 155; vgl. *Greco*, ZIS 8–9/2011, 674 (678 mit Fn. 43) m.w.N.

Streitgegner verfehle eine Struktur, während er diese eben gerade anders deutet als man selbst, eine *petitio principii.*

Zudem beachten die Gegner dieser Ansicht nicht die gerade hier so prominent herausgestellten Trennung von Tatbestands- und Beweisebene, wenn an dieser Stelle eine Verletzung des Zweifelsgrundsatzes proklamiert wird. Dieser ist prozessrechtlicher Natur, während die Risikoerhöhungslehre auf materiellrechtlicher Ebene greift. Somit kann dieser Rechtssatz nicht zur Lösung einer Frage auf Tatbestandsebene herangezogen werden.[300]

Ob und wie die von den Kritikern vorgeworfene unzulässige Überdehnung der Kausalität sonst dogmatisch (sauber) begründet werden kann, könnte jedoch aus zwei Gründen dahingestellt bleiben.

Zum einen könnte dies an der beim TX-Fall relevanten Einbeziehung des Unterlassungs-Momentes beim Abbruch von Rettungshandlungen liegen. So greift zwar auch bei der an das Unterlassen angepassten Risikoverminderungslehre die eben dargestellte Kritik nicht. Jedoch kommt hier ein weiterer Vorwurf hinzu. Beim Begehungsdelikt (und der Risikoerhöhungslehre) wird eine *conditio-sine-qua-non*-Kausalität bereits vorausgesetzt. Allerdings wird dabei, in Abgrenzung zur Fallgruppen-Doktrin *Roxins* oder anderen Ansichten wie auch der KonstHU, der Idee eines rechtmäßigen Alternativverhaltens als Korrektiv der Kausalität grundsätzlich keine Beachtung geschenkt. Die Kausalität wird also eingeschränkt. Beim Unterlassungsdelikt dagegen ist diese saubere Unterscheidung zwischen faktischer Kausalität und gegebenenfalls erforderlicher Korrektur nicht möglich. Aufgrund des hypothetischen Momentes wird stets beides gleichzeitig, oder jedenfalls nicht trennscharf unterscheidbar, diskutiert. Kritiker rekurrieren deshalb darauf, dass hier die Kausalität nicht nur eingeschränkt, sondern ersetzt würde, was eine Analogie zu Lasten des Täters begründe. Denn die Verursachung sei bei Fahrlässigkeitstaten regelmäßig schon im Gesetzestext, bei Vorsatzdelikten als (meist) ungeschriebenes Tatbestandsmerkmal eine Voraussetzung dafür, dem Täter eine Straftat zur Last legen zu können.[301]

Hier wird deutlich, dass die Kategorisierung dieser Problematik im Rahmen von Kausalität und deren Abstufungen, KonstHU, „objektiver Zurechnung", und der von der Rechtsprechung oft insgesamt unter den Begriff der

---

300 *Greco*, ZIS 8–9/2011, 674 (678) m.w.N.; weiter *Heß*, HRRS 6/2021, 266 (271 mit Fn 104): „*So auch Greco, ZIS 2011, 674, 678 f.; zur weiteren Kritik an der Risikoerhöhungslehre und wie diese zu widerlegen ist siehe Puppe, in: NK, Vor § 13 Rn. 141 ff.*"

301 *Greco*, ZIS 8–9/2011, 674 (679).

Zurechnung gefassten Problematik nicht nur fließend, sondern auch grundsätzlich von der zugrunde gelegten Prämisse abhängig ist.

Interessant ist nun, dass sich für den TX-Fall beide Spielarten der Lehre darstellen ließen. Dabei kommt es darauf an, ob man den Fokus auf die dem Arzt vorwerfbare Handlung, ein aktives Tun wie beim Begehungsdelikt, oder auf den problematischen Part im Kausalverlauf, das Ausbleiben der Rettungshandlung, setzt.

Puppe sieht hier ersteres als Rechtsinstitut der Wahl. Sie begründet eine Zurechnung damit, dass der Arzt das mit dem rettenden Kausalverlauf, der Zuteilung und Verpflanzung des Organs, verbundene Letalitäts-Risiko von 5–10 % durch die Verhinderung des rettenden Kausalverlaufs auf 100 % erhöht hat.[302]

Setzt man dagegen den Fokus auf den Unterlassungsmoment im Kausalverlauf, kommt man zur Anwendung der Risikoverminderungslehre, beziehungsweise ersetzt damit dieses Glied der Kausalkette. Dem Täter kann sein Verhalten also dann zur Last gelegt werden, wenn das von ihm unterlassene Handeln, hier die durch ihn abgebrochene Rettungshandlung, das Risiko des tatbestandlichen Erfolges vermindert, beziehungsweise dem Opfer eine Rettungschance ermöglicht hätte.

Wäre den durch die Manipulation des Arztes überholten Patienten die ihnen laut „korrekter" Warteliste zugeteilte Leber transplantiert worden, wäre das Risiko an ihrer Lebererkrankung zu versterben, also die Gefahr des Eintritt des Todeserfolgs, vermindert worden. Die Organzuteilung und Übertragung nach nicht manipulierter Liste hätte ihnen eine Rettungschance eröffnet.

Da hier beide Spielarten der Lehre zu einer Anlastung des Verhaltens des Arztes im Sinne eine Strafbarkeit kommen, kann zum einen eine diesbezügliche Positionierung dahinstehen. Gleiches gilt daher auch für einen Vergleich des Unrechtsgehaltes, *respective* eine Auseinandersetzung mit dem Gleichbehandlungsargument, würde man im Ergebnis die Alternative der Risikoverminderungslehre favorisieren.

Zum anderen kann generell eine Positionierung zur Überzeugungskraft der Risikoerhöhungslehre – in ihren beiden Spielarten – dahingestellt bleiben. So oder so wäre demnach dem TX-Arzt die Manipulation der Warteliste durch die Überstellung inkorrekter Daten strafrechtlich vorwerfbar. Der objektive Tatbestand wäre erfüllt. Dass es dem Arzt außerdem bekannt und bewusst war, dass dem jeweils überholten Patienten durch eine Zuteilung und Organübertragung

302 *Puppe*, ZIS 11/2018, 484 (491).

nach nicht manipulierter Liste eine Rettungschance eröffnet worden wäre, ist nicht anzuzweifeln.

Somit kann auch die Annahme indeterminierter Prozesse das Ergebnis des 5. Senates nicht begründen. Dies gilt jedenfalls für eine Rechtsanwendung, die eine zumindest dogmatisch entwickelte und gerade die Besonderheiten des Indeterminismus aufgreifende Systematik aufweisen kann, unabhängig von einer entsprechenden hier darzustellenden Positionierung hinsichtlich ihrer Überzeugungskraft.

Der Vollständigkeit halber ist an dieser Stelle noch anzuführen, dass darüber hinaus auch das durch einen Verweis (zumindest formal) inkorporierte *Oury-Jalloh*-Urteil die Anwendung der Risikoerhöhungslehre ohnehin von vornherein ausgeschlossen hätte. So erfährt diese nämlich durch die Entscheidung eine klare Absage.[303] Der 4. Senat hat hier Erfolgsverhinderungsgewissheit verlangt, indem er formuliert, dass es nicht genüge, *„dass das Unterlassen der gebotenen Handlung lediglich das Risiko des Erfolgseintritts erhöht hat“*.[304] Vielmehr müsse die Ursächlichkeit der Pflichtverletzung für den Taterfolg mit an Sicherheit grenzender Wahrscheinlichkeit feststehen (mit Verweis auf die Zugehörigkeit der Sicherheitsklausel auf Beweisebene).[305] Da jedoch bereits mehrfach darauf hingewiesen wurde, dass die Erwartungen an ein Bewusstsein bezüglich des so inkorporierten Inhaltes anscheinend eher niedrig gehalten werden müssen, stellt sich die Prüfung einer Erklärung für die Entscheidung des 5. Senates über den Weg des Indeterminismus und die Risikoerhöhungslehre zumindest als lohnenswert dar.

Zusammengefasst lässt sich also auch aus diesen Betrachtungen keine schlüssige, überzeugende Erklärung für das Vorsatzverständnis des 5. Senates unter Berücksichtigung von dessen Bezugspunkte extrahieren.

bb) Zurechnung im Urteil zum Transplantations-Fall

Einige Fragestellungen hat der 5. Senat in seinem Urteil zum TX-Fall explizit unter dem Oberbegriff der Zurechenbarkeit geprüft.[306] Dabei werden Reichweite, *ratio* und einzelne Inhalte des TPG thematisiert. Zudem wird diskutiert,

303 *Dehne-Niemann*, HRRS 4/2017, 174 (181).

304 BGH, Urteil vom 4. September 2014 – 4 StR 473/13, Rn. 76.

305 Ebd., Rn. 76 f.; *Dehne-Niemann*, HRRS 4/2017, 174 (181).

306 BGH, Urteil vom 28. Juni 2017 – 5 StR 20/16, Rn. 28, sowie zuvor in den im Urteil aufgegriffenen Feststellungen des vorinstanzlichen LG, Rn. 24.

ob die Zurechnung möglicherweise entfallen könnte, weil der überholte Patient kein Recht auf ein Organ gehabt haben könnte.

Nachdem aufgrund der bisher betrachteten Fragen und Aspekte noch keine überzeugende Erklärung für das Vorsatzverständnis des 5. Senates im TX-Fall ersichtlich wurde, kommt mit dieser Zurechnungsidee ein weiterer Ansatz hinzu. Dieser könnte sich je nach favorisierter Position gegenüber dieser Rechtsfigur in unterschiedlichem Maß auf objektiver und subjektiver Seite manifestieren.

Grundsätzlich sollte für eine Würdigung, ob und wie sich das Ergebnis des 5. Senates mit der Rechtsauffassung vorangegangener BGH-Entscheidungen erklären ließe, zunächst der vom BGH verfolgte Ansatz zum Zurechnungsgedanken herangezogen werden und die Urteilsausführungen daran gemessen werden. Dieser Ansatz ist jedoch nicht gerade von einer durchgängigen Struktur und einem systematisch heranzuziehenden Prüfschemata geprägt. Zudem handelt es sich beim Urteil zum „Göttinger TX-Skandal" um eine Entscheidung, die aus diversen Gründen viel diskutiert ist, auch durchaus Anstoß erregt und einiger Kritik ausgesetzt ist. Neben den inhaltlichen Fragen und dem Ergebnis bezieht sich diese nicht zuletzt darauf, dass die Entscheidungsfindung zumindest auf den ersten (und genaugenommen auch auf den zweiten oder dritten) Blick nicht nachvollziehbar ist. Sie lässt sich nicht in eine etablierte Dogmatik einfügen, und scheint auch die herangezogenen Fundstellen nicht immer tatsächlich inhaltlich inkorporiert zu haben. Daher kann und soll die Prüfung hier nicht darauf beschränkt bleiben, den Sachverhalt in eine solche Schablone hineinzupressen. Vielmehr sollen mit dem Wissen um eine dogmatisch stringente Prämisse, wie sie mit der Idee der KonstHU und deren Hintergrund präsentiert wurde, sowie mit dem Wissen um die in der Literatur herrschende Lehre von der „objektiven Zurechnung" die an dieser Stelle einzuordnenden Rechtsfragen betrachtet, das Urteil hinterfragt, und nach denkbaren Erklärungen gesucht werden.

Während bei den jeweiligen Ansichten bezüglich der objektiven Voraussetzungen Abweichungen jedenfalls in den Ergebnissen für die einzelnen zu betrachtenden Rechtsfragen weniger wahrscheinlich sind, gibt es Abweichungen für die Vorsatzrelevanz. Dies gilt nicht nur für die Frage, ob ein objektiver Parameter überhaupt davon umfasst wird, sondern vor allem auch auf welche zugrundeliegenden Paradigmen, Ideen und Zusammenhänge insbesondere das kognitive Vorsatzelement bezogen sein muss. Auch hier stellt das Konzept der KonstHU einen geeigneten Prüfungsmaßstab für ein dogmatisch sauber begründetes Verständnis für mögliche rechtliche Weichenstellungen, sowie eine abschließende Wertung, dar.

Der Part der rechtlichen Würdigung wird im Urteil des 5. Senates wie folgt überschrieben:

> *„Die Auffassung des Landgerichts, dass eine Verletzung der durch und aufgrund des Transplantationsgesetzes getroffenen Regularien zur Allokation von postmortal entnommenen Lebern* ***kein Tötungs- oder Körperverletzungsunrecht zu begründen*** *vermag, trifft im Ergebnis jedenfalls für die ‚Wartelistenfälle' zu. Hinsichtlich der ‚Manipulationsfälle' enthält die durch das Landgericht vorgenommene Ablehnung eines Tötungs- bzw. Körperverletzungsvorsatzes keinen durchgreifenden Rechtsfehler zum Vorteil des Angeklagten."*[307]

Die Formulierung „Begründung des Tötungsunrechts" erinnert an die Idee der KonstHU. Es ist jedoch davon auszugehen, dass sich der Unrechtsbegriff im BGH-Urteil auf das Erfolgsunrecht bezieht. Der Unterschied ist also, dass der BGH bei den hier zugeordneten Fragen auf den objektiven Tatbestand fokussiert, während die KonstHU den Schwerpunkt auf der subjektiven Tatseite sieht. Demnach stellen die zu begutachtenden Fragen lediglich eine notwendige Voraussetzung für eine mögliche Erfüllung der subjektiven Komponente dar.

Die folgenden Erwägungen im Urteil werden explizit unter dem Begriff der Zurechnung geprüft. Zunächst werden diejenigen Zurechnungsfragen adressiert, die sowohl für die Wartelisten- als auch die Manipulations-Fälle Geltung beanspruchen:

> *„Der Senat muss nicht abschließend entscheiden, ob eine Verurteilung des Angeklagten wegen Tötungs- oder Körperverletzungsdelikten insgesamt bereits wegen einer fehlenden* ***Zurechenbarkeit*** *scheitert. Dies könnte der Fall sein, wenn § 12 Abs. 3 Satz 1 TPG sowie die damit in Zusammenhang stehenden Vorschriften (insbesondere § 10 Abs. 2 Nr. 1 bis 3, § 16 Abs. 1 Satz 1 Nr. 2 und 5, § 13 Abs. 3 Satz 1, 3 TPG)* ***lediglich Ausdruck eines Gerechtigkeitsprinzips bei der Organverteilung*** *wären, mithin – wie vom Landgericht angenommen –* ***nicht auf die Verhinderung von Körperverletzungs- und Tötungshandlungen zielten*** *(so Bülte, StV 2013, 753, 755; Verrel, MedR 2014, 464, 467 f.). Gleiches könnte zu gelten haben, wenn die Verwirklichung von Tötungs- und Körperverletzungsdelikten voraussetzen würde, dass dem (den) aufgrund von Manipulationen ‚überholten' Patienten* ***ein rechtlich gesicherter Anspruch oder zumindest ein ‚Anwartschaftsrecht' auf ein Organ*** *zugestanden hätte, was das allein ein derivatives Teilhaberecht vermittelnde Transplantationsgesetz aber nicht gewährleiste (in diesem Sinne Schroth, NStZ 2013, 437, 443; Schroth/Hofmann, FS Kargl, 2015, S. 526, 530 ff.; Fateh-Moghadam, MedR 2014, 665)."*[308]

---

307 BGH, Urteil vom 28. Juni 2017 – 5 StR 20/16, Rn. 27. Hervorhebung von der Autorin.

308 Ebd., Rn. 28. Hervorhebungen von der Autorin.

Es werden im Anschluss einige Argumente für diese Anschauung dargestellt, schließlich wird ein Ergebnis jedoch unter Hinweis auf eine fehlende Entscheidungsrelevanz, wie schon im Zitat ersichtlich, offengelassen.

Es folgt unter Ziffer II.2. die Betrachtung speziell der Wartelisten-Fälle. Dazu wird ausgeführt: „*Soweit dem Angeklagten allein zur Last liegt, die Aufnahme von Patientinnen mit alkoholinduzierter Leberzirrhose in die Warteliste bewirkt zu haben, obwohl die in Ziffer II 2.1 Satz 1 RLBÄK 2009 enthaltene Ausschlussklausel betreffend eine Alkoholabstinenzzeit von sechs Monaten nicht eingehalten war (Patientinnen F. und V.),* ***scheidet eine Bestrafung des Angeklagten wegen (versuchten) Totschlags oder (versuchter) Körperverletzung im Blick auf das in Art. 103 Abs. 2 GG garantierte Gesetzlichkeitsprinzip aus*** *(dazu Buchst. a). Zudem vermag die* ***Richtlinienbestimmung wegen Überschreitung der Ermächtigungsnorm des Abs. 2 Nr. 2 TPG sowie wegen inhaltlicher Mängel keine strafrechtsbegründende Wirkung*** *zu entfalten (dazu Buchst. b).*“[309]

Die Würdigung der Manipulations-Fälle unter Ziffer II.3. wird wie folgt eröffnet: „*Der Senat kann dahingestellt sein lassen, ob eine Bestrafung des Angeklagten wegen der durch ihn veranlassten Falschangaben bereits aus den vorstehenden Gründen unter dem Aspekt des* ***Art. 103 Abs. 2 GG*** *oder wegen* ***Unbeachtlichkeit der Richtlinienbestimmungen*** *ausscheiden müsste.*“[310] Kritisiert wird dabei, dass der MELD-Score die Dringlichkeit einer TX nicht widerspiegeln könne.[311]

Für die Ausschlusskriterien des extrahepatischen Tumorwachstums und die *Clichy*-Kriterien wurde eine Entscheidung wegen inhaltlicher Bedenken, welche eine materiell-rechtliche Verfassungswidrigkeit begründen könnten, offengelassen. Jedoch wurde auf eine fehlende Ahndbarkeit unter dem Blickwinkel des Art. 103 II GG verwiesen.[312]

Abgelehnt wird die Strafbarkeit dann wegen des fehlenden Tatentschlusses, also weil nach dem Wissen des Angeklagten der rettende Kausalverlauf nicht mit an Sicherheit grenzender Wahrscheinlichkeit den Tod des transplantierten Patienten hätte verhindern können.[313]

Zusammengefasst sind als zurechnungsrelevante Fragen aus dem TX-Urteil folgende Rechtsfragen zu betrachten:

309 BGH, Urteil vom 28. Juni 2017 – 5 StR 20/16, Rn. 30. Hervorhebungen von der Autorin.

310 Ebd., Rn. 43.

311 Ebd.

312 Ebd., Rn. 45.

313 Ebd., Rn. 46 ff.

- Kann eine Verletzung der Normen des TPG eine Verurteilung wegen (versuchten) Totschlags nach § 212 StGB (i.V.m. §§ 22, 23 I StGB) begründen; *respective* welches „Ziel“ verfolgen die Normen und welche Relevanz hat dies für eine Zurechnung nach § 212 StGB (*ratio* der Normen)?
- Sind die Vorgaben des TPG bestimmt genug i.S.d. Art. 103 II GG, um nach den auf ihrer Grundlage erlassenen RLBÄK eine Strafbarkeit nach dem StGB annehmen zu dürfen;
  und bewegen sich diese Richtlinien inhaltlich innerhalb der Vorgaben der Ermächtigungsnorm, sind diese also materiell rechtmäßig und überdies verfassungsmäßig?
- Steht dem überholten Patienten aufgrund dieser Richtlinien ein Recht auf ein Organ zu, beziehungsweise verlangt eine Strafbarkeit des § 212 StGB für die Zurechnung überhaupt ein solches Recht?

All diese Fragen sind im Gesamtkonzept von Kausalität und, *respective* inklusive, der diese ergänzenden Rechtsinstitute nicht mehr auf deren „ersten Prüfungsstufe“ relevant. Die genaue Zuordnung und entsprechend auch die Formulierung des Prüfprogrammes entscheiden sich wieder je nach favorisierter Ansicht. Nach der Idee der KonstHU geht es darum, ob die Manipulationshandlungen des Angeklagten *O.* die Voraussetzungen für einen durch die Auflehnung gegen die Rechtsordnung begründeten Unrechtsgehalt des § 212 I StGB eröffnen können. Nach der jedenfalls nach dem Wortlaut naheliegenden Prämisse des 5. Senates geht es um die Frage, ob dem Arzt sein Verhalten als Tötungsunrecht zugerechnet werden kann.

(1) Die ratio der TPG-Normen/Schutzzweck der Norm

Zunächst ist zu prüfen, ob die Bestimmungen des TPG lediglich Ausdruck eines Gerechtigkeitsprinzips bei der Organverteilung sein könnten, und eben nicht auf die Verhinderung von Körperverletzungs- und Tötungshandlungen zielten.[314]

Rissing-van Saan und *Verrel* kritisieren, dass der 5. Senat diese Problematik (und in diesem Kontext auch die hier weiter unten adressierte Frage nach einem Recht auf ein Organ) offengelassen hat.[315] Eine Antwort wäre zwar aufgrund der vom 5. Senat angenommenen Verneinung des Vorsatzes für dieses Urteil nicht von Bedeutung gewesen, jedoch in der Tat von solcher für die Einordnung von Handlungen entgegen dem TPG und den RLBÄK seitens in Zusammenhang

314 Vgl. BGH, Urteil vom 28. Juni 2017 – 5 StR 20/16, Rn. 27 ff.
315 *Rissing-van Saan/Verrel*, NStZ 2018, 57 (61).

mit der Organverteilung tätigen Personen generell. Auf diese Kritik wird noch zurückzukommen sein.

Das TPG determiniert die Anforderungen an die Gewissenhaftigkeit, Achtsamkeit und Genauigkeit, mit der die Adressaten bei der Organallokation vorzugehen verpflichtet sind. Als materiell-rechtliches Gesetz legt es mithin Sorgfaltsanforderungen fest, für die dem Adressaten eine Rechtspflicht zukommt, sich entsprechend konform zu verhalten. Das TPG ist also eine Sorgfaltsnorm.

Fest steht, dass der im TX-Fall handelnde Arzt *Aiman O.* die im TPG i.V.m. den RLBÄK normierten Pflichten nicht eingehalten hat. Zum einen hatte er zwei Patientinnen mit alkoholinduzierter Leberzirrhose auf die Warteliste gebracht, ohne dass diese die vorgeschriebene sechsmonatige Alkoholabstinenz eingehalten hatten. Zum anderen hatte er bei fünf weiteren Patienten[316] wahrheitswidrig angegeben, es seien zuvor zwei Nierenersatztherapien durchgeführt worden, um den Patienten einen höheren MELD-Score zukommen zu lassen.

Er hat damit gegen die Bestimmungen des § 12 Abs. 3 Satz 1 TPG sowie die damit in Zusammenhang stehenden Vorschriften, insbesondere § 10 Abs. 2 Nr. 1 bis 3, § 13 Abs. 3 Satz 1, 3 TPG, sowie § 16 Abs. 1 Satz 1 Nr. 2 und 5 TPG i.V.m. den RLBÄK verstoßen.[317] Er hat mithin wider die dort postulierten Sorgfaltspflichten gehandelt, also sorgfaltswidrig.

Zu prüfen gilt es daher, ob über die (grundlegende) Kausalität hinaus zwischen der vom TX-Arzt getätigten Verletzung von Sorgfaltspflichten des TPG ein das personale Unrecht konstituierender innerer Zusammenhang zu der geschaffenen Gefahrensituation, zum (versuchten) tatbestandlichen Erfolg besteht. Kausalität sowohl im Sinne der *conditio-* als der NESS-Formel besteht sowohl zwischen Handlung und Sorgfaltspflichtverletzung als auch zwischen letzterer und dem (Versuch des tatbestandlichen) Erfolg(s).

Daher muss zunächst determiniert werden, was unter einem solchen inneren Zusammenhang zu verstehen ist, beziehungsweise weshalb er überhaupt zu fordern sein sollte. Danach ist zu prüfen, welchen Zweck das TPG verfolgt. Dies legt den umfassten Schutzbereich fest, und mithin, vor welchen Schäden die Norm schützt, also welchen Zweck die Schutznorm verfolgt.

---

316 Bei zwei dieser Patienten lagen noch die Besonderheiten vor, dass einmal die *Clichy*-Kriterien nicht erfüllt waren, und einmal ein extrahepatisches Tumorwachstum vorlag. Beides hätte ohne die Datenmanipulationen den Zugang zur Warteliste gesperrt.

317 BGH, Urteil vom 28. Juni 2017 – 5 StR 20/16, Rn. 28.

(1.1) Prüfungsmaßstab für den Schutzzweck einer Norm

Zunächst ist hervorzuheben, dass eine einzubeziehende und zu prüfende Sorgfaltsnorm, auf deren Schutzzweck abzustellen ist, eben nicht der Straftatbestand ist.[318] Davon geht, jedenfalls im Ansatz, auch der 5. Senat aus, indem er folgendes ausführt:

> *„[Es trifft zu], dass das vorsätzliche Tötungsdelikt des § 212 Abs. 1 StGB (ebenso wie das vorsätzliche Körperverletzungsdelikt nach § 223 StGB) keine spezielle Form der Tatbegehung voraussetzt (vgl. Rissing-van Saan, NStZ 2014, 233, 239; Bülte, aaO, S. 753). Da die ‚Alkoholkarenzklausel' keinem medizinisch-naturwissenschaftlichen Erfahrungssatz entspringt,[319] wonach die Lebertransplantation bei alkoholinduzierter Zirrhose vor Ablauf von exakt sechs Monaten Alkoholabstinenz medizinisch nicht sinnvoll ist (dazu auch unten Buchst. b), könnte eine Strafbarkeit des Angeklagten wegen (versuchter) Tötungs- oder Körperverletzungsdelikte vorliegend nur mit der formalen Verletzung der Richtlinien begründet werden.“*[320]

So ist schließlich der Zweck des Verbots einen Menschen zu töten schlicht, zu verhindern, dass ein Mensch vorsätzlich getötet wird.

Ist die Rede davon, den Schutzzweck einer Norm zu ermitteln, denkt der geneigte Jurist unweigerlich an den gleichnamigen, zur Fallgruppen-Lehre gehörigen *topos*. Diese Lehre wurde vorliegend kritisiert und zudem angeführt, der BGH folge ihr nicht explizit – wobei hier die Betonung auf das Adverb zu richten ist. Auch mit der KonstHU ist die *ratio* hinter der Ermittlung des Schutzzwecks einer Norm nach dem dargelegten geforderten inneren Zusammenhang vereinbar. Es geht bei der Positionierung zu den unterschiedlichen Ansichten zum einen um die Vorsatzkonsequenzen, und zum anderen um eine dogmatische Erschließung, in Abgrenzung zu einem „Schulbladendenken“.

---

318 *Puppe*, ZJS 6/3008, 600 (601); anders *Kindhäuser* Strafrecht AT, § 4 Rn. 20 f.

319 Vgl. dazu kritisch S. 209 f.

320 BGH, Urteil vom 28. Juni 2017 – 5 StR 20/16, Rn. 35. Der Vollständigkeit halber sei jedoch nicht der Kontext unterschlagen, in dem der BGH dies ausführt. Der (ebf. unter Rn. 35) nachfolgende Satz lautet: „*Es kann aber nicht in Betracht kommen, im Wege der Auslegung der §§ 212, 223 StGB eine allein an den Formalverstoß anknüpfende Bewehrung der – nach den vorbezeichneten Grundsätzen nicht strafrechtlich bewehrbaren – Richtlinienbestimmung herbeizuführen und insbesondere den Totschlagstatbestand hierdurch bei sehr hohen Strafdrohungen gleichsam als durch die Richtlinienbestimmung ausgefülltes Blankett auszugestalten (vgl. auch Schroth/Hofmann, FS Kargl, aaO, S. 539). Eine Auslegung in diesem Sinne würde Art. 103 Abs. 2 GG verletzen.*“ Dass und warum nach vorliegend vertretender Ansicht kein Verstoß gegen Art. 103 II GG vorliegt, folgt unter Punkt (2.1), S. 173 ff.

Der BGH bedient sich in seinen Urteilen zuweilen auch der *termini* der Fallgruppen-Lehre und/oder prüft entlang der entsprechenden Obersätze, lässt sich dabei jedoch durch ein (bisher) ausbleibendes Bekenntnis gleichzeitig mehr Spielraum für seine Interpretation einer Zurechnung. Sicherlich lassen sich diese Themenkomplexe auch unter das Kriterium der Bedeutsamkeit subsumieren, als sinntragend und wichtige Informationen für eine strafrechtliche Anlastung transportierend. Dies kann man als weitsichtig oder auch als inkonsequent betrachten.

Der Vorteil der KonstHU, beziehungsweise warum ein reines Schubladendenken leicht an der Verfolgung eines dogmatisch fundierten Rechtsgedankens vorbeischrammen kann, wird sogleich deutlich.

Die gerne verwendete Universal-Formel beziehungsweise Prüfungsfrage für die Fallgruppe „Schutzzweck der Norm“ lautet, ob eine Verhaltensnorm vor diesem Erfolg schützen „soll“ oder „will“.[321] Dafür wird dann gerne auf den „Willen des Gesetzgebers“ rekurriert und nach der Intention bei der Entstehung des Gesetzes gefragt. Der Schutzzweck der Sorgfaltsnorm kann jedoch nicht auf den Erfolg allein bezogen werden. Schließlich ist es der Zweck einer jeden Schutznorm, schädliche Erfolge zu verhindern. Zudem kann auch der viel bemühte „Wille des Normgebers“ keine Einschränkung dieser Schutzfunktion bewirken. Ein Autofahrer, der mit Tempo 40 km/h durch einen verkehrsberuhigten Bereich fährt, missachtet das Verkehrszeichen 325 (Anlage 3 zu § 42 II StVO). Dieses wurde erlassen, damit Kinder auf der Straße spielen können. Jedoch würde der Autofahrer im Zusammenhang mit dieser Missachtung auch für die Verletzung eines alten Mannes, den er mit erhöhtem Tempo angefahren hat, verantwortlich gemacht werden.[322]

Steht also fest, dass der Erfolg vermieden worden wäre, hätte der Täter die Pflicht aus der Sorgfaltsnorm eingehalten, so hätte diese ihren Zweck erfüllt. Es könnte angenommen werden, dass es an sich keine weiteren Kriterien bräuchte, um dem Täter den Erfolg zur Last legen zu können. Allerdings ist es möglich, dass die Einhaltung der Sorgfaltsnorm zwar in diesem Einzelfall, nicht aber generell geeignet gewesen wäre, Kausalverläufe der vorliegenden Art zu verhindern. Es muss also ausgeschlossen werden, dass die Verhinderung des Kausalverlaufs, beziehungsweise des Erfolges, bei Einhaltung der aus der Sorgfaltsnorm resultierenden Pflicht bloß zufällig wäre. Denn

---

321 *Kühl*, Strafrecht AT, § 4 Rn. 74; *Wessels/Beulke/Setzger*, Strafrecht AT, Rn. 261: *„zu dienen bestimmt“*; *Roxin*, Strafrecht AT, § 11 Rn. 85; *Puppe*, ZJS 6/2008, 600 (602).

322 *Puppe*, ZJS 6/2008, 600 (602); weitere Bsp. bei *Bülte*, StV 2013, 749 (754 mit Fn. 21).

der Schutzbereich einer Norm umfasst jedenfalls nicht eine rein zufällige Erfolgsverhinderung.[323]

Ein illustratives Beispiel hierfür ist die Überschreitung von Geschwindigkeitsbegrenzungen im Straßenverkehr. Überschreitet ein Autofahrer innerorts die geltende Höchstgeschwindigkeit von 50 km/h, überschreitet er damit eine Sorgfaltsnorm. Verursacht er dann außerorts hinter dem gelben Ortsschild mit 83 km/h einen Unfall, ist die Geschwindigkeitsüberschreitung im Ort kausal, da er bei Einhalten der zulässigen Geschwindigkeit zum Unfallzeitpunkt nicht am Unfallort gewesen wäre. Dies steht jedenfalls fest, wenn ebenfalls erwiesen ist, dass der Motor seines Autos nicht stark genug gewesen wäre, um nach dem Ortsschild entsprechend zu beschleunigen.[324] Die Frage ist nun jedoch, ob das Gebot, eine bestimmte Geschwindigkeit in einem bestimmten Bereich nicht zu überschreiten, generell geeignet ist, Unfälle außerhalb dieses Geltungsbereichs zu verhindern. Im Ergebnis ist es das freilich nicht, da es vom zufälligen Verhalten der Beteiligten abhängt, ob eine Einhaltung der erlaubten Höchstgeschwindigkeit zum Beispiel innerorts geeignet gewesen wäre oder ist, einen daraufhin außerorts geschehenden Unfall zu verhindern. Hierbei spielen Faktoren wie Beschleunigung eine Rolle, welcher Fahrer zuvor vielleicht welche Pausen gemacht hat und deshalb zu diesem Zeitpunkt an diesem Ort war, wann die Fahrt angetreten wurde, und welche Geschwindigkeiten innerhalb des erlaubten Bereichs zuvor gefahren wurden. Würde man insofern auf die Überschreitung der Höchstgeschwindigkeit abstellen, müsste man umgekehrt auch überlegen, ob ein die rote Ampel missachtender Autofahrer vielleicht gerade einen späteren Unfall verhindert, weil er bei Beachtung des Signals ja sonst im Folgenden zu einem anderen, möglicherweise einen Unfall provozierenden Zeitpunkt zum Beispiel in einen verkehrsberuhigten Bereich mit Ball spielenden Kindern eingefahren wäre.[325]

Festzuhalten bleibt, dass eine Definition des Schutzbereichs einer Norm anhand einer Prüfung, ob ein innerer Zusammenhang zwischen dem Täterverhalten, also der Missachtung der Sorgfaltspflichten aus der Schutznorm, und dem Erfolg besteht, der über eine bloß zufällige äußere Verbindung hinausgeht, sowohl konsequenter als auch dogmatisch fundierter ist, als die Frage „was will die Norm?“ (zumal sie nicht gefragt werden kann).

323 *Puppe*, ZJS 6/2008, 600 (602).

324 Ebd., 603 mit Verweis auf BayObLG VRS 57, 360 (360).

325 Ebd., (603 f).

(1.2) Schutzzweck des TPG
Zu prüfen ist also, ob ein innerer Zusammenhang, der über einen bloßen Zufall hinaus geht, zwischen den Datenmanipulationen durch *O.* und einem versuchten Todeserfolg bei den überholten Patienten besteht. Es geht also um die Prüfung, ob die Handlung des Arztes über die *ratio* des TPG Tötungsunrecht konstituieren kann.

Der 5. Senat argumentiert für seine nicht abschließend entschiedene Vermutung, dass das TPG lediglich Ausdruck eines Gerechtigkeitsprinzips bei der Organverteilung sei und nicht auf die Verhinderung von Körperverletzungs- und Tötungshandlungen ziele, zum einen mit Literaturverweisen, und zum anderen mit dem Verweis auf die im TPG selbst geregelten Möglichkeiten der Strafbewehrung.

(1.2.1) TPG als Ausdruck der Verteilungsgerechtigkeit
Der BGH verweist für dieses erste Argument auf *Verrel*[326] und *Bülte,*[327] die im Ergebnis in den Vorschriften des TPG lediglich (formale) Regelungen sehen, die Verteilungsgerechtigkeit in einer Mangelverwaltung gewährleisten sollen, jedoch nicht dem Zwecke des individuellen Lebensschutzes dienen.[328]

Bülte stellt, insoweit zutreffend, heraus, dass bei einer Datenmanipulation bezüglich der Verteilungsregeln von Lebenschancen die Gefahr tödlicher Folgen nicht unmittelbar offensichtlich sind, anders als etwa eine unmittelbar gegen individuelles Leben gerichtete Handlung. Daher bedarf es einer unrechtsvermittelnden Sorgfaltsnorm, die jedoch nur für den strafrechtlichen Vorwurf eines Tötungsdeliktes relevant sind, wenn sie dem Lebensschutz dienen.[329]

Für das TPG (die konkretisierenden Richtlinien übergeht *Bülte*[330]) solle dies dann jedoch nicht der Fall sein. Das TPG verfolge zwei Vergabeziele – und diese Aussage erstaunt zumindest auf den ersten Blick zunächst angesichts seines Ergebnisses – nämlich diene es zum einen dem Schutz menschlichen Lebens (!), zum anderen der Verteilungsgerechtigkeit als Ausdruck der Menschenwürde. Dennoch sei der Zweck „nur" die organisatorische Umverteilung von Lebenschancen. Eine Missachtung der Regelungen sieht *Bülte* daher lediglich als

326 *Verrel*, MedR2014, 464 (467 f.); Verweis aus BGH, Urteil vom 28. Juni 2017 – 5 StR 20/16, Rn. 28.
327 *Bülte*, StV 2013, 753 (755); Verweis aus BGH, Urteil vom 28. Juni 2017 – 5 StR 20/16, Rn. 28.
328 So zusammenfassend auch *Rissing-van Saan/Verrel*, NStZ 2018, 57 (62 mit Fn. 40).
329 *Bülte*, StV 2013, 753 (754 f.).
330 Herausgestellt von *Rissing-van Saan*, NStZ 2014 233 (240).

Verletzung des derivativen Teilhabeanspruchs des einzelnen und des Vertrauens der Allgemeinheit in die Funktionsfähigkeit und Lauterkeit der Warteliste. Insgesamt sei dies eine *„äußerst gefährliche Verletzung der Verteilungsgerechtigkeit“*[331] – wobei sich *Rissing-van Saan* hier bereits zutreffend fragt *„äußerst gefährlich für wen?“*,[332] wenn nicht für Leben und Gesundheit der Patienten auf der Warteliste…!?

Allerdings ist bei dem Ergebnis *Bültes* und seiner Aussage zu den Vergabezielen des TPG zu beachten, dass er differenziert zwischen Vorschriften zum allgemeinen Lebensschutz, und solchen zum Schutz individuellen Lebens. Der Zweck des allgemeinen Lebensschutzes resultiere beim TPG aus der Erfüllung der verfassungsrechtlichen Pflicht des Gesetzgebers zum Schutz menschlichen Lebens aus Art. 2 II i.V.m. Art. 1 I GG. Jedoch dienen diese Regelungen nicht dem Schutz des Lebens des Einzelnen, sondern sollen lediglich für eine gerechte von Lebenschancen sorgen; das TPG diene dem Schutz des Lebens *per se*. Dabei solle die Chancengleichheit gewahrt werden, indem das Vergabeverfahren nicht darauf ausgerichtet sei, in irgendeiner Weise möglichst viele Menschen zu retten, sondern um eine gerechte Teilhabe aller am Lebensschutz. Bei dieser *Verteilung* von Chancen sei eine Manipulation der Daten lediglich eine unzulässige *Umverteilung* von Lebenschancen, aber keine *Vernichtung* von Leben, die eine zurechnungsgeeignete Tötungshandlung i.S.d. § 212 I StGB konstituieren könne.[333]

Der Fokus dieser Ansicht liegt also auf dem (laut *Bülte* fehlenden) Faktor der Individualität des Lebensschutzes.

Geht man zunächst einen Schritt zurück ist bei der Betrachtung des TPG offensichtlich, dass dieses unter Schaffung einer rechtlichen und faktischen Monopolstellung durch Ausübung von Hoheitsrechten bei der Organallokation durch Eurotransplant[334] Vorgaben zur Verteilung lebensrettender Organe unter den Voraussetzungen einer Mangelverwaltung normiert. Damit kann kaum angezweifelt werden, dass das Gesetz auch den Schutzzweck verfolgt, die Leben der Organempfänger zu schützen. Soweit auch grundsätzlich die Ansicht *Bültes*.

331 *Bülte*, StV 2013, 753 (755).

332 *Rissing-van Saan*, NStZ 2014 233 (240).

333 *Bülte*, StV 2013 749 (755 f., 758).

334 *Streng-Baunemann*, ZIS 03/2021, 170 (180); *Schroth*, NStZ 2013, 437 (440); *Kern*, Allokation von Spenderlebern, S. 41 f.

„Organspenden retten Leben." Diesen Satz hat ein jeder schon gehört und gelesen. Auch *Kudlich* weist auf die rhetorische Frage hin, *„welches Regelungswerk einen stärkeren Bezug zum Rechtsgut Leben haben soll als dasjenige zur Verteilung lebensnotwendiger, aber zu knapper Organe*"?![335]

Zudem kann hier die Frage in den literarischen Raum geworfen werden, zu welchem Zweck denn der Göttinger TX-Arzt gegen die Sorgfaltspflichten aus dem TPG verstoßen hat?! Natürlich um die daraus resultierende Verteilung der Organe zu beeinflussen, aber doch eben gerade und nur zu dem Zweck, das Leben seiner Patienten zu retten, statt (zunächst) das derer, die auf der Warteliste höher standen, als direkte Folge des Eingriffs in diesen Verteilungsschlüssel.

Die Verteilung von verfügbaren, meist postmortal gespendeten Organen ist eine Mangelverwaltung und -verteilung, die eine möglichst gerechte und sinnvolle Vergabe weniger Spenderorgane auf eine Vielzahl Erkrankter erfordert. Es stehen mithin jedem Spenderorgan mehrere schwerkranke potenzielle Empfänger gegenüber. Die Zuteilung eines Organs gewährt eine neue Lebenschance, während die Nichtzuteilung des Organs deren Versagung bedeutet.[336] Mit genau diesem Dilemma sah sich auch der 5. Senat konfrontiert, bedeuteten eben die Manipulationen durch *O.* für dessen Patienten die Gewährung dieser Rettungsoption, und für die jeweils überholten Patienten deren Versagung.

Einer Datenmanipulation hier die Eignung, Tötungsunrecht zu konstituieren, zuzusprechen ist also schlicht die Kehrseite der Rettung von Leben durch eine dem Gesetz entsprechende Verteilung.

Dass diese Verteilungs-Kriterien wiederum einiger Kritik ausgesetzt sind und wie diese ihrerseits inhaltlich zu werten ist, wird weiter unten noch erörtert werden.

Der Schutz individuellen Lebens durch das TPG lässt sich auch anhand des Gesetzestextes, durch einen genaueren Blick auf die Kriterien für die Verteilung, belegen. Nach § 12 III TPG sind die Organe nach Regeln, die dem Stand der Erkenntnisse der medizinischen Wissenschaft entsprechen, besonders nach Erfolgsaussicht und Dringlichkeit zu verteilen. Insbesondere das Kriterium der Dringlichkeit ist naturgemäß auf die Rettung individuellen menschlichen Lebens bezogen.[337] Laut Leber-Richtlinien der BÄK richtet sich der Grad der Dringlichkeit nach dem *individuellen* gesundheitlichen Schaden, der durch die

335 *Kudlich*, NJW 2017, 3255 (3255).
336 *Rissing-van Saan*, NStZ 2014, 233 (233).
337 *Böse*, ZJS 1/2014, 117 (120).

TX vermieden werden soll. Vorrangig berücksichtigt werden dabei Patienten, die ohne eine TX unmittelbar vom Tode bedroht sind.[338]

Durch die Verteilung sollen Leben abhängig vom Gesundheitsstatus gerettet werden. Dies soll also unabhängig von sozialen Faktoren, Alter des Patienten, Verschulden an der Krankheit etc. erfolgen. Es sollen diejenigen ein Organ bekommen, die es benötigen, um zu überleben, und nicht etwa die, die sich eines leisten können oder deren Lebenswert höher bemessen wird als der anderer.

Diese Verteilungsgerechtigkeit aus dem TPG selbst schützt Leben, schützt vor Faktoren, die diese auf determinierten Kriterien und Regeln beruhende Gerechtigkeit unterlaufen und dadurch Leben gefährden.

Bülte argumentiert nun, dass gerade die Unbeachtlichkeit der eben genannten Faktoren verdeutlichen solle, dass nicht das Leben selbst Gegenstand der Abwägung sei. Denn wiederum würden zuweilen nur marginale Unterschiede in der Dringlichkeit *de facto* eine Bewertung des Lebens bedeuten: Zwar würde auch im Strafrecht angenommen, der Retter hätte zunächst denjenigen zu versorgen, für den die Lebensgefahr am größten sei. Jedoch dürfe ihm in einer Situation, in der er nur eine Person retten könnte, nicht die strafrechtliche Pflicht auferlegt werden, sich gegen denjenigen zu entscheiden, der ohne seine Hilfe nur kurze Zeit länger zu leben hätte, da die tödliche Folge identisch wäre. Wenn es um Mangelverwaltung in einer Situation mit gleichermaßen großer Not gehe, verliere das Dringlichkeitskriterium seinen Rechtsgutbezug. Mit Blick auf den Lebensschutz könne man dann dem Arzt überlassen, welchen Patienten er rette, wenn er nur überhaupt einen rette. Eine solch willkürliche Entscheidung durch den Arzt dürfe der Gesetzgeber jedoch wegen des Willkürverbots (Art. 3 I GG) nicht anordnen (strafrechtlich hinnehmen dagegen eben schon).[339]

Hier ist allerdings zu differenzieren. Die (auch bei *Bülte* genannte) extreme Notsituation, in der der Staat nicht eingreifen kann und eine solche willkürliche Entscheidung bezüglich der Dringlichkeit der Rettungshandlung durch (private) Retter im Rahmen der Rechtsfigur der rechtfertigenden Pflichtenkollision

338 „Ziff. II. 1. e) Richtlinien zur Organtransplantation gem. § 16 TPG, Richtlinie gemäß § 16 Abs. 1 S. 1 Nrn. 2 u. 5 TPG für die Wartelistenführung und Organvermittlung zur Lebertransplantation, Stand 20. Januar 2023; abrufbar auf den Seiten der bundesaerztekammer.de.".

339 *Bülte*, StV 2013, 749 (756).

hinnehmen muss, unterscheidet sich eben gerade von der gesetzgeberischen Vorgabe des TPG für das ein Monopol innehabende Vermittlungszentrum. Dem privaten Helfer muss die Last genommen werden, für sein Hilfeleisten in bester Absicht womöglich Strafbewehrung ausgesetzt zu werden, und deshalb womöglich im Zweifel lieber untätig zu bleiben. Der Gesetzgeber jedoch ist verpflichtet, hier klare (also bestimmte) Vorgaben zu schaffen, um in der Situation der Mangelverwaltung, in der *de facto* nicht allen Bedürftigen geholfen werden kann, eine Regelung zu schaffen, die festlegt, welchem Patienten das lebensrettende Organ zukommen soll. Die Berücksichtigung der Dringlichkeit reflektiert dabei den Kern der Prüfung, ob überhaupt ein (zurechenbarer) rettender Kausalverlauf angelegt war. Einer Rettung bedarf nur, wer sich unmittelbarer Gefahr befindet (beziehungsweise überhaupt nur dieser kann „gerettet" werden). Eine entsprechende Abstufung wertet nicht das Leben des Einzelnen *per se*, sondern den Grad der Notwendigkeit der Rettung, der wiederum unmittelbar das Schutzbedürfnis des Einzelnen reflektiert.

Mag eine Feststellung der Dringlichkeit mitunter eine medizinische Gratwanderung, mögen die Unterschiede marginal und damit (womöglich, da ggf. auch das Kriterium der Erfolgsaussicht eine Rolle spielt) die Entscheidung über den Wartelistenplatz denkbar knapp sein, so wird doch auf diesem Weg der Individualitätsbezug nur umso deutlicher. Die Dringlichkeit verkommt auch keinesfalls zur Formsache, wie beim anderen Extrem dieser Betrachtung deutlich wird. Für einen Patienten wird festgestellt, dass er in absehbarer Zeit ein neues Organ brauchen wird, um längerfristig zu überleben. Mit Medikamenten, Behandlungen *et cetera* kann er jedoch noch gut mehrere Jahre überleben. Dagegen steht ein Patient, der ohne ein neues Organ nur noch eine Lebenserwartung von wenigen Wochen oder sogar Tagen haben würde. Der individuelle Bezug der Dringlichkeit ist kaum abzusprechen. Und dieser Bezug wird nicht schmaler, wenn die Dringlichkeit für die Patienten näher aufeinander zu rückt, es wird „lediglich" von außen betrachtet und für den einzelnen Patienten persönlich schicksalhafter.

Über das Kriterium der Dringlichkeit ist dem TPG also im Ergebnis der Schutzzweck des individuellen Lebensschutzes nicht abzusprechen.

Was damit allerdings der Argumentation *Bültes* nicht abgesprochen werden, *respective* hier keinesfalls unterschlagen werden soll, ist, dass dieser letztlich um auf eine Ablehnung der Zurechnung von Tötungsunrecht zu kommen quasi „in einem Atemzug" mit-thematisiert, was hier erst in den nächsten Schritten erfolgen soll. Es geht um die konkrete Ausgestaltung der Verteilungskriterien und deren Bestimmtheit beziehungsweise Verfassungsmäßigkeit, und die Frage, ob diese konkrete Ausgestaltung nach einer entsprechenden Prüfung eine Strafrechtsbewehrung begründen kann (und letztlich mit der Frage nach dem Rechtsgutbezug auch Aspekte der Frage nach dem „Recht auf ein Organ“). Auch hier ist also parallel zu bereits aufgeführten Fragen festzustellen, dass die jeweiligen Ansichten zu einer bestimmten Frage meist mit einer aus einer anderen Frage resultierenden Prämisse verknüpft sind, zu der wiederum unterschiedliche Positionen vertreten werden.

Geht man jedoch zunächst von dem als Geltung beanspruchend anzunehmenden Wortlaut des TPG aus, soll das TPG (i.V.m. den Richtlinien der BÄK) diejenigen zuvörderst vor Schäden schützen, die diesen Schutz, diese Rettung nach dem Gesetz, am meisten benötigen, deren Leben „am unmittelbarsten“ gefährdet ist. Dabei schließt das TPG (jedenfalls bezüglich des Dringlichkeitskriteriums) zudem auch nicht grundsätzlich Patienten von einer rettenden Organspende aus. Vielmehr wird danach priorisiert, welcher Patient noch nicht „gerettet“ werden kann oder muss (beziehungsweise jedenfalls bei wem diese Dringlichkeit weniger besteht), da die Lebensgefahr weniger unmittelbar bevorsteht.

Der nächste an dieser Stelle nicht zu konfundierende Themenbereich ist die Fragestellung, ob § 212 StGB ein Recht auf ein Organ voraussetzt, und ob aus dem TPG ein solches abzuleiten wäre. *Bülte* erwähnt diese Problematik nicht explizit, beziehungsweise erörtert sie jedenfalls nicht *en detail.* Zumindest aber ergeht er sich im Ergebnis an der Feststellung einer Verletzung ausschließlich des derivativen Teilhabeanspruchs und dem fehlenden individuellen Rechtsgutbezug.[340] Beides wird weiter unten noch relevant werden. An dieser Stelle sei jedoch bereits, ohne weiteres vorwegzunehmen, festgehalten, dass *Bülte* auch dabei *e contrario* die eine Zurechnung im Ergebnis ablehnende Ansicht vertritt, der einzelne Patient habe eben kein subjektives Recht auf ein Organ, lediglich ein derivatives Teilhaberecht am Organverteilungssystem. Selbst wenn man von dieser Prämisse ausgehen wollte, ist auch ein Teilhaberecht ein subjektives Recht, das auf die Rettung naturgemäß individuellen menschlichen Lebens abzielt, als Reflex des Dringlichkeits-Kriteriums. *Böse* verweist hierzu auf das Verwaltungsrecht, wo eine z.B. eine die Erteilung einer Genehmigung ablehnende Entscheidung auch dann ein subjektives Recht verletzen kann, wenn der Adressat keinen gebundenen Anspruch auf eine Erteilung, sondern „nur“ auf eine ermessensfehlerfreie Entscheidung hat (vgl. § 113 V VwGO).[341] Insoweit ist auch der Zweck des individuellen Lebensschutzes von der Frage nach einem

---

340 *Bülte*, StV 2013, 749 (758).

341 *Böse*, ZJS 1/2014, 117 (120 mit Fn. 32).

Anspruch als determiniertes Recht des einzelnen Patienten zu trennen, und ersterer zweifelsfrei anzunehmen.

Diese Annahme, bis hierher, wird auch gestützt durch einen Auszug aus der Ansicht *Schroths.* Dies überrascht, da dessen Fundamentalangriff gegen jegliche Tötungsstrafbarkeit von Manipulationshandlungen an wartelistenrelevanten Daten im Übrigen nicht gerade durch Enthusiasmus gegenüber der (damaligen) Gesetzeslage im Bereich der Organ-TX, insbesondere dem TPG *per se*, besticht. Er führt aus, dass eine *„nicht regelgerechte Allokation ein Organ [vergibt] und damit eine Gesundheitschance an einen Schwerkranken, dem sie – noch nicht – zusteht. Die manipulierte Zuteilung eines Organs verweigert fälschlicherweise einem anderen die Chance, sein Leiden zu vermindern, obwohl er an sich an der Reihe wäre.*"[342] Er vertritt jedoch im Weiteren die Ansicht, die Beeinträchtigung einer Gesundungschance eines anderen könne nur dann als Körperverletzung oder gar Tötungsdelikt strafrechtlich zugeordnet werden, wenn dieser andere ein Recht auf die Zuteilung dieses Organs durch Eurotransplant gehabt hätte. Ein solches besteht seiner Ansicht nach nicht.[343] Dennoch kann für das an dieser Stelle verfolgte Prüfprogramm der Schluss gezogen werden, dass das TPG einen individualisierten Lebensschutz verfolgt.

Ebenfalls vom 5. Senat zitiert als Beleg dafür, dass das TPG nicht auf die Verhinderung von Tötungsdelikten ziele, wird *Verrel.* Dieser subsumiert jedoch unter diesem *topos* nicht lediglich unter die hier als Schutzzweck definierte Problematik, sondern bezieht sich unter diesem Stichwort gleich auf mehrere der vorliegend im Folgenden noch als separate Prüfungspunkte besprochenen Rechtsprobleme. Für die hier relevante Frage nach einem (auch) individuellen Lebensschutz durch das TPG kann lediglich extrahiert werden, dass das System *„im Ergebnis Verteilungsgerechtigkeit*"[344] schaffen solle. Ein individueller Lebensschutz wird allenfalls indirekt abgelehnt, möchte man dies in die Aussage *Verrels* hineininterpretieren, dass neben der (für individuellen Schutz sprechenden) Dringlichkeit auch die Erfolgsaussicht berücksichtigt werde. Dem ist entgegenzusetzen, dass sich die Zwecke der Gewährleistung von Verteilungsgerechtigkeit und des individuellen Lebensschutzes nicht gegenseitig ausschließen.[345] Keiner der Zwecke muss zu 100 %, also exklusiv verfolgt

---

342 *Schroth*, NStZ 2013, 437 (443).

343 Ebd. „Eine rechtliche Verpflichtung von Eurotransplant, das Organ einer bestimmten Person zuzuteilen, ergibt sich jedoch weder aus dem Transplantationsgesetz noch aus der Schutzdimension des Art. 2 II 1 GG."

344 *Verrel*, MedR 2014, 464 (468).

345 So auch *Rissing-van Saan/Verrel*, NStZ 2018, 57 (62 mit Fn. 40).

werden, um von der *ratio* des TPG umfasst zu sein. Gerade die Schwierigkeit, hier eine Balance zu finden und somit eine gewisse Dynamik innehaben zu müssen, macht das TPG freilich auch kritikanfällig. Dabei ist andererseits auch eine permanente Prüfung dieser Kritik und gegebenenfalls auch Berücksichtigung im Gesetz gerade deshalb von Nöten.

Auch macht es gerade die durch die Erstellung der Warteliste vorgenommene Individualisierung der Zuteilung von Organen eben nicht „*zweifelhaft, diese oder eine andere wie auch immer austarierte Verteilungsgerechtigkeit bei der Vergabe begrenzter Rettungschancen auch schon weit im Vorfeld einer konkreten Organtransplantation durch ein so scharfes Schwert wie die Tötungsdelikte zu schützen.*“[346] Genau an dieser Stelle trifft bei der rechtlichen Bewertung der naturalistische Kausalverlauf auf den eben beschriebenen inneren Zusammenhang zwischen Handlung, Sorgfaltsnorm und tatbestandlichem Erfolg. Die Manipulation der Warteliste, beziehungsweise der die Liste determinierenden Daten, spielt sich nicht „im Vorfeld“ einer konkreten TX ab, sondern determiniert und konstituiert diese.

Zudem hält *Verrel* es für eine zu weit reichende Folge einer „*Armierung der Verteilungsregeln*“,[347] wenn sich beispielsweise auch ein Arzt wegen versuchten Totschlages strafbar machte, weil er einem erst fünf (und nicht wie von den Richtlinien als Zugangsvoraussetzung gefordert sechs) Monate trockenen Patienten, dessen Leben aufgrund seiner fortgeschrittenen Lebererkrankung akut bedroht sei, helfe.[348] Dies betrifft jedoch nicht die hier isoliert diskutierte Frage nach dem Schutzzweck der Norm, sondern die inhaltliche Wertung bestimmter Klauseln in den Richtlinien.

Schließlich soll noch auf die zweite von *Bülte* erwähnte Implikation von Manipulationshandlungen eingegangen werden, wenn dieser neben einer Verletzung des derivativen Teilhabeanspruchs noch auf eine Verletzung des Vertrauens der Allgemeinheit in die Funktionsfähigkeit und Lauterkeit der Warteliste rekurriert.[349]

Das TPG soll eben dieses Vertrauen schaffen und stärken, steht schließlich vor der Option der Organverteilung zwingend die Organ-„Beschaffung“. Zudem zeigt bereits ein erster Blick ins Gesetz, welcher bekanntlich die Rechtsfindung

346 *Verrel*, MedR 2014, 464 (468).
347 Ebd.
348 Ebd., 468.
349 *Bülte*, StV 2013, 749 (755); zustimmend *Verrel*, MedR 2014, 474 (468 mit Fn. 52).

erleichtert, dass das TPG in seinem § 1 I 1 als Ziel[350] des Gesetzes proklamiert, die Organspende-Bereitschaft zu fördern.

Die Bereitschaft zur Organspende soll also durch klare Leitlinien gefördert werden. Diese sollen eine Verteilung nach bestimmten Kriterien ermöglichen, indem denjenigen Patienten ein Organ verschafft und damit eine Überlebenschance kreiert wird, die, oder vielmehr deren Gesundheitszustand, diese Kriterien erfüllen. Kombiniert sind dies Faktoren, die den Anreiz zu einer Spende fördern, indem sie ein entsprechendes Vertrauen in ein transparentes System schaffen.

Der Zusammenhang der Spenderbereitschaft als übergeordnetes Ziel des TPG mit der Schaffung einer Vertrauensbasis kommt auch in den Urteilen des 6. Zivilsenates des BGH vom 29.01.2019 zum Ausdruck, bei denen es um die Haftung nach unzureichender Aufklärung von Organspendern vor einer Lebendspende geht.

Klägerin und Kläger spendeten jeweils Angehörigen eine Niere, und brachten hinterher vor, am Fatigue-Syndrom zu leiden, das mit anhaltender Müdigkeit, Erschöpfung und Antriebslosigkeit einher geht. Ihrer Ansicht nach war dies eine Folge der TX, über die keine Aufklärung erfolgt sei.[351]

Im Urteil ist ausgeführt, *„dass den Beklagten der Einwand, die Klägerin hätte auch bei ordnungsgemäßer Selbstbestimmungsaufklärung in die Organentnahme eingewilligt (Einwand des rechtmäßigen Alternativverhaltens), verwehrt [ist], weil dies dem Schutzzweck der erhöhten Aufklärungsanforderungen bei Lebendspenden (§ 8 Abs. 2 Satz 1 und 2 TPG) widerspräche.“*[352]

Der BGH verneinte hier die Möglichkeit auf den Rückgriff der Rechtsfigur der hypothetischen Einwilligung im Bereich des TX-Rechts. Diese sei im TPG nicht geregelt und die zum Arzthaftungsrecht entwickelten Grundsätze ließen sich hierauf nicht übertragen. Das TPG beinhalte ein gesondertes Regelungsregime, welches ansonsten unterlaufen würde. Damit würde das Vertrauen

---

350 Zudem war die Förderung der Spendenbereitschaft auch eines der zentralen Motive der Novellierung des TPG im Jahr 2012; *Rissing-van Saan*, NStZ 2014, 233 (234) mit Verweis auf das „Gesetz zur Änderung des Transplantationsgesetzes“, BGBl. I 2012 S. 1601 und das „Gesetz zur Regelung der Entscheidungslösung“, BGBl. I 2012 S. 1504. Die Novellierung liegt nach dem Tatzeitpunkt, jedoch ist die zugrundeliegende Idee keine neue, wie eben § 1 I 1 TPG deutlich zeigt.

351 BGH, Urteile vom 29. Januar 2019 – VI ZR 495/16, Rn. 3 ff.; und vom 29. Januar 2019 – VI ZR 318/17, Rn. 3.

352 BGH, Urteil vom 29. Januar 2019 – VI ZR 495/16, Rn. 40; Verweis darauf bei BGH, Urteil vom 29. Januar 2019 – VI ZR 318/17, Rn. 18.

potenzieller Spender erschüttert. Die im TPG verankerten Aufklärungspflichten dienten so dem „Schutz des Spenders vor sich selbst“.[353]

Daraus lässt sich argumentieren, der Gedanke des Gesundheitsschutzes wirke somit sogar „in die andere Richtung“.[354] Eine fehlende Spendebereitschaft gefährdet auch das Ziel des Lebensschutzes mittels der gespendeten Organe. Diese Zwecksetzungen sind miteinander verknüpft, sie bedingen sich gegenseitig. Um die lebensrettenden Organe verteilen zu könne, müssen diese zur Verfügung stehen. Dafür bedarf es einer durch Vertrauen geprägten und motivierten Spendebereitschaft. Somit schließen sich die Zwecksetzungen nicht gegenseitig aus oder schränken sich ein, sondern profitieren in einem nicht gestörten Ablauf vielmehr voneinander. Damit ist auch der Lebensschutz nicht lediglich ein Schutzreflex des Systemvertrauens, also nicht lediglich eine willkommene, aber nicht intendierte Folge. Vielmehr ist das Systemvertrauen Voraussetzung für Erfüllung des Zweckes Lebensschutz. Einem Vertrauen alleine mangelte es seinerseits an Zwecksetzung – Ziel einer Regelung des TX-Wesens ist es nicht, möglichst viele Organe schlicht zu „haben“, sondern damit Leben zu retten.

Zudem wird dem Göttinger TX-Arzt nicht vorgeworfen, die Zunahme der Anzahl der Sterbenden auf der Warteliste nach dem Einbruch der Spendebereitschaft infolge des Vertrauenseinbruchs nach dem Aufdecken der Manipulationen als Tötungsunrecht zu verantworten. Angelastet werden soll ihm laut Anklage die versuchte Tötung der bereits vor oder im Wirkungs-Zeitraum seiner Handlungen auf der Warteliste stehenden und infolge der Manipulation von seinen Patienten überholten Wartelistenkandidaten.

Zur Frage des Schutzzweckzusammenhangs ist bis hier also folgendes festzuhalten. Das TPG bezweckt zumindest auch den Schutz individuellen Lebens. Werden die Sorgfaltspflichten missachtet und kommen in der Folge Patienten, die gewisse, auf dem TPG basierende Kriterien erfüllen, zu Tode, weil der aus dem TPG zum Zwecke der Rettung dieser Patienten etablierte Prozess nicht eingehalten wird, so ist dieser Kontext keineswegs rein zufällig. Vielmehr folgt er unmittelbar aus der Unterwanderung des verfolgten Schutzzweckes.

Hätte der 5. Senat diese Frage abschließend entschieden, sprächen trotz seiner angedeuteten gegenteiligen Tendenz die besseren Gründe dafür, eine Strafbarkeit nicht an dieser Stelle scheitern zu lassen. Das Handlungsunrecht

353 BGH, Urteil vom 29. Januar 2019 – VI ZR 495/16, Rn. 45.

354 Zwar geht es hier um Lebendspenden der Nieren, jedoch ist das Urteil auch darüber hinaus geeignet die Wichtigkeit des Vertrauens für das gesamte Konstrukt der Regelung von Organspenden darzulegen und dieses zu stärken.

wurde im Rahmen der Schutzzweckerwägungen konstituiert, beziehungsweise eine Zurechnung wurde bezüglich des inneren Zusammenhanges der Handlung des Angeklagten aus der *ratio* des TPG und dem Tötungsunrecht aus Art. 212 I StGB begründet.

(1.2.2) Eigene Strafbewehrung im TPG

Der 5. Senat argumentiert, die eigene Strafbewehrung im TPG spräche gegen einen Schutzzweckzusammenhang im Rahmen des § 212 I StGB. Er führt dazu aus, *„dass der Gesetzgeber des Transplantationsgesetzes Regelverstöße im Rahmen der Organverteilung in § 20 Abs. 1 Nr. 2 (später Nr. 4) TPG lediglich mit Geldbuße bewehren wollte (vgl. hierzu auch RLBÄK 2009, S. 60 unter Ziffer II 5; entspricht den heute geltenden Richtlinien unter Ziffer II 4). [Diese Erwägungen] könnten eine weitere Bestätigung durch den Umstand erhalten, dass zur strafrechtlichen Erfassung der in mehreren Transplantationszentren aufgedeckten ‚Manipulationen' (vgl. BT-Drucks. 17/13947 S. 25), darunter die des Angeklagten, durch Art. 5d des Gesetzes zur Beseitigung sozialer Überforderung bei Beitragsschulden in der Krankenversicherung vom 15. Juli 2013 (BGBl. I S. 2423, 2430) in § 19 Abs. 2a TPG ein Sonderdelikt für Ärzte und von ihnen beauftragte Personen geschaffen worden ist. Nach § 19 Abs. 2a i.V.m. § 10 Abs. 3 Nr. 1 und 2 TPG kann der Arzt oder der von ihm Beauftragte mit Freiheitsstrafe bis zu zwei Jahren bestraft werden, der für eine Meldung des Transplantationszentrums gegenüber Eurotransplant gemäß § 13 Abs. 3 Satz 3 TPG absichtlich den Gesundheitszustand eines Patienten unrichtig erhebt oder dokumentiert oder bei der Meldung gemäß § 13 Abs. 3 Satz 3 TPG absichtlich einen unrichtigen Gesundheitszustand übermittelt, um Patienten bei der Führung der einheitlichen Warteliste zu bevorzugen. Die damit verpönten, in der Absicht der Bevorzugung von Patienten erfolgten ‚Manipulationen' entsprechen den durch das Landgericht festgestellten Taten des Angeklagten. Die Schaffung der neuen Strafvorschrift wäre unverständlich, wenn die Taten bei weitaus höheren Strafdrohungen wegen eines individualschützenden Charakters der Regeln des Allokationsverfahrens bereits als (versuchte) Tötungs- oder Körperverletzungsdelikte angesehen werden könnten.“*[355]

Erstens trägt der Verweis auf den zum Tatzeitpunkt als einzige sanktions- beziehungsweise ja eben lediglich bußgeldbewehrte Vorschrift im TPG zu findenden § 20 TPG nicht für die Begründung einer fehlenden strafrechtlichen Relevanz der Datenmanipulation von (potenziellen) Wartelisten-Patienten. § 20 TPG führt als mit Bußgeld zu ahndende Regelverstöße nur

355 BGH, Urteil vom 28. Juni 2017 – 5 StR 20/16, Rn. 29.

Verstöße *„gegen die vorgegebenen Zuständigkeiten für bestimmte Maßnahmen im Ablauf einer Organspende, -vermittlung und -übertragung und gegen Dokumentationspflichten, aber keine vorsätzlichen Manipulationen im Zusammenhang mit den für eine Organvermittlung notwendigen Patientendaten*“[356] auf. *Rissing-van Saan und Verrel* vermuten schlüssig als Ursache hierfür, dass der Gesetzgeber ursprünglich schlicht nicht bedacht hatte, dass sich Ärzte überhaupt zu solch betrügerischen und gegen die Berufsethik verstoßenden Verhaltensweisen versteigen könnten und würden.[357]

Dass der Gesetzgeber beim Entwerfen des TPG zudem seinen Fokus auf andere Problemfelder zu richten hatte, wird auch in den folgenden Gliederungspunkten thematisiert werden. Interessanterweise schließt sich dort der Kreis, dass einige dieser – auch vielschichtiger Kritik ausgesetzten – Problemfelder nun gerade auch für diesen neu aufgetretenen Bereich einer strafrechtlichen Bewertung relevant werden, wenn bewusst Daten manipuliert werden mit dem Ziel, bestimmten Patienten eine bessere Position auf der Warteliste zu verschaffen, als ihnen nach dem TPG i.V.m. den Richtlinien der BÄK zustünde.

Schnell klar gewesen sein dürfte hingegen, dass es bei dem Erheben von wartelistenrelevanten Daten, sowie bei den dafür vorgeschriebenen Untersuchungen und Tests, zu Ungenauigkeiten in Messungen, zu Fehlern in den Abläufen, oder vergleichbaren Begebenheiten kommen kann. Dies ist zwar weder juristisch noch medizinisch wünschenswert, liegt jedoch in der Natur der Sache.

So erfolgt beispielsweise bei der Messung von bösartigen Lebertumoren (HCC, hepatozelluläres Karzinom), die im Rahmen der matchMELD-Kriterien laut Richtlinie für die *Standard Exception* in der Warteliste größer als 2 cm sein sollen (Tabelle 3 der RLBÄK[358]), durch eine bildgebende Diagnostik. Dabei soll mit Hilfe von Markern die Größe ermittelt werden. Je nach Positionierung dieser Marker, Tiefe *et cetera*, kann es hier zu Ungenauigkeiten in den Messungen kommen, beziehungsweise ist von einem gewissen Toleranzbereich auszugehen.

Ein weiteres Beispiel ist der 6-Minuten-Gehtest bei der Ermittlung des LAS (Lung Allocation Score) im Bereich der Lungenerkrankungen/Lungen-TX. Unter Anleitung wird eine Wegstrecke bestimmt, die der Patient in 6 min

356 *Rissing-van Saan/Verrel*, NStZ 2018, 57 (62).

357 Ebd.

358 Ziff. II. 1. d) Richtlinie gem. § 16 Abs. 1 S. 1 Nrn. 2 u. 5 TPG für die Wartelistenführung und Organvermittlung zur Lebertransplantation, Stand Januar 2023; abrufbar auf den Seiten der bundesaerztekammer.de.

zurücklegt, und der lineare Zusammenhang zwischen Wegstrecke und Herzfrequenz bestimmt. Hierbei können Abweichungen entstehen durch eine nicht exakte Bestimmung der Strecke (z.B.: im Klinikum wird eine Strecke mit zwei Stühlen markiert, weil bekannt ist, dass es „vom Eingang bis zur Uhr ungefähr 20m sind"), oder auch durch nicht von außen zu beeinflussende, aber zu berücksichtigende Faktoren wie Lebensalter, Schrittgröße, Körpergewicht, Bauchumfang und Belastungsbereitschaft oder Einsatz des Patienten.[359]

Hier abzugrenzen, wo ein Toleranzbereich endet, und „Nachlässigkeiten" anfangen, ist bereits problematisch. Zudem ist es leicht einsehbar, dass hier auch Fehler begangen werden, die sich unterhalb des StGB einordnen lassen, die also nicht unmittelbar gleichzusetzen sind mit kriminellem Handeln.[360]

Vor diesem Hintergrund lässt sich also aus § 20 TPG kein Argument als Umkehrschluss gegen einen für § 212 StGB zurechnungsrelevanten Schutzzweckzusammenhang konstruieren. Damit wird und soll gerade nicht auf die Sanktionierung bewusster Manipulation an Patientendaten abgezielt werden.

Zweitens vermag auch der Verweis des 5. Senates auf den 2013 eingeführten § 19 IIa TPG[361] nicht zu überzeugen. Zwar wurde dieser erst nach der Begehung der Taten eingeführt, eine rückwirkende Einbeziehung in die Auslegung als „Zurechnungsnorm" für § 212 I StGB wäre jedoch zulässig. Diese würde sich zugunsten des Täters auswirken, da bei fehlendem Schutzzweckzusammenhang die Zurechnung entfiele und verstieße damit nicht gegen das Rückwirkungsverbot aus Art. 103 II GG (Gesetzlichkeitsprinzip).

Zwar greift § 19 IIa TPG nun explizit Fälle bewusster Datenmanipulation auf. Jedoch erweist sich die Annahme einer abschließenden Regelung derartiger Handlungen, die Tatbestände aus dem StGB ausschließen könnte, bei genauerem Hinsehen nicht als einleuchtend.

Hier kommt eindrucksvoll zur Geltung, dass dem TPG durchaus unterschiedliche Schutzrichtungen innewohnen, die auch nebeneinander bestehen und wirken können.

---

359 *Marek et al.*, Pneumologie 2010, 155 (156, 162).

360 So auch *Reiner Gradinger*, als ärztlicher Direktor des Klinikums rechts der Isar, im Interview der online-Ausgabe der taz vom 30.09.2012, abrufbar unter https://taz.de/Vorwuerfe-im-Transplantationsskandal/!5082882/, zuletzt aufgerufen am 28.05.2023 (ohne mit diesem Zitat eine eigenständige Bewertung der dort angesprochenen Fälle vornehmen zu wollen).

361 Durch Artikel 5d – Gesetz zur Beseitigung sozialer Überforderung bei Beitragsschulden in der Krankenversicherung (KVBeitrSchG) vom 15.07.2013, BGBl. I S. 2423 (Nr. 38), in Kraft getreten 01.08.2013.

So schützt § 19 IIa TPG die Zuverlässigkeit der Wartelistenführung in den TX-Zentren, und eben nicht das ebenfalls vom TPG insgesamt umfasste Schutzgut Leben. Die Norm ist angelehnt an § 278 StGB (Ausstellen unrichtiger Gesundheitszeugnisse). Demgemäß entspricht sie auch in ihrer Schutzrichtung den Urkundendelikten des StGB, der Sicherheit und Zuverlässigkeit im Rechtsverkehr. So steht auch eine Verurteilung wegen eines Urkundendeliktes keineswegs einer Verurteilung wegen tateinheitlich begangenen Betruges nach § 263 StGB entgegen, da hier das Vermögen des Opfers und damit ein anderes Rechtsgut geschützt wird. Damit kann auch § 19 IIa TPG nicht die Möglichkeit einer Verurteilung wegen tateinheitlich begangener Körperverletzung oder Tötung ausschließen.[362]

Im Vergleich zu § 278 StGB erfasst jedoch § 19 IIa TPG Besonderheiten, die eben speziell die Organallokation betreffen. Die nach dem TPG i.V.m. den RLBÄK für die Datenerhebung notwendigen Untersuchungen wären von § 278 StGB nicht (zwingend) gedeckt. Etwa ist von § 278 StGB das Unterlassen einer Untersuchung, die eine *zusätzliche* Beurteilungsgrundlage gegeben hätte, nicht zwangsläufig umfasst. Hierbei ist abzustellen auf das erforderliche Maß an Genauigkeit, zudem sind Ausnahmen zulässig, beispielsweise wenn die seelische Verfassung eines Patienten diese Untersuchung verbietet.[363]

Derartige Abwägungsentscheidungen konnten die Einhaltung des Schutzzweckes des TPG nicht erschöpfend gewähren, so dass der spezifisch auf die Belange des TPG ausgerichtete § 19 IIa TPG notwendig wurde.

§ 212 I StGB dagegen verlangt als Tathandlung die Verursachung des Todes eines Menschen durch eine beliebige Handlung; die Art der Einwirkung ist dabei gleichgültig.[364] Eine Spezifizierung im TPG wäre daher redundant. Das TPG greift hier in der typischen Zurechnungskonstellation über eine Sorgfaltsnorm und deren Schutzzweckzusammenhang.

Die Einführung des § 19 IIa TPG weist im Ergebnis nicht darauf hin, dass die Sanktionierung von Datenmanipulationen damit abschließend geregelt wäre. Vielmehr kann sie sogar geradezu als Ausdruck der unterschiedlichen Schutzrichtungen des TPG angesehen werden, wobei für das Rechtsgut Leben aufgrund der umfassenden und erschöpfenden Regelung im StGB schlicht keine spezialgesetzliche Regelung erforderlich ist.

362 *Rissing-van Saan/Verrel*, NStZ 2018, 57 (62).
363 *Fischer*, StGB, § 278, Rn. 4.
364 Ebd., § 212, Rn. 3 f.

Der Lebensschutz steht *neben* dem Zweck der Zuverlässigkeit der Wartelistenführung. Diese Zwecke heben sich mitnichten gegenseitig auf, sondern agieren sogar miteinander, wie an dem oben zum Stichwort „Vertrauen" Dargelegten erkennbar.

(1.2.3) Zwischenfazit

Im Ergebnis sprechen überzeugende Gründe dafür, hier einen Schutzzweckzusammenhang zu bejahen. Bemerkenswert ist an dieser Stelle noch der Aufsatz *von Rissing-van Saan* und *Verrel* aus dem Jahr 2018 zum Urteil des 5. Senates. So ging nämlich *Rissing-van Saan* bereits 2014, also vor dem Urteil, zum einen davon aus, dass der Zweck des Schutzes (auch) von individuellem Leben durch das TPG und den darauf beruhenden Richtlinien erfasst wird.[365] Zum anderen hat sie auch angenommen, dass § 19 IIa TPG keine Sperrwirkung gegenüber einer Strafbarkeit aus Tötungsdelikten nach dem StGB entfaltet.[366] Der 5. Senat zitiert im Urteil als Nachweis für seine Darstellung *Verrel* (aus 2014), dessen Ansicht sich jedoch mit der Co-Autorenschaft mit *Rissing-van Saan* im Jahr 2018 anders präsentiert. Wurden in seinem Aufsatz aus dem Jahr 2014 beide Prämissen abgelehnt,[367] ist in dem gemeinschaftlichen Werk der „alten" Ansicht *Verrels* jedenfalls bezüglich einer Sperrwirkung des § 19 IIa TPG eine klare Absage erteilt.[368] Bezüglich eines individuellen Lebensschutzes verhält es sich etwas subtiler. So wird hier zur im Ergebnis offen gelassenen Diskussion der Strafrechtsrelevanz der Zuteilungsregeln erwähnt, dass sich sowohl Argumente dafür als auch dagegen fänden. In der dazugehörigen Fußnote werden für beide Seiten Beispiele genannt. Darunter ist auch der Aufsatz *Verrels*, der *„in Vorschriften des TPG lediglich den Mangel verwaltende (formale) Regelungen [sehe], die nur Verteilungsgerechtigkeit gewährleisten, aber nicht dem Zweck dienten, individuelles Leben zu schützen."*[369] Dem folgt jedoch der Hinweis, beziehungsweise die Erkenntnis: „*Allerdings schließt das eine das andere nicht aus!*"[370]

Dies stärkt die von den Co-Autoren vertretene Argumentationslinie zusätzlich.

365 *Rissing-van Saan*, NStZ 2014, 233 (240 f.).
366 Ebd., 238.
367 *Verrel*, MedR 2014, 464 (467 f. mit Fn. 52).
368 *Rissing-van Saan/Verrel*, NStZ 2018, 57 (62).
369 Ebd., 62. mit Fn. 40.
370 Ebd. Hervorhebung von der Autorin.

Was den Vorsatzbezug dieses Schutzzweckzusammenhanges betrifft, könnte wohl davon ausgegangen werden, dass ein TX-Mediziner in einem an der juristischen Laiensphäre orientierten Vorstellungsbild den Bezug zum Rechtsgut Leben, dem Leben der einzelnen Wartelistenkandidaten, erkennt. Speziell für O. ist hier in Betracht zu ziehen, dass er durch die Manipulationen seine Patienten jeweils auf einen bestimmten Listenplatz bringen wollte, um eben dadurch deren Leben zu retten. Eine gedankliche Durchdringung sämtlicher hier aufgeworfenen Argumente und Implikationen ist nicht erforderlich.

(2) Wirksamkeit der Richtlinien

Der 5. Senat hat sich, wie auch das LG zuvor, intensiv mit der Frage der Recht- beziehungsweise Verfassungsmäßigkeit und der Sachgerechtigkeit der Allokationsrichtlinien auseinandergesetzt.

Außerdem geht der Senat bei einer strafbarkeitsbegründenden Heranziehung des TPG von einem Verstoß gegen Art. 103 II GG aus. Dieser legt fest, dass eine Tat nur bestraft werden kann, wenn die Strafbarkeit gesetzlich bestimmt war, bevor die Tat begangen wurde. Zudem wird die Rechtswirksamkeit der RLBÄK wegen einer Überschreitung der Ermächtigungsgrundlage des § 16 TPG und inhaltlicher Mängel angezweifelt. Nach einer Anhörung von Sachverständigen[371] wurde eine Ungeeignetheit des Ausschlusskriteriums der Alkoholkarenzklausel (AKK) angenommen. Für das Ermittlungsverfahren des MELD-Scores wurde die Möglichkeit einer Ungeeignetheit angerissen, aber nicht entschieden.[372]

(2.1) Strafrechtsbegründende Wirksamkeit der Richtlinien (Art. 103 II GG)

Der Senat prangert für die Ausgestaltung der RLBÄK ein strafrechtlich relevantes Bestimmtheitsdefizit im Sinne des Art. 103 II GG in den Regelungsinhalten des TPG als Legitimationsgrundlage an. Er formuliert dazu:

> *„[D]as Transplantationsgesetz enthält keine annähernd bestimmten Vorgaben für die Ausgestaltung der Regeln (vgl. auch Schmidt-Aßmann, Grundrechtspositionen, 2001, S. 103). Die insoweit relevanten, in der Tendenz gegenläufigen Kriterien der ‚Notwendigkeit und Erfolgsaussicht' einer Transplantation (§ 16 Abs. 2 Nr. 2 TPG), die überdies nur beispielhaft genannt (‚insbesondere') und in eine Vermutungsregel eingestellt sind (§ 16 Abs. 1 Satz 2 TPG), lassen bereits nicht erkennen, welche konkreten Handlungs- oder Unterlassungspflichten hieran geknüpft sein könnten (vgl. Schroth/Hofmann, FS Kargl, aaO, S. 539; Streng-Baunemann, FS Streng, 2017, S. 767, 777).“*[373]

371 Vgl. dazu auch S. 179 ff.

372 BGH, Urteil vom 28. Juni 2017 – 5 StR 20/16, Rn. 35 ff., 44.

373 Ebd., Rn. 34.

Die auszugestaltenden Regeln sind hierbei diejenigen aus § 12 III 1 TPG, also die RLBÄK. Damit sei die Heranziehung dieser Richtlinien nicht geeignet, Körperverletzungs- oder Tötungsunrecht zu begründen. Der Senat folgt dabei im Urteil der im Schrifttum herrschenden Meinung, dass die RLBÄK als eine Form der exekutiven Rechtssetzung qualifizieren, und als solche grundsätzlich mit repressiven Sanktionen bewehrbar wären. Jedoch könne kein Blankett-Strafgesetz dadurch ausgestellt werden, dass die auf dem TPG als Ermächtigungsgrundlage beruhenden Richtlinien herangezogen werden, während dieses dem Gesetzlichkeitsprinzips nach Art. 103 II GG, hier in Gestalt des Grundsatzes *nulla poena sine lege certa*, nicht genüge tue.[374]

Das hier in Rede stehende „Blankett-Strafgesetz" ist dabei § 212 I StGB. Zu subsumieren ist eine Strafbarkeit wegen versuchten Totschlages. Das TPG und die RLBÄK dienen als Bezugsnormen für die Zurechnung innerhalb des § 212 I StGB.

Der BGH ging also beim TX-Fall von einer Anwendbarkeit des Art. 103 II GG aus, und stellt dann fest, dass die Anforderungen des Gesetzlichkeitsprinzips hier nicht erfüllt wären.

(2.1.1) Anwendbarkeit des Art. 103 II GG

Die Anwendbarkeit des Gesetzlichkeitsprinzips auf Bezugsnormen des Straftatbestandes ist jedoch nicht ohne weiteres zu bejahen, beziehungsweise müsste zunächst geprüft werden. Die Anforderungen an den Gesetzgeber, um nach Art. 103 II GG verfassungskonformes Strafrecht zu schaffen, liegen darin, dass der Normadressat grundsätzlich bereits nach dem Wortlaut der Vorschrift vorhersehen können soll, ob ein bestimmtes Verhalten strafbar ist oder nicht.[375]

Für die Reichweite *respective* Anwendbarkeit des Art. 103 II GG ist auf die Unterscheidung von normativen Tatbestandsmerkmalen und Blankett-Tatbeständen abzustellen.

Bei normativen Tatbestandsmerkmalen verhält sich der Straftatbestand streng akzessorisch gegenüber dem anderen Rechtsgebiet, aus dem der ausfüllungsbedürftige Begriff stammt. Somit folgt beispielsweise die Interpretation des normativen Merkmals „fremd" aus § 242 StGB vollends den Auslegungsregeln und Bestimmungen des Bürgerlichen Rechts.[376] Somit übernimmt das

---

374 BGH, Urteil vom 28. Juni 2017 – 5 StR 20/16, Rn. X., 44.

375 BVerfG, Urteile vom 11. November 1986 – 1 BvR 713/83, Rn. 63 = BVerfGE 73, 206; und vom 6. Mai 1987 – 2 BvL 11/85, Rn. 35 = BVerfGE 75, 329; BVerfG, Beschluss vom 23. Juni 2010 – 2 BvR 2559/08, Rn. 7; Maunz/Dürig – *Remmert*, Art. 103 Abs. 2 Rn. 92; *Henckel*, HRRS 7/2018, 273 (275).

376 *Hohmann*, ZIS 1/2007, 38 (40); *Heusser*, HRRS 2/2021, 63 (65).

Strafgesetz nur Wertungen aus den in Bezug genommenen Normen, ohne sie zu inkorporieren. Damit ist auch nach der Rechtsprechung von BGH[377] und BVerfG[378] bei der Anwendung außerstrafrechtlicher Normen zur Auslegung eines normativen Tatbestandsmerkmales bei geschlossenen Tatbeständen das Gesetzlichkeitsprinzip nicht auf diese Bezugsnormen anwendbar.[379]

Blankett-Tatbestände sind dagegen Normen, die zwar ebenfalls ausdrücklich oder konkludent auf außerstrafrechtliche Tatbestände oder die außerstrafrechtliche Ausfüllung des Straftatbestandes verweisen, diese jedoch inkorporieren. Das bedeutet, die ausfüllenden Normen sind uneingeschränkt nach den Regeln des Strafrechts auszulegen. Der Blankett-Straftatbestand ist eingeschränkt akzessorisch im Lichte der Bezugsnormen auszulegen. Dabei sind letztere Teil des Tatbestandes, und daher Art. 103 II GG auch auf diese anwendbar.[380]

Im Hinblick auf den Bezugspunkt des Tatvorsatzes indes sind normative Tatbestandsmerkmale und Blankett-Elemente prinzipiell gleich zu behandeln, nach dem Grundsatz des doppelten Vorsatzbezuges. Der Tatvorsatz muss sich auf die Verwirklichung des Tatbestands (nach Laienart) und auf die Rechtsfolgen der in Bezug genommenen Norm erstrecken. Mögliche Ausnahmen hiervon folgen nicht aus der Einordnung als Blankett- oder normatives Element, sondern beispielsweise aus der *ratio* der in Bezug genommenen Normen.[381]

§ 212 I StGB setzt, wie auch vom 5. Senat so ausgeführt, keine spezielle Form der Tatbegehung voraus.[382] Die Bezugsnormen aus dem TPG und den RLBÄK kommen dann ins Spiel, wenn es darum geht, einen normativen Konflikt aufzulösen. Als kausal im Sinne der Äquivalenztheorie müsste nämlich jede Vergabe eines Spenderorgans als Totschlag strafbar sein, da jeweils ein hypothetischer rettender Kausalverlauf[383] für einen „leer ausgehenden" Patienten abgebrochen

377 BGH, Urteil vom 13. April 2010 – 5 StR 428/09, Rn. 21.

378 BVerfG, Urteil vom 18. Mai 1988 – 2 BvR 579/84, Rn. 28 = BVerfGE 78, 205; BVerfG, Beschluss vom 23. Juni 2010 – 2 BvR 2559/08, Rn. 73.

379 *Henckel*, HRRS 7/2018, 273 (274); so auch als Ausgangspunkt *Ulsenheimer/Gaede*, Arztstrafrecht, Rn. 902; *Gaede*, in: Update im Medizinstrafrecht, S. 11, (26 f.).

380 *Heusser*, HRRS 2/2021, 63 (65); *Henckel*, HRRS 7/2018, 273 (274); *Hohmann*, ZIS 1/2007, 38 (43).

381 *Kuhli*, Normative Tatbestandsmerkmale, S. 218.

382 BGH, Urteil vom 28. Juni 2017 – 5 StR 20/16, Rn. 35; so auch *Rissing-van Saan*, NStZ 2014, 233 (239); *Bülte*, StV 2013, 749 (753); *Henckel*, HRRS 7/2018, 273 (277).

383 An dieser Stelle soll dies ohne eine Kausalitäts-Diskussion als Prämisse angenommen werden, da hier andere Rechtsfragen Gegenstand der Betrachtung sind.

würde. Erst die Verteilungsregen aus dem TPG können[384] eine Zuordnung des Todes des Patienten und der Manipulationshandlung des Arztes dergestalt herstellen, dass von einer strafbewehrten Verursachung des Todes durch diese Handlung gesprochen werden kann.[385] Dies macht § 212 I StGB jedoch nicht zum Blankett. Aufgrund der Komplexität und Vielfalt der zu regelnden Lebenssachverhalte müssen Normen des Allgemeinen Teils des Strafrechts meist zwingend abstrakt bleiben. Dabei sind auch ausfüllungsbedürftige Tatbestandsmerkmale nicht ausgeschlossen. Der entscheidende Unrechtsvorwurf gemäß § 212 I StGB ergibt sich klar aus der Norm – die Verursachung des Todes eines Menschen.[386] Die konkrete Ausgestaltung des Verursachungsbegriffs,[387] gerade im Zusammenhang mit der Begriffskomponente der Zurechenbarkeit beziehungsweise den Anforderungen der KonstHU, ist Aufgabe einer dynamisch orientierten Rechtsprechung. Eine genaue Festlegung durch den Gesetzgeber würde sich, entgegen diesem Ziel, der Möglichkeit einer Weiterentwicklung entlang wissenschaftlicher und philosophischer Entwicklungen versperren.[388]

Die Ausgestaltung dieses Tatbestandsmerkmals ist jedoch mitnichten „ausgelagert", im Sinne eines Blanketts, und die Heranziehung des TPG entspricht auch nicht dieser Konstellation. Vielmehr ist der in § 212 I StGB geforderte Verursachungsbegriff, im weitesten Sinn, durchaus strafrechtlich definiert, wie ja vorliegend ausführlich herausgearbeitet. Das TPG seinerseits füllt diese Definition wertend in Bezug auf die in diesem Fall konkret in Rede stehende Materie nach deren spezifischen rechtlichen und fachübergreifenden Anforderungen aus. Die wertungsausfüllende Heranziehung des TPG liegt also im individuellen Fall begründet, und soll nicht einer grundsätzlich gültigen Ausgestaltung des Strafrechtstatbestandes dienen.

Damit handelt es sich bei der Auslegung der Kausalitätsfragen und Anforderungen der KonstHU, *respective* Zurechnung, bei der Prüfung einer Tötungshandlung im Sinne von § 212 I StGB um die Interpretation (ungeschriebener)

---

384 Vorbehaltlich der weiteren vom Senat unter einer Zurechnung und hier unter der KonstHU geprüften Rechtsfragen.

385 *Henckel*, HRRS 7/2018, 273 (277).

386 Ebd., 275.

387 Seit dem Inkrafttreten des StGB gibt es hierzu anhaltende Diskussionen, Zusammenfassung bei *Roxin*, Strafrecht AT I, § 11, Rn. 3 ff., 35 ff. Diese beschränken sich darüber hinaus nicht auf das Strafrecht. Mit entsprechenden Nachweisen zum Zivilrecht und Verwaltungsrecht: *Henckel*, HRRS 7/2018, 273 (278).

388 *Henckel*, HRRS 7/2018, 273 (278).

normativer Tatbestandsvoraussetzungen. Das Gesetzlichkeitsprinzip findet deshalb auf das im TX-Fall in Bezug genommene TPG keine Anwendung.

Für eine Erklärung, warum der 5. Senat dies anders gesehen hat, beziehungsweise welche Besonderheiten er möglicherweise erkannt haben möchte, kämen verschiedene Ansätze in Betracht.

Zum einen könnte losgelöst von der eben dargestellten Abgrenzung eine fehlende Vorhersehbarkeit der Strafbarkeit als Verstoß gegen die *ratio* des Art. 103 II GG bei einer Zurechnung des tatbestandlichen Erfolges über die Bezugsnormen am konkreten Fall diskutiert werden.

Allerdings überzeugt ein solcher Vorwurf nicht. Es braucht nicht einmal die Expertise eines praktizierenden TX-Arztes, um zu erkennen, dass die Vergabe von Spenderorganen als knappe Ressource notwendigerweise nach rechtlichen Regeln zu erfolgen hat, und eine Strafbarkeit in diesem Kontext dann auch von der Einhaltung dieser Regeln abhängen kann. Zudem sind die normativen Grundlagen des Organallokations-Verfahrens jedenfalls ausreichend verschriftlicht.[389] Darüber hinaus soll laut BVerfG[390] ein solches Expertenwissen die Bestimmtheitsmaßstäbe ohnehin sogar eher weiter reduzieren.[391]

Ein zweiter möglicher Erklärungsansatz könnte sein, dass der 5. Senat hier, allerdings ohne entsprechenden Hinweis, einigen Vertretern aus der Literatur folgt, die jedenfalls bei komplexen Bezugsmaterien fordern, eine Differenzierung von Blankett und normativen Tatbestandsmerkmalen für den Anwendungsbereich des Art. 103 II GG aufzugeben. Dieser solle nicht von Zufälligkeiten abhängig werden.[392] Gleichwohl enthalten auch die Bezugsnormen selbst wiederum oft auf unterschiedliche Arten auslegungsbedürftige Rechtsbegriffe und Tatbestandsmerkmale. Deshalb müsste, um das Problem einer fehlenden Vorhersehbarkeit konsequent anzugehen, das gesamte Recht unter den Vorbehalt aus Art. 103 II GG gestellt werden. Dieses verfassungsrechtlich verankerte Gesetzlichkeitsprinzip bezieht sich aber bereits seinem

389 *Henckel*, HRRS 7/2018, 273 (278).

390 BVerfG, Beschluss vom 11. Juni 1969 – 2 BvR 518/66, Rn. 51 = BVErfGE 26, 186; BVerfG, Beschluss vom 15. März 1978 – 2 BvR 927/76, Rn. 32 = BVerfGE 48, 48; zuletzt offengelassen von BVerfG, Beschluss vom 21. September 2016 – 2 BvL 1/15, Rn. 52; vgl. auch *Hohmann*, ZIS 1/2017, 38 (45 mit Fn. 90).

391 *Henckel*, HRRS 7/2018, 273 (278 mit Fn. 52), auch mit Verweis zu Kritik an dieser Rspr. von *Seebode*, JZ 2004, 303 (305).

392 *Henckel*, HRRS 7/2018, 273 (274); *Bülte*, BB 2010, 1759 (1766); *Lüderssen*, in: FS-Schroeder, S. 569 (576); *Rönnau*, ZStW 2007, 887 (905).

Wortlaut nach nur auf das Strafrecht, so dass eine Ausdehnung jedenfalls nach grammatikalischer Auslegung nicht intendiert ist.

Die medizinrechtlichen Fragestellungen um das TX-Wesen gerieren sich dabei als besonders anschauliches Beispiel für einen stetig höhere Anforderungen stellenden Konflikt für den Gesetzgeber. So hat dieser einerseits einem zunehmenden Erfordernis von Geschwindigkeit und Flexibilität bei steigender Komplexität der Regelungsmaterie nachzukommen. Andererseits darf er sich dabei nicht dem Vorwurf aussetzen, sich entgegen Art. 103 II GG der Aufgabe zu entziehen, Strafbarkeitsvoraussetzungen selbst zu bestimmen. Das BVerfG hat am Beispiel von Blankett-Tatbeständen im ebenfalls von vielfältigen Strömungen beeinflussten Außenwirtschaftsrecht entschieden, dass das Bestimmtheitsgebot nicht übersteigert werden dürfe. Bestimmte Regelungsmaterien und ihre wechselnden und mannigfaltigen Regelungsbedürfnisse rechtfertigen es durchaus, tatbestandliche Spezifizierungen in Rechtsverordnungen vorzunehmen.[393]

Schließlich könnte für eine Anwendung des Art. 103 II GG auf die Normen für die Organallokation noch über die Heranziehung einer Notwendigkeit der an sich durch § 212 I StGB ausreichend ausgestalteten Konstituierung des Lebensschutzes aus dem GG aufgrund einer besonderen Konstellation nachgedacht werden. Die zur Verfügung stehenden Spenderorgane werden erst durch die rechtliche Entscheidung über ihre Vergabe zugewiesen. Daher könnte für diese Entscheidung über die Zuteilung von Lebenschancen eine hinreichende parlamentarische Grundlage gefordert werden.[394] Hier allerdings ist wiederum die Komplexität der Bezugsmaterie dahingehend zu berücksichtigen, dass diese gerade daraus resultiert, dass multidimensionale medizinische Parameter einfließen. Diese lassen gerade eine entsprechend fachorientierte Ausgestaltung erforderlich werden.

In Zusammenhang mit dem Lebensschutz könnte noch der Aspekt der Wahrung des gesetzgeberischen Willens erwogen werden. Die Heranziehung der Richtlinien zur Auslegung des Verursachungsbegriffes im Rahmen des § 212 I StGB könnte jedoch nur dann eine unzulässige Entgrenzung des vom parlamentarischen Gesetzgeber determinierten Tatbestandes konstituieren, wenn diese Vorschriften in keinem Zusammenhang mit dem vom Gesetzgeber

393 BVerfG, Beschluss vom 24. Februar 1993 – 2 BvR 1959/92 = NJW 1993, 1909 (1910); *Hohmann*, ZIS 1/2017, 38 (45).

394 *Ulsenheimer/Gaede*, Arztstrafrecht, Rn. 903.

bezweckten Rechtsgüterschutz stünden.[395] Es wurde bereits dargestellt, dass das TPG und die RLBÄK durchaus auch dem individuellen Lebensschutz dienen. Darüber hinaus käme es nicht einmal auf einen individuellen Lebensschutz an – auch ein abstrakter Lebensschutz wäre für ein Abstellen auf den gesetzgeberischen Willen in diesem Kontext ausreichend. Eine solch feine Differenzierung könnte für den Schutzzweckzusammenhang relevant werden, ist jedoch für die Frage nach der Wahrung des gesetzgeberischen Willens nicht geboten.[396]

Im Ergebnis ist die Intention, dem Gesetzlichkeitsprinzip bei normativen Tatbestandsmerkmalen und komplexen Bezugsmaterien unter bestimmten Voraussetzungen mehr Gewicht zu verleihen, grundsätzlich zu begrüßen. Jedoch überzeugen die vorangestellten Argumentationsansätze bereits insoweit nicht, als eine Abgrenzung von normativen Tatbestandsmerkmalen und Blankett-Tatbeständen in Gänze aufzugeben sein sollte. Außerdem ist im Urteil nicht ersichtlich, warum konkret beim TX-Fall eine Anwendung des Art. 103 II GG auf das TPG entgegen der überzeugenden Einordnung und Abgrenzung anhand der Charakteristik von § 212 StGB i.V.m. dem TX-Recht angenommen werden sollte.

Jedoch ist zum einen die Abgrenzung von Blankett-Tatbeständen und normativen Tatbestandsmerkmalen umstritten, und es geht dabei, wie hier bereits deutlich wurde, oftmals um von unterschiedlichen Tendenzen geprägte Feinheiten. Zum anderen ist der 5. Senat nun einmal von einer Anwendbarkeit ausgegangen. Deshalb soll im Folgenden noch analysiert werden, ob die Tatbestandsmerkmale des TPG bei einer hypothetischen Anwendbarkeit des Art. 103 II GG tatsächlich gegen diesen verstießen.

(2.1.2) Bestimmtheitsprüfung bei hypothetischer Anwendbarkeit des Art. 103 II GG

Im Zentrum der „Bestimmtheitskritik" des 5. Senates stehen die „*beiden vom Gesetzgeber gewählten Fixpunkte*"[397] im TPG, die Kriterien der Erfolgsaussicht und Dringlichkeit.

In der Tat besteht zwischen diesen Kriterien ein struktureller Widerspruch, und sie verfolgen tendenziell eher gegenläufige Ziele, womit der Anschein eines losen Nebeneinanders entsteht.

395 *Henckel*, HRRS 7/2018, 273 (278 f.).

396 Ebd., 279.

397 *Sternberg-Lieben, D./Sternberg-Lieben, I.*, JZ 2018, 32 (34).

Die Erfolgsaussicht[398] bezieht sich auf den allgemeinen und/oder medizinischen Nutzen. Die Dringlichkeit[399] soll den Gesundheitszustand beziehungsweise die Überlebenschance des konkreten Patienten reflektieren.[400] Ein Organ, das einem unmittelbar vom Tod bedrohten und sehr geschwächten Patienten transplantiert wird (-> Dringlichkeit), läuft eher Gefahr zu versagen und damit „verloren" zu gehen als bei einem körperlich schwer erkrankten Patienten, der dabei aber noch körperlich stabil ist (-> Erfolgsaussicht).[401] Patienten mit höchster Dringlichkeitsstufe sind also meist diejenigen mit den geringsten Erfolgsaussichten, während ein Abstellen auf die Erfolgsaussicht in der Regel die Patienten mit höchster Dringlichkeitsstufe ausschließt.[402]

Die Kriterien sind also durchaus definiert und umgrenzt, auch wenn sich um normative Maßstäbe handelt,[403] die auslegungs- und wertausfüllungsbedürftig sind.

D. und I. Sternberg-Lieben formulieren daher zutreffend *„[a]uch wenn diese Vorgaben von Dringlichkeit und Erfolgsaussicht – die ja durchaus hinreichend bestimmt sind – als solche nicht bruchlos in Einklang gebracht werden*

---

398 Richtlinie gem. § 16 Abs. 1 S. 1 Nrn. 2 u. 5 TPG für die Wartelistenführung und Organvermittlung zur Lebertransplantation, Ziff. II.1 d): (Stand 2023) *„Kriterien des Erfolgs einer Transplantation sind die längerfristig ausreichende Transplantatfunktion und ein damit gesichertes Überleben des Empfängers mit verbesserter Lebensqualität. Die Erfolgsaussichten unterscheiden sich nach Organen, aber auch nach definierten Patientengruppen."* Dies entspricht auch der Definition der Richtlinien auf dem Stand 2009, wie sie für den TX-Fall relevant war. Abrufbar auf den Seiten der bundesaerztekammer.de.

399 Vgl. zur Fassung der RLBÄK Fn. 396, RLBÄK-Leber Ziff. II.1 e): *„Der Grad der Dringlichkeit richtet sich nach dem gesundheitlichen Schaden, der durch die Transplantation verhindert werden soll. Patienten, die ohne Transplantation unmittelbar vom Tod bedroht sind, werden bei der Organvermittlung vorrangig berücksichtigt. Bei Kindern, Jugendlichen und Heranwachsenden wird berücksichtigt, dass ihre Entwicklung ohne Transplantation in besonderer Weise beeinträchtigt oder anhaltend gestört wird."* Dies entspricht auch der Definition der Richtlinien auf dem Stand 2009, wie sie für den TX-Fall relevant war.

400 *Rissing-van Saan*, NStZ 2014, 233 (236); *Kern*, Allokation von Spenderlebern, S. 43 f.

401 *Joo*, Organtransplantation, S. 179; *Rissing-van Saan*, NStZ 2014, 233 (237).

402 *Sternberg-Lieben, D./Sternberg-Lieben, I.*, JZ 2018, 32 (34).

403 *Rissing-van Saan*, NStZ 2014, 233 (236).

können, so zwingt dies nicht dazu, eine Unwirksamkeit dieser Vorschriften anzunehmen."[404]

Bei einer Auslegung und insbesondere Gewichtung der Kriterien spielt außerdem hinein, dass das TPG und insbesondere die dort für die Organ-Allokation postulierten Kriterien hinsichtlich ihrer Verfassungsmäßigkeit von einigen Seiten stark in der Kritik stehen.[405] Es wird vertreten, das TPG kollidiere „*in vielfältiger Weise mit den Vorgaben des Grundgesetzes*",[406] und das Kriterium der Erfolgsaussicht begegne *per se* und unabhängig von einer solchen Gewichtung verfassungsrechtlichen Bedenken – es sei schlicht verfassungswidrig und grundsätzlich unzulässig.[407]

Der 5. Senat jedoch hatte bei seiner Beurteilung davon auszugehen, dass das TPG verfassungsgemäß, und damit anzuwenden und entsprechend auszulegen ist.

Der BGH kann nicht über die Verfassungsmäßigkeit eines förmlichen, vom parlamentarischen Gesetzgeber beschlossenen und demokratisch legitimierten Gesetzes entscheiden. Dies ist dem BVerfG vorbehalten. Solange dieses nicht die Verfassungswidrigkeit feststellt, sind neben den Bürgern auch die Gewalten des Staates, also auch die Exekutive und die Judikative und damit die Gerichte, nach Art. 20 III GG an die Anwendung und Einhaltung gebunden. Das Gesetz kann auch nicht einfach ignoriert werden.[408]

Anderes gilt für die Verfassungsmäßigkeit der auf dem TPG beruhenden RLBÄK. Diese hat der 5. Senat im Rahmen seiner Normverwerfungskompetenz als Form der exekutiven Gesetzgebung geprüft.[409] Sie sind im Rang niedriger

---

404 *D. Sternberg-Lieben/I. Sternberg-Lieben*, JZ 2018, 32 (34); mit Fn. 26 f. und Verweis auf *Rosenau*, in: FS-Deutsch, S. 435, 439.

405 So z.B. *D. Sternberg-Lieben*, in: FS-Weber, S. 69 (74); *Bülte*, StV 2013, 749 (753), „*verfassungsrechtliche Zweifelhaftigkeit*" des TPG; *Schroth*, NStZ 2013, 437 (443).

406 *Gutmann*, MedR 30 (2012), 158 (158) m.w.N. zu dieser Ansicht.

407 So u.a. *Bader*, Organmangel und Organverteilung, S. 345; zitiert in *Amos*, BRJ 01/2017, 44 (47). Unter Verweis auf die Lebenswertindifferenz: Der Staat dürfe nicht vorschreiben, welcher Mensch bei knappen Ressourcen zu retten sei: *Streng-Baunemann*, ZIS 3/2021, 170 (170), mit Verweis auf Deutscher Ethikrat, Ad hoc-Empfehlung, Solidarität und Verantwortung in der Corona-Krise, 2020, S. 3, 4, abrufbar unter https://www.ethikrat.org/fileadmin/Publikationen/Ad-hoc-Empfehlungen/deutsch/ad-hoc-empfehlung-corona-krise.pdf, zuletzt aufgerufen am 28.05.2023; *Merkel/Augsberg*, JZ 2020, 704 (705) mit Bezug auf Verteilungsregeln für den Corona-Triage-Fall; *Amos*, JuWissBlog Nr. 74/2020.

408 *Rissing-van Saan*, NStZ 2014, 233 (237).

409 Vgl. S. 176 ff. zur Verfassungsmäßigkeit der AKK.

als formelle Gesetze, und aufgrund der fehlenden unmittelbaren demokratischen Legitimation weniger schutzwürdig. Der BGH als zuständiges Gericht ist daher nicht durch das Normverwerfungsmonopol des BVerfG an der Prüfung und Erklärung der Rechts- oder Verfassungswidrigkeit gehindert. Jedoch wirkt seine Entscheidung nur für diesen Rechtsstreit. Die Norm bleibt weiter in Kraft.[410]

Die Kritik an der Verfassungsmäßigkeit des TPG könnte jedoch indirekt eine Rolle für die Annahme fehlender Bestimmtheit durch den 5. Senat spielen.

Mit der Auslegung der Kriterien und auch der Abwägung der Folgen der Auslegung wird im Hinblick auf die bereits herausgestellten Besonderheiten der Organallokation explosives Terrain betreten. Somit könnte eine Hypothese lauten, dass der Weg über die Bestimmtheitsprüfung für den 5. Senat folgende Möglichkeit eröffnet hat: Im Urteil ging es um Normen, die in verfassungsrechtlicher Hinsicht zumindest deutlich in der Kritik stehen. Das Urteil war in einigen Aspekten ein Paukenschlag für das TX-Recht, während ein solcher für einige offengelassene Aspekte lediglich wünschenswert geblieben ist. So hätte der Senat einen Weg gefunden, die relevanten Rechtssätze des TPG zwar nicht über seine Kompetenzen hinaus juristisch zu bewerten, weil er das weder durfte und wahrscheinlich ohnehin auch gar nicht wollte. Dabei hätte er jedoch durch die Annahme der Nicht-Kompatibilität mit Art. 103 II GG zumindest für den vorliegenden Fall und dessen Entscheidung eine Wertung abgegeben, die die Verfassungsmäßigkeit des TPG unangetastet ließe, die Schwierigkeiten jedoch reflektierte.

Damit soll dem Spruchkörper keinesfalls unterstellt werden, Kompetenzen nicht einhalten zu wollen oder abgrenzen zu können. Vielmehr hätte der 5. Senat nach dieser These freilich eben nicht die Verfassungsmäßigkeit des TPG angezweifelt, sondern hätte die verfassungsrechtlichen Hürden bei einer verfassungskonformen Auslegung der Kriterien als unzureichende Bestimmtheit im Sinne von Art. 103 II GG gedeutet.

Ob der Schwierigkeitsgrad einer normativen Auslegung als überzeugendes Argument für eine Ausweitung des Gesetzlichkeitsprinzips herangezogen werden könnte, sei hier dahingestellt.

Fest steht jedenfalls, dass gerade die Notwendigkeit einer verfassungsrechtlichen Abwägung mit der hier hervortretenden Bedeutung und erforderlichen

---

410 *Michael/Morlok*, Grundrechte, Rn. 881; vgl. auch BGH, Urteil vom 28. Juni 2017 – 5 StR 20/16, Rn. 40, mit Verweis u.a. auf BVerfG, NVwZ-RR 2000, 473, (474).

Sensibilität den notwendigen „Bestimmtheitsgrad" der Tatbestandsmerkmale erhöht, und gerade nicht herabsetzt.

Grundrechte weisen eine Prinzipienstruktur auf und sind damit abwägungsfähig.[411] Die Implikationen der jeweils relevanten oder betroffenen Grundrechte sind in praktische Konkordanz zu bringen. Das bedeutet, bei kollidierenden Verfassungsgütern sollen die Grundrechte so ausgelegt werden, dass jedes Grundrecht Wirklichkeit gewinnt. Beiden Gütern müssen Grenzen gesetzt werden, so dass jedes seine optimale Wirkung entfalten kann.[412] Für die Klärung einer konkreten rechtlichen Situation ist daher eine bedingte Vorrangrelation[413] zu schaffen, um diese Kollision durch eine Abwägungsarbeit im Sinne eines Prozesses zu lösen. Die Abwägung erweist sich dabei neben der Subsumtion als grundlegende Normanwendungsmethode. Sie dient hauptsächlich dazu, Prinzipienkonflikte aufzulösen.[414]

Wechselwirkungen kollidierender Rechtsgüter handhabbar auszugestalten ist mithin der Arbeit mit verfassungsrechtlich garantierten Rechtsgütern inhärent. Dass hierfür bei den gegenläufigen Kriterien der Erfolgsaussicht und Dringlichkeit vergleichsweise etwas mehr Auslegungs-„Arbeit" notwendig ist, führt keinesfalls zur Unbestimmtheit der Kriterien.

Das am 1. Dezember 1997 in Kraft getretene und schon in seiner Entstehungsphase durch unterschiedliche politische Kritiken geprägte[415] TPG wurde bereits mehrfach novelliert. Einfluss darauf dürfte sicherlich auch die andauernde Diskussion um die Verfassungsmäßigkeit gehabt haben. Zudem stand bei der Entstehung des TPG die Debatte um den Hirntod derart im Mittelpunkt des Interesses, dass Auseinandersetzungen mit anderen Fragen dahinter zunächst zurücktraten.

Jedoch wurden weder die grundlegende Konzeption, und diese umfasst auch die Kriterien Dringlichkeit und Erfolgsaussicht, noch die Richtlinienkompetenz der BÄK geändert.

In den Ansatz, dass die Feststellungen des 5. Senates bezüglich einer fehlenden Bestimmtheit aus einer etwas komplexeren Auslegung, welche auch den Umgang mit verfassungsrechtlich kritisch betrachteten Fragen umfasst, resultieren, lässt sich zudem gut die Kritik von *Rissing-van Saan* und *Verrel*

---

411 *Azevedo Palu*, Grundrechte, S. 137.

412 *Hesse*, Grundzüge des Verfassungsrechts, Rn. 72.

413 *Alexy*, Theorie der Grundrechte, S. 81.

414 *Azevedo Palu*, Grundrechte, S. 137 m.w.N.

415 *Otto*, Jura 2012, 745 (745); *Rissing-van Saan*, NStZ 2014, 233 (234) m.w.N.

einfügen. Diese monieren eine Inkonsequenz bezüglich der Schlussfolgerungen des 5. Senates zu Art. 103 II GG. Stützte man ein Bestimmtheitsdefizit, wie im Urteil geschehen, nämlich auf das lose Nebeneinander der Kriterien Dringlichkeit und Erfolgsaussicht, müsste dies zum einen nicht nur die AKK betreffen, für die überdies die Verfassungswidrigkeit festgestellt wurde, sondern sämtliche auf diesen Kriterien basierenden Richtlinienbestimmungen.[416] Bei den Manipulations-Fällen bleibt dies für die Regelungen um den MELD-Score jedoch explizit dahingestellt, und die Strafbarkeit wird wegen fehlenden Vorsatzes abgelehnt. Lediglich für die weiteren Ausschlusskriterien wird der Verstoß gegen Art. 103 II GG wieder bejaht, dabei jedoch wiederum die Frage nach der inhaltlichen Verfassungsmäßigkeit offengelassen.[417] Dabei fällt auf, dass der 5. Senat hier zwischen Ausschluss- beziehungsweise Aufnahmeregelungen für die Warteliste (AKK, *Clichy*-Kriterien und extrahepatisches Tumorwachstum) und Verteilungskriterien (MELD-Score) zu differenzieren scheint. Auf den ersten Blick erschließt sich dafür keine Erklärung, auch begründet der 5. Senat dies nicht.[418] Bei den Aufnahmeregelungen rückt die Erfolgsaussicht in den Vordergrund, bei den Verteilungsregelungen die Dringlichkeit. Erstere wiederum steht im Zentrum verfassungsrechtlicher Kritik am TPG. Der damit einhergehende Anspruch an eine äußerst sensible Auslegung könnte dazu geführt haben, dass der 5. Senat speziell dieses Tatbestandsmerkmal als nicht bestimmt genug angesehen hat.

Zwar gerät diese Annahme etwas ins Wanken, bedenkt man, dass wiederum bei den *Clichy*-Kriterien und der Regelung zum extrahepatischen Tumorwachstum im Gegensatz zur AKK bei der inhaltlichen Kontrolle die Frage nach der Verfassungsmäßigkeit offengelassen wurde. Allerdings kommt bei der AKK hinzu, dass diese schon länger und „lauter" in der Kritik steht. Dies liegt nicht zuletzt an der auch im Urteil bemängelten Kompatibilität mit den Anforderungen des medizinischen Standards, beziehungsweise „Stand der medizinischen" Erkenntnisse aus dem TPG. Die AKK könne nicht nachweislich zu einer signifikanten Steigerung der Erfolgsaussichten einer TX führen. So wird der Rückschluss gezogen, dass *„die Karenzklausel wegen der auch bei einem Alkoholrückfall bestehenden Überlebenschancen jedenfalls insoweit durchgreifenden Bedenken unter dem Blickwinkel von Art. 2 Abs. 2 Satz 1, Art. 3 Abs. 1 GG ausgesetzt [ist], als dadurch auch Patienten ausgeschlossen werden, die – wie die*

416 *Rissing-van Saan/Verrel*, NStZ 2018, 57 (59).

417 BGH, Urteil vom 28. Juni 2017 – 5 StR 20/16, Rn. 43, 45.

418 So auch kritisiert von *Rissing-van Saan/Verrel*, NStZ 2018, 57 (59).

Patientinnen F. und V. – die Frist von sechs Monaten ohne Transplantation nicht überleben würden".[419]

Zudem impliziert die *von Rissing-van Saan* und *Verrel* als solche gerügte Inkonsequenz, der vom 5. Senat angenommene Bestimmtheits-Mangel solle nicht für alle Regelungen aus den Richtlinien gelten, eine weitere Abgrenzung zur Wahrung von Kompetenzgrenzen im Urteil. Es lässt sich argumentieren, indem die Art. 103 II GG-Frage bezüglich des MELD-Scores offengelassen wurde, habe der Senat gleichzeitig kompetenzgemäß nicht die Kriterien und ihre Wechselwirkung grundsätzlich und umfassend attackiert, sondern nur deren „Übersetzung" in spezifischen Bereichen.

Auch *Rissing-van Saan* und *Verrel* könnte jedoch Inkonsequenz in ihrer Kritik angekreidet werden. So kreiden sie einerseits an, dass bei der Prüfung der AKK nach einer Feststellung des Fehlens eines dem Art. 103 II GG entsprechenden gesetzgeberischen Auftrages noch inhaltliche Bedenken „*nachgeschoben*"[420] werden. So genüge doch diese Feststellung allein, um eine strafbarkeitsbegründende Wirkung der Richtlinien abzulehnen. Gleichzeitig wird jedoch auch kritisiert, dass andere, nicht entscheidungserhebliche Fragen nicht abschließend geklärt wurden. Letzterem ist bereits wegen eines dogmatischen Interesses an der Klärung der im Gerichtsverfahren aufgeworfenen und, wie im Rahmen der Schutzzweckprüfung dargelegt, durchaus drängenden Fragen zu folgen. Darüber hinaus jedoch hätten auch die weiteren im Verfahrenszeitraum anhängigen Ermittlungsverfahren der Staatsanwaltschaft gegen TX-Mediziner in anderen TX-Zentren von einer weitreichenderen Befassung durch den 5. Senat profitieren können. Dies entspricht immerhin auch der von *Rissing-van Saan* und *Verrel* hervorgehobenen Signifikanz der hier erstmals vorgenommenen höchstrichterlichen Würdigung spezifischen TX-Rechts.[421] Aus welche Seite sich hier zu stellen ist, muss jedem selbst überlassen bleiben:

So gibt es die Idee eines möglichst „schlanken" Urteils im Sinne von *Ockham's razor*, nach dem nicht ohne Notwendigkeit eine Vielheit zu stellen ist.[422] Ebenso gibt es die Kritik an einem immerhin nach einer Sachrüge geführten Urteil, welches leider seinen Einsatz, einen großvolumigen Paukenschlag in der TX-Medizin zu präsentieren in einigen Teilen verpasst hat. Die Diskussion ist gewiss geeignet, um Ansätze beziehungsweise Rückschlüsse bezüglich einer

---

419 BGH, Urteil vom 28. Juni 2017 – 5 StR 20/16, Rn. 39.

420 *Rissing-van Saan/Verrel*, NStZ 2018, 57 (59).

421 Ebd.

422 Pluralitas non est ponenda sine necessitate.

inhaltlichen Auseinandersetzung mit den vorhandenen Urteilselementen zu extrahieren.

Jedenfalls kollidieren hier die Anforderung an ein Revisionsgericht, sich auf die herangetragenen Rechtsfragen und das Entscheidungsrelevante im Einzelfall zu konzentrieren, und die Forderung nach Klärung aktueller Rechtsfragen. So hat der BGH auch die Aufgabe, die Einheitlichkeit der Rechtsprechung und Rechtsanwendung zu pflegen, sowie erforderlichenfalls Rechtsfortbildung durch die Auseinandersetzung mit Auslegungsregeln und Anwendungsgrundsätzen zu betreiben.[423]

Der Kritik von *Rissing-van Saan* und *Verrel* ist neben allen denkbaren Erklärungsversuchen für die Urteilsinhalte insoweit zu folgen, als die Entscheidungen des 5. Senates, welche Fragen geklärt und welche offengelassen werden, mindestens ein Störgefühl verursachen.

Ebenfalls unter dem Aspekt der Bestimmtheit ist zudem der „Stand der medizinischen Erkenntnisse“ als Aufnahme- und Verteilungsregel aus § 12 III TPG zu betrachten.

Der 5. Senat führt zunächst aus, dass aus den Kriterien der Erfolgsaussicht und Dringlichkeit kein annähernd bestimmter gesetzgeberischer Auftrag für die Normierung der AKK entnommen werden könne. Darüber hinaus könne ein solcher *„auch nicht aus § 16 Abs. 1 Satz 1 TPG abgeleitet werden, wonach die Bundesärztekammer den ‚Stand der Erkenntnisse der medizinischen Wissenschaft‘ festzulegen hat.“*[424] An dieser Stelle ist nicht eindeutig ersichtlich, ob der Senat hier die (vermeintlich fehlende) Bestimmtheit dieses *terminus* kritisiert, oder unabhängig von einer diesbezüglichen Wertung feststellt, dass dieser, bestimmt oder unbestimmt, jedenfalls nicht die Ableitung der AKK erlaubt. Unabhängig davon steht jedenfalls fest, dass es sich der Gesetzgeber nicht selbst zugetraut hat, die entsprechenden Regelungen auszugestalten, so dass die Richtlinienkompetenz der BÄK als eine der Grundfesten der Verteilungskriterien des TPG bei sämtlichen Gesetzesänderungen unberührt geblieben ist.[425]

---

423 *Rissing-van Saan/Verrel*, NStZ 2018, 57 (62 mit Fn. 39): *„Dies ergibt sich unschwer schon aus der Funktion der Revision als Rechtsmittel zur Rechtsprüfung der Entscheidungen der Tatsacheninstanz und aus § 132 GVG, der das Verfahren bei Meinungsverschiedenheiten unter den BGH-Senaten und für die Entscheidung von Rechtsfragen von grundsätzlicher Bedeutung regelt (vgl. dazu u. a. LR-StPO/Franke 26. Aufl., § 132 GVG Rn. 2 ff., 34, 36 f.; Meyer-Goßner/Schmitt, StPO, 59. Aufl., § 132 GVG Rn. 13 ff.; Rissing-van Saan Widmaier-FS (2008), S. 505 ff.).“*

424 BGH, Urteil vom 28. Juni 2017 – 5 StR 20/16, Rn. 34.

425 Vgl. auch S. 159.

Rosenau hat für seine Annahme, der Begriff des medizinischen Standards sei als solcher offen und keineswegs hinreichend bestimmt, Zustimmung von *D.* und *I. Sternberg-Lieben* erhalten.[426] Jedoch entscheidet die Einhaltung des so genannten Facharztstandards regelmäßig über die mögliche Strafbarkeit bei einem Behandlungsfehler.[427] Daher legt *Rosenau* überzeugend dar, insoweit sei ein Bestimmtheits*problem* bislang nicht plausibel behauptet, und die Heranziehung der zu einer Festlegung dieses Standards geschaffenen Leitlinien medizinischer Fachgesellschaften sei nicht in Zweifel gezogen worden.[428]

Für eine sowohl hier als auch beim Wortlaut des Urteils verbleibende Grauzone sei zum einen darauf hingewiesen, dass nach überzeugender Ansicht ohnehin davon auszugehen ist, dass Art. 103 II vorliegend keine Anwendung findet. Zudem könnte argumentiert werden, dass der „Stand der medizinischen Erkenntnisse" neben den Kriterien der Erfolgsaussicht kein selbstständiges, für sich stehendes TB-Merkmal ist, sondern diese Kriterien ausgestaltet, die schließlich ihrerseits bestimmt sind.

Gutmann dagegen geht bei einem angenommenen Bestimmtheitsdefizit davon aus, das TPG habe das *„normative Grundproblem der Organverteilung als medizinisches fehletikettiert"*.[429] Davon abgesehen, dass er dabei keinen Vorschlag darlegt, wie dies besser gelöst werden könnte, kann dem ohnehin nicht gefolgt werden. Zum einen sind Erfolgsaussicht und Dringlichkeit in der Tat keine objektiven Erkenntnisse der Wissenschaft, sondern normative Kriterien, die als solche aber eben durchaus bestimmt sind. Zudem besagt die Formulierung aus § 12 III 1 TPG auch nicht, dass Erfolgsaussicht und Dringlichkeit medizinische Erkenntnisse wären, setzt diese Begriffe also im Sinne des oben dargestellten Verhältnisses der Tatbestandsinhalte nicht gleich. Medizinische Erkenntnisse stellen die Basis für die Regelungen in den Richtlinien dar. Diese Zuteilungsregeln wiederum sollen den beiden Kriterien Rechnung tragen. Diese Regeln wiederum hängen von den medizinischen Erkenntnissen zu verschiedenen Krankheitsbildern ab. Somit sind die Kriterien in der Tat

---

426 *Sternberg-Lieben, D./Sternberg-Lieben, I.*, JZ 2018, 32 (34); mit Verweis auf *Rosenau*, MedR 2016, 706 (711).

427 *Sternberg-Lieben, D./Sternberg-Lieben, I.*, JZ 2018, 32 (34); Schönke/Schröder – *Sternberg-Lieben/Schuster*, StGB, 29. Aufl., § 15 Rn. 212 ff.

428 *Rosenau*, MedR 2016, 706 (711); aufgenommen in *Sternberg-Lieben, D./Sternberg-Lieben, I.*, JZ 2018, 32 (34).

429 *Gutmann*, MedR 30 (2012), 158 (158); der jedoch hier weiter geht mit der Annahme, der Gesetzgeber habe *verfassungswidrig* Normsetzungskompetenzen an die BÄK abgegeben.

Bewertungsgegenstände, jedoch setzen sie notwendigerweise die Bewertung medizinischer Fakten voraus.[430] Erfolgsaussicht und Dringlichkeit als relativ groß zugeschnittene gesetzliche Vorgaben ermöglichen durch die Einbindung medizinischen Sachverstandes gerade einen effektiven Grundrechtsschutz. Somit wird eine praktikable und sehr fein justierbare Steuerung des staatlichen Schutzauftrages ermöglicht, die einem schnellem Fortschritt und Wandel des entscheidungsrelevanten Stands der ärztlichen Facherkenntnisse Rechnung tragen kann.[431]

Dehnte man die Anforderungen des Art. 103 II GG von den gesetzlich festgelegten Merkmalen für die Strafwürdigkeit einer Handlung auch auf die Normen aus, die bei deren Feststellung Anwendung finden, müsste auch jede Sorgfaltsregel etwa im handwerklichen oder sicherheitstechnischen Bereich mit den jeweils den spezifischen Bereichen folgenden Kunstregeln vom Gesetzgeber ausdrücklich festgelegt und am Bestimmtheitsgrundsatz orientiert formuliert werden. Eine starre Fixierung derartiger Regeln in entwicklungsstarken Bereichen würde einen gerade dort notwendigen dynamischen Grundrechtschutz eher hemmen als fördern.[432]

An dieser Stelle lassen sich in fließendem Übergang die Parallelen zur Thematik des Parlamentsvorbehaltes (Wesentlichkeitstheorie) einfügen. Dieser besagt, dass wesentliche Entscheidungen, die von substanziellem Gewicht sind, direkt vom Parlament getroffen werden müssen. Das eben Dargestellte trägt im Übrigen auch diesem Rechnung. So gilt zwar auch hier, dass der BGH nicht über eine mögliche Verfassungswidrigkeit im Falle eines Verstoßes entscheiden dürfte. Jedoch könnte aus dieser Kritik einiger Literaturvertreter[433] ebenfalls die Ablehnung eines strafbarkeitsbegründenden Zusammenhanges konstruiert werden. So proklamiert etwa *Höfling*, bei der Regelung der Organallokation im TPG handele es sich um eine *umgekehrte Wesentlichkeitstheorie*, da gerade alles Wesentliche nicht im Text stehe.[434] Zwar wurde diese Frage vom 5. Senat gar nicht adressiert, jedoch verläuft jedenfalls eine diese Bedenken ablehnende Argumentationslinie parallel zu der der Bestimmtheitsfrage. Auch

430 *Rissing-van Saan*, NStZ 2014, 233 (236).
431 *D. Sternberg-Lieben/I. Sternberg-Lieben*, JZ 2018, 32 (35) mit Verweis auf *Rosenau*, in: FS-Deutsch, S. 435 (447).
432 *Puppe*, ZIS 11/2018, 484 (490); *D. Sternberg-Lieben/I. Sternberg-Lieben*, JZ 2018, 32 (35 mit Fn. 46); mit Zitat von *Rosenau*, in: FS-Deutsch, S. 435 (447); *Schmidt-Aßmann*, Grundrechtspositionen, S. 60.
433 Bspw. *Bader*, Organmangel und Organverteilung, 189 ff.
434 *Höfling*, JZ 2007, 481 (482); *Sternberg-Lieben*, ZIS 4/2018, 130 (136 mit Fn. 70).

diese Erkenntnis kann in zwei Richtungen verarbeitet werden: Entweder hielt es der Senat aufgrund dieser Parallele nicht für notwendig sich dazu zu äußern, es sei insofern an *Ockham's razor* erinnert. Oder es stellt eine kritisch zu adressierende, inkonsequente Lücke dar, dass gerade aufgrund der ähnlichen Argumentationslinien nur das eine und nicht das andere aufgegriffen wurde.

Somit kann mit dem Folgenden also entweder das bisher Ausgeführte bekräftigt, oder eben diese Lücke geschlossen werden.

Im *Numerus-Clausus*-Urteil hatte das BVerfG bezüglich des knappen Gutes „Ausbildungsplätze an Hochschulen" über die Einschränkung einer Zulassungsbeschränkung zu entscheiden.[435] Es wurde festgestellt, dass die Beteiligung an diesem knappen Gut die Voraussetzung zur Verwirklichung von Grundrechten (Art. 12 GG) darstelle. Daher solle der Gesetzgeber die grundlegenden Entscheidungen selbst verantworten.[436]

Die Organverteilung stellt zwar keine originäre staatliche Aufgabe dar, jedoch hat der Gesetzgeber über die §§ 9–12 TPG ein umfassendes, jegliche Privatvermittlung ausschließendes TX-System normiert und damit eine faktische und rechtliche Monopolstellung geschaffen. Diese agiert im grundrechtsrelevanten Bereich, somit unterliegt ihr Handeln grundsätzlich dem Vorbehalt des Gesetzes.[437] Nun könnte argumentiert werden, wenn solche Schlussfolgerungen für eine Betroffenheit des Grundrechts der Berufsfreiheit gezogen werden, dann geltem diese Folgerungen erst recht, wenn das Rechtsgut Leben (Art. 2 II i.V.m. Art. 1 GG) im Zentrum einer Abwägung stehe. Für diese Abwägung sei zudem der Grundsatz der Lebenswertindifferenz zu beachten.

Dieser entspringt unmittelbar der Menschenwürdegarantie des Art. 1 GG und besagt, das Grundrecht auf Leben könne *„keiner irgendwie gearteten unterschiedlichen Bewertung oder gar zahlenmäßigen Abwägung unterworfen werden"*.[438] Er entstammt dem ersten Urteil des BVerfG zum Schwangerschaftsabbruch von 1975[439] und wurde „wieder aufgekocht" und bekräftigt in dessen

---

435 BVerfG, Urteil vom 18. Juli 1972 – 1 BvL 32/70 und 25/71 = BVerfGE, 33, 303 = BVerfG NJW 1972, 1561.

436 Ebd. = BVerfG NJW 1972, 1561 (1566).

437 *Streng-Baunemann*, ZIS 3/2021, 170 (180); *Gutmann/Moghadam*, in: Gutmann *et al.*, Organverteilung, S. 37 (40, 69); *D. Sternberg-Lieben/I. Sternberg-Lieben*, JZ 2018, 32 (35).

438 BVerfG, Urteil vom 25. Februar 1975 – 1 BvF 1, 2, 3, 4, 5, 6/74 = BVerfGE 39, 1 = BVerfG, NJW 1975, 573 (580).

439 Ebd., das BVerfG hat sich mit der Frage nach der Verfassungsmäßigkeit des Fünften Gesetzes zur Reform des Strafrechts, und damit mit dem „Abtreibungsparagrafen" 218 StGB befasst und dabei die Figur der staatlichen Schutzpflicht entwickelt.

Entscheidung zum Luftsicherheitsgesetz.[440] Darin hat das BVerfG ausgeführt, dass die Menschenwürde einem jeden ohne Rücksicht auf seine Eigenschaften, seinen körperlichen oder geistigen Zustand, seine Leistungen und seinen sozialen Status zukomme. „*Menschliches Leben und menschliche Würde genießen ohne Rücksicht auf die Dauer der physischen Existenz des einzelnen Menschen gleichen verfassungsrechtlichen Schutz [...].*"[441] Daraus ergeben sich Implikationen und Anforderungen für die Auslegung und Umsetzung insbesondere des Kriteriums der Erfolgsaussicht.

Jedoch ist beim Umfang des Regelungsvorbehaltes für den parlamentarischen Gesetzgeber neben der Intensität der Grundrechtsbetroffenheit auch zu beachten, dass der Parlamentsvorbehalt „*stets vor der Folie des konkreten Regelungsgegenstandes zu sehen ist*".[442] Eine inhaltliche Entscheidung sollte daher auch von einer Stelle getroffen werden, die in Organisation, Zusammensetzung und Expertise, Funktion und Verfahren die besten Voraussetzungen mitbringt – gerade beim Schutz hochrangiger Rechtsgüter. Dem Gesetzgeber erwächst hier ein breiter Gestaltungsspielraum. Bei diesem kann insbesondere auch berücksichtigt werden, dass in bestimmten Bereichen, wie eben dem des ärztlichen Handelns, ein schneller Wandel entscheidungserheblicher Standards nach einem flexiblen und zügigen Normierungsverfahren verlangt.[443] So verweist *Sternberg-Lieben* für die Bekräftigung der Prämisse, gesetzliche Feinsteuerung käme umso weniger in Betracht, je mehr der schnelle Wandel entscheidungsrelevanter medizinischer Standards nach einem zügigen und flexiblem Normierungsverfahren verlange, auf die *Kalkar*-Entscheidung des BVerfG.[444] Zum Recht der technischen Sicherheit wird dabei aufgeführt: „*Die gesetzliche Fixierung eines bestimmten Sicherheitsstandards durch die Aufstellung starrer Regeln würde [...] die [...] Sicherung der Grundrechte eher hemmen als fördern. Sie wäre ein Rückschritt auf Kosten der Sicherheit.*"[445]

440 BVerfG, Urteil vom 15. Februar 2006 – 1 BvR 357/05.

441 Ebd., Rn. 132.

442 *D. Sternberg-Lieben/I. Sternberg-Lieben*, JZ 2018, 32 (35); *Rosenau*, in: FS-Deutsch, 435 (442).

443 *D. Sternberg-Lieben/I. Sternberg-Lieben*, JZ 2018, 32 (35); mit Verweis auf *Rosenau*, in: FS-Deutsch, 435 (447).

444 *D. Sternberg-Lieben*, ZIS 4/2018, 130 (137 mit Fn. 79).

445 2 BvL 8/77 = BVerfGE 49, 89 (137) = openJur 2011, 92758, Rn. 103.

Eine allgemeingültige Darstellung, *respective* abstrakt-normative Auflösung des Zielkonfliktes zwischen Erfolgsaussicht und Dringlichkeit ist daher bei einem Anspruch auf effektiven Grundrechtsschutz nicht umsetzbar.

Auch *Rissing-van Saan* sieht daher die von Fachleuten erstellten Richtlinien als einzig sinnvolle Möglichkeit, die Entscheidung zu treffen, welchem der beiden Kriterien aus medizinischen Gründen Vorrang einzuräumen ist. Die RLBÄK beschreiben, welche medizinischen Voraussetzungen im Einzelfall für eine Aufnahme in die Warteliste und eine Organ-Zuteilung erfüllt sein müssen. Bei der Frage nach der Indikation für eine TX setzt die Bewertung dieser spezifisch medizinischen Kriterien gerade ärztliche Beurteilungen und Therapieentscheidungen für den einzelnen Patienten voraus, die der „fachfremde" Gesetzgeber naturgemäß nicht leisten kann.[446]

Dies steht auch nicht grundsätzlich im Widerspruch zu Art. 2 II 1, Art. 3 I GG und dem daraus resultierenden derivativen Teilhabeanspruch. Denn mit einer für eine TX geeigneten Person und einer für eine TX nicht geeigneten Person liegen schon keine wesentlich gleichen Personen(gruppen) vor.[447]

Je weiter diese Schwelle überschritten werden kann, umso mehr hat die Dringlichkeit an Gewicht zu gewinnen. Dies einzuschätzen muss jedoch medizinischem Fachpersonal obliegen.

Auch wurde mit der am 1. August 2013 in Kraft getretenen Novellierung[448] des TPG die Genehmigungspflicht der nach § 16 I TPG zu erlassenden Richtlinien durch das Bundesgesundheitsministerium nach § 16 III TPG eingeführt. Zudem sind nach § 16 II 2 TPG die Richtlinien nun zu begründen, und die Feststellung des Standes der medizinischen Erkenntnisse nachvollziehbar darzulegen. Letzteres dient der Transparenz, ersteres der Verbreiterung der Legitimationsgrundlage und der effektiven Wahrnehmung der staatlichen Aufsicht über die grundrechtsrelevante Ausgestaltung wesentlicher Bereiche des TX-Geschehens.[449]

---

446 *Rissing-van Saan*, NStZ 2014, 233 (237).

447 Dass es hierbei jedoch maßgeblich auf eine konkrete Ausgestaltung ankommt, zeigen weiter unten die Ausführungen zur AKK, vgl. S. 204 ff.

448 Gesetz zur Beseitigung sozialer Überforderung bei Beitragsschulden in der Krankenversicherung (KVBeitrSchG) vom 15. Juli 2013, BGBl. I S. 2423 (Nr. 38), in Kraft getreten am 01. August 2013.

449 Stellungnahme des Bundesrates zum Gesetzentwurf der Bundesregierung zu einer Änderung des Transplantationsgesetzes vom Oktober 2011, BT-Drucks. 17/7376, S. 32 f.; *Rissing-van Saan*, NStZ 2014, 233 (234, 237).

Sowohl die oben von *Rosenau* aufgegriffene Erkenntnis, dass medizinische Standard-Leitlinien bisher auch im strafrechtlichen Bereich anstandslos Anerkennung erfahren, als auch der Einstieg in eine verfassungskonforme Auslegung der Kriterien der Erfolgsaussicht und Dringlichkeit können aus einem Vergleich mit der Triage im intensivmedizinischen Bereich extrahiert werden. Die Schwierigkeiten bei der Verteilung knapper lebensrettender Ressourcen werden auch am aktuellen Beispiel der Beatmungs- und Intensivbetten-Triage während der COVID-19-Wellen besonders deutlich. Hierbei steht die klinische Erfolgsaussicht, die Wahrscheinlichkeit die Intensivbehandlung zu überleben, klar im Vordergrund. Es finden standardisierte Entscheidungshilfen Anwendung, wie die „Entscheidungen über die Zuteilung von Ressourcen in der Notfall- und Intensivmedizin im Kontext der COVID-19-Pandemie“[450] der Deutschen Interdisziplinären Vereinigung für Intensiv- und Notfallmedizin (DIVI), die mit sieben weiteren Fachgesellschaften abgestimmt wurden.

Das BVerfG hat festgestellt, dass sich aus Art. 3 II 2 GG für den Staat das Verbot unmittelbarer und mittelbarer Diskriminierung wegen Behinderung ergibt, und ein Auftrag, Menschen wirksam vor Benachteiligung wegen ihrer Behinderung auch durch Dritte zu schützen. Menschen mit Behinderung dürfen also bei der Triage nicht benachteiligt werden. Zudem wird im Urteil der *„die Aussicht eine akute Erkrankung zu überleben“*,[451] also die klinische Erfolgsaussicht, nach der laut DIVI priorisiert wird, als Triage-Kriterium eine *„verfassungsrechtliche Unbedenklichkeit“*[452] bescheinigt.[453]

Wie hierdurch bereits angedeutet wird, gibt es für das Kriterium der Erfolgsaussicht mehrere Spielarten der Auslegung. Die der klinischen Erfolgsaussicht kann übertragen auf die TX-Regelungen auch als Minimalnutzenschwelle bezeichnet werden, welche auf die generelle Eignung einer TX zur Lebenserhaltung und gerade nicht auf mittel- bis langfristige Erfolge abzielt.[454] Diese ist zudem bereits durch die Dringlichkeit indiziert, da eine ungeeignete Behandlung nicht dringlich sein kann. Damit ist im Umkehrschluss jedenfalls eine

450 Abrufbar unter https://www.divi.de/empfehlungen/publikationen/covid-19-dokumente/covid-19-ethik-empfehlung, zuletzt aufgerufen am 28.05.2023.

451 BVerfG, Beschluss vom 16. Dezember 2021 1 BvR 1541/20, Rn. 116.

452 Ebd., Rn. 118.

453 Ebd., Rn. 87, Rn. 114 ff.

454 *D. Sternberg-Lieben/I. Sternberg-Lieben*, JZ 2018, 32 (34); *Dannecker/Streng-Baunemann*, NStZ 2014, 673 (676); *Sternberg-Lieben*, ZIS 4/2018, 130 (132) m.w.N.; *Bader*, Organmangel und Organverteilung, 344 f., stellt auf eine Mindestfunktionsdauer von 3 Monaten ab.

Allokation nach Alter, Geschlecht, Finanzkraft, Vorverschulden, sozialer Wertigkeit, *et cetera* nicht zulässig, wie auch bereits aus dem Grundsatz der Lebenswertindifferenz abgeleitet wurde.

Auch diese Priorisierung nach dem Minimalnutzen, *respective* jegliche Art einer Priorisierung, kollidiert auf den ersten Blick mit der vom BVerfG als nicht einschränkbar und keiner Abwägung zugänglich etablierten Absolutheit der Lebenswertindifferenz.

Beim Vergleich mit der Luftsicherheitsgesetz-Entscheidung ist jedoch zu berücksichtigen, dass sich diese und der TX-Fall unterschiedlichen Rechtsfragen gegenübersehen. Bei ersterem geht es um einen gezielten Eingriff des Staates in Form der Tötung von Zivilisten, im TX-Recht um eine gleichberechtigte Teilhabe an begrenzten Ressourcen, die ihrerseits erst aus der staatlichen Schutzpflicht erwächst. Aus dieser Schutzpflicht wiederum erwächst ein derivativer Teilhabeanspruch[455] an Behandlungskapazitäten, der einen Anspruch auf optimale Ausnutzung der Ressourcen nach sich zieht. Eine solche verlangt, die knappen Ressourcen nicht an TX-Patienten mit geringen Erfolgsaussichten zu vergeben, und rechtfertigt daher auch gewisse utilaristische Priorisierungsstrategien im Interesse der Allgemeinheit.[456]

Nicht vereinbar mit dem Grundsatz der Lebenswertindifferenz und dem individuellen Abwehrcharakter aus Art. 2 GG wäre daneben eine komparative Auslegung, also beispielsweise eben die Benachteiligung Behinderter, oder die Bevorzugung eines 15-jährigen vor einem 70-jährigen allein aufgrund des Lebensalters, auch wenn eine umgekehrte Priorisierung aufgrund anderer Parameter für einige mit einem gewissen Störgefühl einherginge.[457]

Daraus resultiert, dass jedenfalls eine Spielart des Erfolgskriteriums, die ausschließlich auf die Maximierung des aggregierten Gesamtnutzens (z.B. Überlegungen zu Lebenslänge und -qualität) gerichtet wäre, nicht mit der Verfassung vereinbar wäre.[458]

---

455 Jedenfalls mindestens ein solcher, vgl. zur Frage nach einem „Recht auf ein Organ“ S. 231 ff.

456 *Amos*, JuWissBlog Nr. 74; für diese Problematik bei der Corona-Triage: *Hübner et al.*, Dtsch Med Wochenschr. 2020, 687 (689) m.w.N.

457 *Amos*, JuWissBlog Nr. 74/2020. Einzelne Literaturvertreter halten – in unterschiedlichen Ausprägungen – auch Alterspriorisierungen nicht für unvereinbar mit der Verfassung: *Hoven*, JZ 2020, 449 (451); kritisch hierzu: *T. Walter*, GA 2020, 656 (670); *Huster*, MedR 2010, 369 (372); aufgegriffen von *Streng-Baunemann*, ZIS 3/2021, 170 (178).

458 *Streng-Baunemann*, ZIS 3/2021, 170 (178 f.); *Amos*, BRJ 01/2017, 44 (48); *Dannecker/Streng*, JZ 2012, 444 (446); zustimmend *Schroth*, NStZ 2013 437 (440).

Dagegen in einer Spielart, in der die Wahrscheinlichkeit die Behandlung zu überleben als Parameter bei der Differenzierung mit dem Zweck der langfristigen Maximierung der absoluten Anzahl der überlebenden Organempfänger verstanden wird, kann das Kriterium Erfolgsaussicht verfassungsgemäß ausgelegt werden.[459] Hierbei kann man gerade aus der staatlichen Schutz- und Leistungspflicht zugunsten menschlichen Lebens (Art. II 2 1 GG) und dem derivativen Teilhabeanspruch einen Anspruch des berechtigten Patienten auf optimale Ausschöpfung der begrenzten Ressourcen ableiten. Knappe Ressourcen sollen so eingesetzt werden, dass möglichst viele Menschen gerettet werden.[460]

Diese Auslegung wird gestützt durch eine Analogie zur *Numerus-Clausus*-Entscheidung. Das BVerfG hatte hier die erschöpfende Nutzung der Studienkapazitäten als Voraussetzung für die Einschränkung einer Zulassungsbeschränkung benannt.[461]

Amos kritisiert an dieser von *Dannecker* und *Streng, respective Streng-Baunemann* vertretenen Idee, dass diese verkenne, dass es sich hier um völlig verschiedene betroffene Grundrechte handele.[462] Hinsichtlich des *Numerus Clausus* gehe es um Art. 12 I 1 GG, und eben um Art. 2 III i.V.m. Art. 1 GG für die Organallokationsfrage. Für letztere sei eben die Lebenswertindifferenz absolut festgelegt worden. So könnte daraus argumentiert werden, diese sei keiner „aufweichenden" Analogie zu einem (zudem im Unterschied zu Art. 1 GG einschränkbaren) anderen Grundrecht zugänglich.

Einigkeit besteht bei den Autoren überzeugend jedenfalls darin, dass die besondere Egalität der Lebenswertindifferenz den Gesetzgeber dazu verpflichte, den kollektiven Nutzen gerade nicht gegen den individuellen Schutz des Einzelnen abzuwägen. Denn damit würde das Individuum wieder zu einem

---

459 *Dannecker/Streng*, JZ 2012, 444 (447, 451); zustimmend *Schroth*, NStZ 2013, 437 (44); zitiert in *Amos*, BRJ 01/2017, 44 (48 mit FN 72); *Streng-Baunemann*, ZIS 3/2021, 170 (179).

460 *Streng-Baunemann*, ZIS 3/2021, 170 (179), die darauf hinweist, dass diese Maximierungsformel im Bereich der Katastrophenmedizin schon länger anerkannt ist; *Brech*, Triage und Recht, S. 238; *Junghanns*, Verteilungsgerechtigkeit, S. 93 m.w.N.

461 BVerfG, Urteil vom 18. Juli 1972 – 1 BvL 32/70 und 25/71 = BVerfGE 33, 303 = BVerfG NJW 1972, 1561 (1566).

462 So auch *Amos*, BRJ 01/2017, 44 (49).

Objekt herabgesetzt, welches nur in einer Gesamtrechnung eines effizienzbasierten Modus Relevanz fände.[463]

Jedoch überzeugt im Ergebnis die Auslegung des *Numerus-Clausus*-Urteils durch *Streng-Baunemann*, beziehungsweise *Dannecker* und *Streng*, die sich in der Konsequenz ihrer Überlegungen gerade hinsichtlich der unterschiedlichen betroffenen Grundrechte schlüssiger zeigt. Als übertragbar und vergleichbar wurde aus dem Urteil extrahiert, dass für eine Grundrechtsverwirklichung bei einer faktischen Monopolstellung des Staates die Beteiligung des einzelnen an staatlichen Leistungen in Gestalt des derivativen Teilhabeanspruchs gegeben sein muss. Ein daraus abgeleiteter Anspruch auf erschöpfende Kapazitätsnutzung ist bezüglich einer „*Knappheit an lebensrettenden Behandlungsressourcen noch eindeutiger gegeben, als für den Bereich der Verteilung von Studienplätzen*".[464] Durch das faktische und rechtliche Monopol der Organverteilung wirkt sich die Ressourcenverteilung wortwörtlich auf die „Verteilung von *Lebens*chancen" aus[465] – als solche hat das BVerfG beim *Numerus-Clausus*-Urteil die Verteilung von Studienplätzen als Lebenschancen bezeichnet.[466]

Diese Konzeption verstößt auch nicht gegen das Verbot, einer unterschiedlichen Bewertung menschlichen Lebens. Zwar wird hier in der Tat über Leben und Tod entschieden, jedoch das menschliche Leben dabei nicht unterschiedlich bewertet. Da die Rettung aller Patienten unmöglich ist, trägt es der Gleichwertigkeit menschlicher Existenz Rechnung, dass ein die Überlebenden maximierender Verteilungsschlüssel möglichst vielen der gleichberechtigten Patienten die lebensrettende Ressource zuweist. Zudem geht es nicht um eine aktive Lebensverkürzung derer, denen kein Organ zugeteilt wird, beziehungsweise mangels Ressourcen nicht zugeteilt werden *kann*. Vielmehr werden diese

---

463 *Amos*, BRJ 01/2017, 44 (49); mit Verweis auf *Junghanns*, Verteilungsgerechtigkeit, S. 58; auch *Dannecker/Streng*, JZ 2012, 444 (446) erkennen an, dass der individuelle Lebensschutz nicht auf die Allgemeinheit bezogen werden kann.

464 *Streng-Baunemann*, ZIS 3/2021, 170 (179 f.); *Bader*, Organmangel und Organverteilung, 297 ff.; *Gutmann/Fateh-Moghadam*, in: Gutmann *et al.*, Organverteilung, 2002, S. 37 (68).

465 *Streng-Baunemann*, ZIS 3/2021, 170 (180); das rechtliche Monopol besteht aufgrund der §§ 9–12 TPG, die ein umfassendes, jegliche Privatvermittlung ausschließendes TX-Wesen normieren; *Gutmann/Fateh-Moghadam*, in: Gutmann *et al.*, Organverteilung, 2002, S. 37 (69).

466 BverfG, Urteil vom 18. Juli 1972 – 1 BvL 32/70 und 25/71 = BVerfGE 33, 303 (346) = NJW 1972, 1561.

„lediglich" ihrem von einer Mangelsituation bestimmten gesundheitlichen Schicksal überlassen.[467]

Als Ergebnis ist also festzuhalten, dass das Kriterium der Erfolgsaussicht in seiner Prämisse dergestalt verfassungsgemäß auszulegen ist, dass auf eine maximale Zahl der Überlebenden abgestellt wird, und nicht etwa auf einen aggregierten Gesamtnutzen.

Eine solche an der Verfassung orientierte Auslegung kann grundsätzlich auch an den exekutiven Gesetzgeber übertragen, beziehungsweise von diesem erwartet werden.

(2.1.3) Praktische Umsetzung und Anwendung der Kriterien

Dass und wie die Abwägung dieser Kriterien in der Anwendung durch die Richtlinien der BÄK erfolgt, ist im Folgenden am Beispiel der Spenderorgane Leber und Lunge illustriert.

Bei Leber-TX, wie sie auch Gegenstand der Entscheidung des 5. Senates waren, spielt ohnehin die Erfolgsaussicht neben der Dringlichkeit eine deutlich untergeordnete Rolle. Die Erfolgsaussicht spielt beim Wartelistenzugang in Gestalt von definierten Kontraindikationen oder Einschränkungen eine Rolle, wie man am Beispiel der AKK, der *Clichy*-Kriterien und des extrahepatischen Tumorwachstums sehen kann. Der innerhalb der Warteliste relevante MELD-Score reflektiert ausschließlich die Dringlichkeit. Dies ist der Tatsache geschuldet, dass es bei einem drohenden Ausfall der Leber keine Ersatztherapien gibt, wie etwa eine Dialyse bei Nierenerkrankungen, die zumindest mittelfristig eine unmittelbare Lebensbedrohung hinauszögern können.[468]

Seit Einführung dieser Kriterien im Jahr 2006 kam es zwar zu einer Verminderung der Mortalität auf der Warteliste, jedoch gleichzeitig zu einer Erhöhung der postoperativen Sterberate bei den TX-Patienten.[469] Aus diesem Grund besteht von Seiten einiger Mediziner auch die Forderung, der Erfolgsaussicht neben der Dringlichkeit einen höheren Stellenwert einzuräumen.[470]

Im Gegensatz zur Dringlichkeit gibt es für die Erfolgsaussicht zwar eine Definition, jedoch keine objektiven festgeschriebenen Kriterien für deren

467 *Streng-Baunemann*, ZIS 3/2021, 170 (180); *Taupitz*, MedR 2020, 440 (445).

468 *Rissing-van Saan*, NStZ 2014, 233 (235).

469 *Dannecker/Streng*, JZ 2012, 444 (444); *Zachoval/Guba*, Hepatitis&more 1/2011, 56 (56 f.)

470 *Dannecker/Streng*, JZ 2012, 444 (444); *Benckert/Quante/Jonas*, ZEFQ 104 (2010), 397 (398 f.).

Messbarkeit.[471] So ist das Kriterium der Dringlichkeit deutlich besser ausgestaltet als das der viel umstritteneren Erfolgsaussicht. Problematisch ist dabei, dass es an empirisch gesicherten Daten fehlt, und die Erfolgsaussicht dadurch schwer zu determinieren ist. Verbessert werden soll dies aktuell durch das neu eingerichtete TX-Register.[472] Dieses ist allerdings zwar zum gegenwärtigen Zeitpunkt betriebsbereit eingerichtet, jedoch können die Daten noch nicht konkret zur Versorgung genutzt werden. Mit dem TX-Register werden in Deutschland erstmalig medizinisch relevante und bislang dezentral gewonnene Daten von verstorbenen Organspendern, Organempfängern und Lebendspendern zentral zusammengefasst und miteinander verknüpft.[473]

Bislang krankt(e) das System daran, dass bei den transplantierten Patienten über das TX-Klinikum hinaus eine Rückkopplung fehlt(e). Die aus persönlicher Erfahrung der TX-Ärzte gewonnenen empirischen Daten reich(t)en lediglich bis zur Entlassung aus dem TX-Klinikum. Die weitere Nachsorge und eventuell auftretende Komplikationen sind regelmäßig nur dann erfasst oder überhaupt bekannt, wenn diese so weit reichen oder dergestalt geartet sind, dass der Fall vor Gericht geht. Die Rückverfolgung wird zudem durch Faktoren wie die geographische Distanz zwischen TX-Ort und dem Heimat- und damit Nachsorgeort erschwert.

Bei der Allokation von Spenderlungen dagegen besteht schon länger ein „Trend" der Erfolgsaussicht mehr Raum zu gebieten. Das Verteilungssystem wurde in Deutschland[474] am 10. Dezember 2011 auf die Allokation nach dem LAS umgestellt.[475] Dieses computerbasierte Berechnungssystem ermittelt aus verschiedenen Messwerten die Überlebenswahrscheinlichkeit auf der

---

471 Es gibt zwar eine Definition für den Begriff des Erfolgs, siehe Fn. 399, jedoch liegen für eine objektive Feststellung dieser Erfolgsaussichten keine Angaben oder messbaren Werte vor.

472 https://transplantations-register.de/, auf der Grundlage des 2016 in Kraft getretenen „Gesetz zur Errichtung eines Transplantationsregisters", BGBl. 1/2016, 2233.

473 https://www.aerzteblatt.de/archiv/224070/Transplantationsregister-Erste-Daten-zur-Analyse-bereit, zuletzt aufgerufen am 28.05.2023: *„Das ist ein Erfolg. Vor dem Aufbau des Registers gab es im Gegensatz zu anderen Ländern keine zentrale Stelle, die Daten über Organspenden, Transplantationen, Spender und Empfänger bündelt."*

474 In den USA wurde dieses System bereits im Mai 2005 eingeführt, *Egan et al.*, American Journal of Transplantation, 1212 (1212); *Gottlieb et al.*, Dtsch Arztebl Int 2017, 179 (179).

475 *Gottlieb et al.*, Dtsch Arztebl Int 2017, 179 (179).

Warteliste und die Ein-Jahres-Überlebensrate. Die Schwere der Erkrankung und die Aussicht auf Erfolg bestimmen die Chancen des Einzelnen, transplantiert zu werden. Im Gegensatz zu dem vorher angewandten wartezeitbasierten System mit dem Kriterium der Dringlichkeit, bei dem über zwei Drittel der Patienten im dringlichen oder hochdringlichen Status transplantiert wurden, wird nun die Erfolgsaussicht mehr berücksichtigt.

Das LAS-System hat zu einer Abnahme der Wartelisten-Sterblichkeit geführt, sowie zu mehr Transparenz im Vermittlungsverfahren. Für die Zukunft werden noch Verbesserungen bei der Qualitätssicherung der erhobenen Daten gefordert, sowie die Erhebung und Erfassung zusätzlicher Daten durch die Zentren und ihre Auswertung durch die StäKo.[476]

An diesen Beispielen werden die Dynamik der Entwicklungen im medizinischen und medizinisch-technischen Bereich, sowie die stetig wachsenden Erkenntnisse und Erkenntnismöglichkeiten der medizinischen Wissenschaft deutlich. Zugleich finden unter Erhaltung des Grundgerüstes des TPG Novellierungen statt, die die Ergebnisse dieser medizinischen Abwägungsvorgänge näher an der demokratischen Legitimation halten sollen. Parallel zu dem sensiblen Thema einer höheren Gewichtung der Erfolgsaussicht sorgen die für deren Feststellung eingerichteten Mechanismen für mehr Transparenz, und damit für eine verbesserte Überprüfbarkeit, auch der Legitimierung.

(2.1.4) Zwischenfazit

Der 5. Senat schlägt sich in seinem Urteil mit aller ihm innerhalb seiner Kompetenzen möglichen Verve auf die Seite der Kritiker des TPG und der Richtlinien.

Jedoch selbst wenn man von einer Anwendbarkeit des Art. 103 II GG auf eine strafbarkeitsbegründende Wirkung des TPG und den RLBÄK ausgehen wollte, sind die Anforderungen an die Bestimmtheit erfüllt.

Das TPG enthält also hinreichend bestimmte Vorgaben für die Ausgestaltung der Allokationsregeln, und die Übertragung der Richtlinienkompetenz an die BÄK verstößt nicht gegen den Bestimmtheitsgrundsatz. Die zur Konkretisierung von § 12 III 1 TPG erlassenen Richtlinien können grundsätzlich zur Begründung von Tötungs- und Körperverletzungsunrecht herangezogen werden.

476 *Gottlieb et al.*, Dtsch Arztebl Int 2017, 179 (179 ff., 184).

(2.2) Rechtmäßigkeit der Richtlinien

Über die Problematik des Art. 103 II GG hinaus schiebt der 5. Senat noch inhaltliche Kritik an einzelnen Bestimmungen der Richtlinien nach. Diese Kritik betrifft die AKK und den MELD-Score. Bei der AKK wird zudem die Verfassungswidrigkeit der Klausel festgestellt, für die Ausschlusskriterien *Clichy* und extrahepatisches Tumorwachstum wird die Frage nach der Verfassungsmäßigkeit offengelassen und eben auf Art. 103 II GG verwiesen.

(2.2.1) Alkoholkarenzklausel (Wartelistenfälle)

Zunächst geht es um die AKK. Unter Abschnitt II. 2. der RLBÄK-2009 waren Einschränkungen für die Aufnahme in die Warteliste determiniert. Die entscheidende Passage lautete:

> *„2.1. Bei Patienten mit alkoholinduzierter Zirrhose erfolgt die Aufnahme in die Warteliste erst dann, wenn der Patient für mindestens sechs Monate völlige Alkoholabstinenz eingehalten hat. Krankheitseinsicht und Kooperationsfähigkeit des Patienten müssen einen längerfristigen Transplantationserfolg sowie eine ausreichende Compliance auch in schwierigen Situationen ermöglichen."*[477]

Im Urteil wird dazu ausgeführt:

> *„Die durch mehrere Gutachter sachverständig beratene Schwurgerichtskammer hat zu den medizinischen Gesichtspunkten festgestellt, dass die Lebertransplantation auch bei einem denkbaren Rückfall in die Alkoholsucht erfolgversprechend sei. Es sei relativ selten, dass Patienten mit alkoholinduzierter Zirrhose, die nach einer Lebertransplantation weiterhin Alkoholabusus betrieben, aus diesem Grund einen Transplantatverlust erlitten (UA S. 135, 442). Bei einer angenommenen Rückfallquote von 50 % erlitten nur etwa 4 % der untersuchten Patienten einen Transplantatverlust (UA S. 454). Das Sterberisiko nach Transplantation liege bei erneutem schwerem Alkoholkonsum unter 2 % (UA S. 454). Die Überlebensraten betrügen nach fünf Jahren 73 % und nach zehn Jahren 58 % (UA S. 442 f.). Bei einer Alkoholkarenz trete auch keine Besserung der Leberzirrhose ein. Bessern könne sich lediglich die Leberfunktion. Die Leberzirrhose selbst sei hingegen irreversibel und bleibe trotz Alkoholkarenz mit all ihren Risiken bestehen; so drohe jederzeit die Entwicklung einer akuten, lebensgefährlichen Dekompensation (UA S. 452 f.). Dementsprechend sei es europäischer Standard, dass zumindest dann transplantiert werde, wenn der Patient eine Abstinenzzeit voraussichtlich nicht überleben würde (UA S. 443).*
> [...]
> *bb) Angesichts dieser Befunde, die durch zahlreiche Untersuchungen bestätigt werden (vgl. Bader, aaO, S. 247 ff.; Fateh-Moghadam, aaO, S. 666; Strassburg, Der Chirurg,*

477 Bekanntmachungen: Richtlinien zur Organtransplantation gemäß § 16 TPG, Dtsch Arztebl 2006, A-3282 (A-3282).

2013, 363, 367, alle mwN), ist die Schwurgerichtskammer mit Recht davon ausgegangen, dass keine medizinischen Gründe existieren, die den in den Richtlinien der Bundesärztekammer vorgenommenen strikten Ausschluss von Alkoholikern vor Ablauf einer sechsmonatigen Abstinenzzeit zu rechtfertigen vermögen. Daraus folgt zugleich, dass die ‚Karenzklausel' die auf die Festlegung von ‚Erkenntnissen der medizinischen Wissenschaft' zielende Ermächtigungsnorm des § 16 Abs. 1 TPG überschreitet und damit schon aus diesem Grunde nicht strafrechtsbegründend wirken kann (vgl. Gutmann, aaO, § 16 Rn. 15; Bader, aaO, S. 381; Schroth/Hofmann, NStZ 2014, 486, 492 mit Fn. 54; Dannecker/A. Streng, JZ 2012, 444, 451 mit Fn. 94; Dannecker/Streng-Baunemann, NStZ 2014, 673, 675 f.; Sickor, GesR 2014, 204 f.; Lang, MedR 2005, 269, 275 ff.). Es bestehen überdies Zweifel, dass eine nicht durch eine Therapie begleitete Abstinenzzeit von exakt sechs Monaten eine wesentliche Verminderung der Rückfallgefahr und damit eine signifikante Steigerung der Erfolgschancen (§ 16 Abs. 1 Nr. 2 TPG) zu bewirken geeignet wäre (vgl. Dannecker/Streng-Baunemann, aaO, S. 676 mwN; siehe auch Strassburg, aaO). Ungeachtet dessen ist die Karenzklausel wegen der auch bei einem Alkoholrückfall bestehenden Überlebenschancen jedenfalls insoweit durchgreifenden Bedenken unter dem Blickwinkel von Art. 2 Abs. 2 Satz 1, Art. 3 Abs. 1 GG ausgesetzt, als dadurch auch Patienten ausgeschlossen werden, die – wie die Patientinnen F. und V. – die Frist von sechs Monaten ohne Transplantation nicht überleben würden (vgl. Dannecker/Streng-Baunemann, aaO, S. 675 ff.)"[478]

(2.2.1.1) Prüfung von Inhalt und Verfassungsmäßigkeit

Zunächst ist die Prüfung der Einhaltung der Ermächtigungsgrundlage von der der Verfassungsmäßigkeit zu unterscheiden.

Die strikte AKK schloss Patienten von einer potenziell lebensrettenden Therapie aus, und bedurfte daher medizinischer und ethischer Rechtfertigung. Eine solche sollte nach dem TPG die Subsumtion unter die „Erkenntnisse der medizinischen Wissenschaft" gemäß dessen § 16 I als Ermächtigungsgrundlage bringen. Die AKK kam in der Praxis einer jedenfalls vorübergehenden Einschränkung des Indikationsgebietes für die Leber-TX gleich. Ein Indikationsgebiet umfasst die gesundheitlichen Zustände, also die medizinischen Diagnosen, bei denen eine Intervention zur Erreichung eines bestimmten therapeutischen, diagnostischen oder präventiven Zieles als angezeigt anzusehen ist.[479]

Diese international weitverbreitete Klausel war von Beginn an vieldiskutiert. Einer der Gründe für die anhaltenden Diskussionen, der im Gegensatz zu den weiter unten noch zu adressierenden verfassungsrechtlichen Bedenken aus

478 BGH, Urteil vom 28. Juni 2017 – 5 StR 20/16, Rn. 38 ff.

479 *Primc*, Ethik Med 2020, 239 (241); *Wiesing*, Indikation, 72 f.

dem medizinischen Bereich kommt, ist das unterschiedliche *framing*, in das die sechsmonatige AKK gestellt wird. Solche unterschiedlichen Interpretationsrahmen stellen verschiedene Deutungsmuster bereit, deren jeweilige Aspekte und Konzepte unterschiedliche Bewertungen rechtfertigen.[480]

Die sechsmonatige Karenzzeit kann in folgende *frames* gesetzt werden:

- als diagnostisches Werkzeug zu Bestimmung der Regenerationsfähigkeit der Leber
- als prognostisches Werkzeug zur Bestimmung der Erfolgsaussichten einer TX
- als prognostisches Werkzeug zur Bestimmung des Trinkverhaltens nach der TX
- als medizinethisches Kriterium für eine Verantwortung zur Vermeidung von gesundheitsschädlichem Verhalten.[481]

Die beiden ersten *framings* sind die tragenden medizinischen Begründungen der AKK.[482] Die beiden letzten verstoßen klar gegen die Idee der Lebenswertindifferenz, wonach ein Verschulden für die Krankheit nicht in den Abwägungsprozess mit einbezogen werden darf. Insofern können diese beiden Interpretationsrahmen von vornherein außen vor bleiben, wenn es darum geht, eine mögliche (verfassungsrechtliche) Rechtfertigung der AKK zu prüfen.

Für ersteres, also die Idee der AKK für die Möglichkeit der Leber sich nach Beendigung des Alkoholkonsums wieder zu erholen, sprechen grundsätzlich sowohl patientenwohl-, als auch allokationsorientierte Faktoren. Dem Patienten kann möglicherweise eine belastende Operation erspart bleiben, zu der grundsätzlich als letzte zur Verfügung stehende Therapieform gegriffen werden sollte. Zugleich wird der Organpool geschont, und es können Re-TX aufgrund eines schlechten Gesundheitszustandes vermieden werden.[483]

Problematisch an diesem *framing* ist jedoch, dass eine Reihe von Patienten diese sechsmonatige Karenzzeit nicht überleben (würden). Dieses Argument hat auch der 5. Senat mit seiner Referenz auf den europäischen Standard eingebracht. Zudem verweist er auf die vom Landgericht nach Anhörung mehrerer Sachverständiger getroffenen Feststellungen, dass sich bei einer bestehenden

480 *Primc*, Ethik Med 2020, 239 (241); *Entmann*, Journal of Communication 1993, 51 (51).

481 *Primc*, Ethik Med 2020, 239 (244 f.)

482 *Rissing-van Saan/Verrel*, NStZ 2018, 57 (60).

483 *Primc*, Ethik Med 2020, 239 (246 f.) m.w.N.; *Rissing-van Saan/Verrel*, NStZ 2018, 57 (60).

Leberzirrhose maximal die Funktion der Leber bessern könne, während die Zirrhose, also der pathologische Zustand als solcher, irreversibel sei.[484]

Bei der Frage nach dem Vorliegen einer Indikation spielen neben medizinischen auch ethische, genauer gesagt medizinethische Aspekte eine Rolle. Dies bedeutet, dass bei einer Wahrscheinlichkeit, ein bestimmtes Therapieziel zu erreichen, verschiedene Interessen verhandelt werden müssen. Dabei dürfen etwa keine ökonomischen Eigeninteressen einer Institution eine Rolle spielen, oder eben Patienten ausgeschlossen werden, deren Lebensqualität durch die medizinische Intervention verbessert werden könnte.[485]

Damit trifft die Formulierung, die AKK nach diesem *framing* entspreche **in ihrer Absolutheit** nicht dem „Stand der medizinischen Erkenntnisse" **im Ergebnis** zu. Jedoch ist in aller Deutlichkeit hervorzuheben, dass dieser „Stand der medizinischen Erkenntnisse" vor dem Hintergrund des TPG, vor dem Hintergrund der Verfassungsmäßigkeit von Rechtsnormen, vor der Idee der Lebenswertindifferenz, zu lesen ist. Im Hinblick auf die (rein) medizinische Legitimation der Klausel kritisieren *Rissing-van Saan* und *Verrel* völlig zu Recht die diesbezüglich fehlende Begründungstiefe beziehungsweise unzureichende Auseinandersetzung des Senates damit. Zum einen habe der Senat den Unterschied verkannt, zwischen dem lediglich abstrakten Risiko einer akuten Dekompensation trotz Erholung der Leberfunktion bei andauernder Alkoholkarenz einerseits, und der unter Alkoholmissbrauch tatsächlich eintretenden akuten Dekompensation andererseits. Nicht nur würde der ersten Gruppe die lebenslange Einnahme von Immunsuppressiva erspart, sondern zuvörderst die TX als solche. Gerade vor dem Hintergrund des vom Senat im TX-Fall so prominent herangezogenen Mortalitätsrisikos bei der TX für die Vorsatzprüfung[486] müsste dieses eigentlich auch konsequenterweise Eingang in diese Abwägung finden.[487] Zudem verweisen die Autoren auf den ebenfalls vom Senat zitierten (!) Aufsatz von *Strassburg*, in dem dieser auf eine im Vergleich zu allen anderen Lebererkrankungen bestehende Besonderheit der alkoholinduzierten Leberzirrhose hinweist: der pathophysiologische Prozess der Leberschädigung könne potenziell komplett beseitigt werden.[488] So formulieren *Rissing-van Saan* und

484 BGH, Urteil vom 28. Juni 2017 – 5 StR 20/16, Rn. 38.

485 *Primc*, Ethik Med 2020, 239 (241).

486 *Respective* bei der Quasi-Kausalität als Bezugspunkt des Vorsatzes, Anm. der Autorin.

487 *Rissing-van Saan/Verrel*, NStZ 2018, 57 (60).

488 Ebd., NStZ 2018, 57 (60), mit Verweis auf *Strassburg*, Der Chirurg, 2013, 363 (367).

Verrel zutreffend, dass es *„die Richtlinienarbeit der BÄK ins Mark [trifft] und [...] unter Transplantationsmedizinern Fassungslosigkeit darüber hervorgerufen [hat]“*,[489] wie leichtfertig der 5. Senat die tragenden medizinischen Begründungen der AKK beiseite wischt.

Zunächst bezieht sich der 5. Senat dabei auf die zuvor vom Landgericht nach der Anhörung von Sachverständigen festgestellten Erkenntnisse. Dass die Fachgerichte grundsätzlich die Kompetenz haben, die Vereinbarkeit der RLBÄK mit höherrangigem Recht, also auch dem TPG, zu überprüfen, wurde vom BVerfG bestätigt.[490]

Nach dem bisher zur tatrichterlichen Überzeugungsfindung und zum Maß der objektiven Wahrscheinlichkeit ausgeführten[491] ist darauf zu rekurrieren, dass Sachverständige zum einen kein materielles Recht ersetzen. Zum zweiten dürfen bei einer Auseinandersetzung mit deren Stellungnahme auch gewisse objektive Restzweifel verbleiben. Jedoch bedarf es solider Gründe und eine konkrete Auseinandersetzung für eine Abweichung von deren Expertise.

Daher ist an dieser Stelle genau zwischen Tat- und Rechtsfragen zu differenzieren. Wollte die Revisionsinstanz die dem Fachbereich Medizin zuzuordnenden, vom LG festgestellten Tatsachen kritisieren, müsste diese Kritik bei der Würdigung der von den Sachverständigen vorgetragenen Aspekte ansetzen. Gegebenenfalls müsste für eine weitere Aufklärung solcher Tatsachenfeststellungen dann zurückverwiesen werden.

Bei einer Bewertung der Darlegungen durch die Sachverständigen ist als möglicher „solider Grund“ für eine Abweichung von deren Expertise durchaus die entsprechende Bestimmung selbst aus der RLBÄK anzusehen. Beziehungsweise können die sich daraus ergebenden Widersprüche einen Grund für eine Rückverweisung aufgrund des Erfordernisses weiterer Tatsachenaufklärung konstituieren. Denn auch diese Bestimmungen beruhen auf einer Vermittlung von medizinischem Erfahrungswissen durch die bei der Fassung mitwirkenden Sachverständigen, wie es auch der Aufgabe der Sachverständigen im Prozess entspricht.

In Anlehnung an die eingangs angeführten Zitate zu der Anzahl an Meinungen bei Juristen und Ärzten soll hier *Rissing-van Saan* und *Verrel* gefolgt werden. Diese legen dar, dass sich *„wohl immer ein medizinischer Sachverständiger*

489 *Rissing-van Saan/Verrel*, NStZ 2018, 57 (59).
490 BVerfG, Beschluss vom 18. August 2014 – 1 BvR 2271/14, Rn. 4.
491 Vgl. S. 72 ff.

finden [ließe], der geltende Behandlungs- und Verteilungsstandards in Zweifel zieht".[492]

Insbesondere ist auffällig, dass sich der 5. Senat zur vermeintlichen Bestätigung der vom LG angenommenen Befunde bezüglich der AKK, eben *„ausgerechnet auf eine Veröffentlichung von* Strassburg,*[...] in der jedoch das genaue Gegenteil, nämlich eine medizinische Rechtfertigung, der ‚in den meisten Lebertransplantationsprogrammen in Europa und den USA' implementierten, ‚freilich kontrovers diskutiert(en)' 6-Monats-Karenzregel enthalten ist"*,[493] bedient. Anhand mehrerer Studien zeigt *Strassburg* den Zusammenhang zwischen einem Rückfall in den Alkoholmissbrauch und der Überlebensrate, sowie zwischen Rückfall und Dauer der Karenzzeit auf. *„Zwar lägen bisher keine Berichte über eine ‚systematische prospektive Evaluation die 6-monatigen Karenzzeit' vor, doch müsste an andere Stelle ‚ein Modus treten, der ebenso transparent ist, als insgesamt fair wahrgenommen wird und in der Praxis durchführbar ist und für den es aktuell keine wissenschaftliche Basis gibt'."*[494]

Zum einen ist es auch an dieser Stelle, wie schon am Beispiel des *Oury-Jalloh*-Zitates aufgezeigt, bemerkenswert, dass sich der 5. Senat augenscheinlich nicht in gebotener Gründlichkeit mit dem von ihm zitierten Quellen auseinandergesetzt hat. Damit verkennt der Senat die Dimensionen, die eine Extraktion des „Standes der medizinischen Erkenntnisse" aus dem gesamten Datenpool von Studienlagen und der in der Medizin nicht seltenen Situation (und hier sei erneut an das Einstiegs-Zitat erinnert) unterschiedlicher Schlussfolgerungen und Haltungen erfordert.[495] Die Auseinandersetzung mit medizinischen Erkenntnissen und Bewertungen durch das erkennende Gericht ist jedenfalls nicht mit der gebotenen Gründlichkeit erfolgt. Auch die Begründungstiefe des 5. Senates bei der Bewertung dieser Beweiswürdigung kann nicht überzeugen.

Unabhängig von einer fachmedizinischen Stellungnahme zu den tragenden Säulen der AKK, einem längeren Transplantatüberleben und einer Regenerationsmöglichkeit der Leber, die hier abschließend weder geleistet werden soll noch kann, ist es nach dem bisher Dargelegten offensichtlich, dass die AKK in der für den TX-Fall relevanten Fassung in ihrer Absolutheit verfassungswidrig war.

---

492 *Rissing-van Saan/Verrel*, NStZ 2018, 57 (60).

493 Ebd.

494 *Strassburg*, Der Chirurg 2013, 363 (367); *Rissing-van Saan/Verrel*, NStZ 2018, 57 (60).

495 *Rissing-van Saan/Verrel*, NStZ 2018, 57 (60).

Dies beginnt mit der Auslegung des Kriteriums der Erfolgsaussicht im Sinne einer Minimalnutzenschwelle. Die AKK priorisiert in keiner Hinsicht nach den klinischen Erfolgsaussichten im Sinne eines Behandlungserfolges dergestalt, dass der Patient die TX übersteht, das Organ erfolgreich eingepflanzt wird und sich sein gesundheitlicher Zustand dadurch bessert. Die AKK und damit überhaupt die Möglichkeit eines Zugangs zur Warteliste setzen mit dem Abstellen auf das Transplantatüberleben direkt bei längerfristig basierten Parametern an.

Der 5. Senat hat hier überzeugend (und inhaltlich konsequent) auf *Dannecker* und *Streng-Baunemann* und deren Argumentation verwiesen. Diese rekurrieren auf die neuere Rechtsprechung des BVerfG. Danach ist eine personenbezogene Ungleichbehandlung nicht schon dann gerechtfertigt, wenn sich ein sachlicher Grund dafür finden lässt, und diese nicht willkürlich ist. Vielmehr gelten verschärfte Rechtfertigungsanforderungen. Es muss ein angemessenes Verhältnis zwischen dem die Ungleichbehandlung rechtfertigenden Grund und dem Grad der Ungleichbehandlung bestehen.[496] Somit ist Art. 3 I GG verletzt, wenn zwei Gruppen ungleich behandelt werden, obwohl zwischen ihnen keine Unterschiede solcher Art und solchem Gewicht bestehen, dass sie die ungleiche Behandlung rechtfertigen können.[497] Bezüglich einer Benachteiligung von Patienten mit schlechteren Erfolgsaussichten gegenüber solchen mit besseren Erfolgsaussichten durch eine nennenswerte Berücksichtigung des Erfolgskriteriums bereits beim Wartelistenzugang führen *Dannecker* und *Streng-Baunemann* folgendes aus:

> Art. 3 I GG gebietet „*für eine erfolgsorientierte Organallokation, dass die Gewichtung des Kriteriums ‚Erfolgsaussichten' den Unterschieden, die zwischen den Erfolgsaussichten der priorisierten und der posteriorisierten Patientengruppe bestehen, angemessen sein muss. Das Ausmaß der Posteriorisierung von Patienten mit schlechteren*

---

496 BVerfG, Urteil vom 14. Dezember 1994 – 1 BvR 720/90 = BVerfGE 91, 346 (362 f.); Beschluss vom 19. Januar 1999 – 1 BvR 2161/94, Rn. 51; Beschluss vom 4. April 2001 – 2 BvL 7/98, Rn. 42; Beschluss vom 13. Juni 2006 – 1 BvR 1160/03, Rn. 89; *Jarass*, in: Jarass/Pieroth, GG, Art. 3 Rn. 17 ff.; *Jarass*, NJW 1997, 2545 (2549); *Dannecker/Streng-Baunemann*, NStZ 2014, 673 (676 f. mit Fn. 43).

497 BVerfG, Beschluss vom 7. Oktober 1980 – 1 BvL 50/79, 1 BvL 89/79, 1 BvR 240/79 = BVerfGE 55, 72 (88); Urteil vom 24. April 1991 – 1 BvR 1341/90, Rn. 92; Urteil vom 10. Januar 1995 – 1 BvL 20/87, 1 BvL 20/88, Rn. 44; Urteil vom 8. April 1997 – 1 BvR 48/94, Rn. 190; Urteil vom 14. März 2000 – 1 BvR 284/96, 1 BvR 1659/96, Rn. 41; *Jarass*, in: Jarass/Pieroth, GG, Art. 3, Rn. 18; *Jarass*, NJW 1997, 2545 (2549); *Kannengießer*, in: Schmidt-Bleibtreu, GG, Art. 3, Rn. 17; *Dannecker/Streng-Baunemann*, NStZ 2014, 673 (677).

Erfolgsaussichten (gegenüber Patienten mit besseren Erfolgsaussichten) darf zur Größe der Differenz (dem Delta), die zwischen den Erfolgsaussichten der durch die Allokationsregelung bevorzugten Patientengruppe und den Erfolgsaussichten der benachteiligten Patientengruppe besteht, nicht außer Verhältnis stehen."[498] Die Autoren gehen in ihrer Argumentation davon aus, dass „*selbst nennenswerter Alkoholkonsum kaum Auswirkungen auf das Transplantatüberleben*" habe, so dass „*allenfalls eine schwache Posteriorisierung nicht-abstinenter Patienten zu rechtfertigen wäre, während der völlige Ausschluss solcher Patienten von der Organvergabe, wie ihn die RL der BÄK vorsehen […], den Anforderungen des Art. 3 I GG an die Rechtfertigung personenbezogener Ungleichbehandlungen nicht genügt und somit verfassungswidrig ist*".[499]

Wie sich die hier benannten Parameter tatsächlich darstellen, beziehungsweise wie sich eine sechsmonatige Karenzzeit tatsächlich zu einem längeren Transplantatüberleben verhält, ist zwar aufgrund der nicht eindeutigen Studienlage gerade ein zu klärender Faktor. In Verbindung mit einer Interpretation der Erfolgsaussicht als Minimalnutzenschwelle jedoch ist jedenfalls die Absolutheit der AKK zweifellos verfassungsrechtlich nicht zu rechtfertigen.

Im Rahmen der stetigen Weiterentwicklung der Richtlinien wurden diese hinsichtlich der AKK nach einer Genehmigungsvorlage an das Bundesgesundheitsministerium im Jahr 2015 geändert.[500] Dies ist vornehmlich auf die Kritik zurückzuführen, dass einige Patienten die Karenzzeit nicht überleben würden.[501] Bei der AKK wurde die Absolutheit zugunsten einer Ausnahmeregelung aufgehoben. Seitdem kann in begründeten Ausnahmefällen, insbesondere bei akut dekompensierter alkoholischer Lebererkrankung, die interdisziplinäre TX-Konferenz entscheiden, ob bei dem Vorliegen von Erfolgsaussicht und Notwendigkeit von der Regel der sechsmonatigen Alkoholkarenz abgewichen werden kann.[502]

Auch wurde die Legitimation der RLBÄK durch den Genehmigungsvorbehalt verbreitert. Zudem dürfen seit 2012 die Kommissionen flächendeckende Vor-Ort-Prüfungen in den Transplantationszentren und Entnahmekrankenhäusern durchführen, deren Ergebnisse regelmäßig veröffentlicht werden. Eine unabhängige Vertrauensstelle TX-Medizin wurde eingerichtet, die auch eine

---

498 *Dannecker/Streng-Baunemann*, NStZ 2014, 673 (677).

499 Ebd., 676.

500 *Richter-Kuhlmann*, Dtsch Arztebl 2017, A 2328 (A2330), unter Verweis auf ein Zitat von Prof. Dr. *Hans Lilie* als Vorsitzendem der StäKo.

501 *Primc*, Ethik Med 2020, 239 (242); *Al-Saeedi et al.*, Archives of Surgery 2018, 825 (825 f.)

502 So auch noch Ziff. III.2.1. der neueren RL BÄK (vgl. Fn. 396). Auch diese Fassung erntet verfassungsrechtliche Kritik, vgl. *Kern*, Allokation von Spenderlebern, S. 135.

anonyme Meldung von Auffälligkeiten und Verstößen gegen das TX-Recht ermöglicht. Darüber hinaus wurde das sogenannte Mehraugenprinzip bei der Anmeldung von Wartelisten-Patienten in den Richtlinien verankert. Diese Maßnahmen haben laut *Lilie* bereits kurze Zeit später ihre präventive Wirkung entfaltet.[503]

In der auf diesem dynamischen Feld stetig andauernden und auch notwendigen Diskussion werden beständig weitere Vorschläge für Änderungen eingebracht.

Im Rahmen des patientenwohlorientierten *framings* werden noch weitere Modifikationen gefordert. Ein Beispiel hierfür ist eine umfangreiche Aufklärung und suchtmedizinische Begleitung des Patienten, wobei nicht jeder Rückfall *per se* wieder eine neu beginnende sechsmonatige Wartezeit indizieren soll.[504] Auch wird die Idee einer Umkehr der Beweislast vertreten, so dass also keine Ausnahme von der Karenzregel beantragt werden, sondern vielmehr eine fehlende Erfolgsaussicht im Einzelfall belegt werden müsste, um den Wartelistenzugang zu verweigern.[505]

Bereits vor dem Inkrafttreten der Änderung der Regelung wurde als verfassungsgemäße Alternative ein Verteilungssystem vorgeschlagen, das mit Bonus-/Malus-Punkten operiert. Dadurch sollte gewährleistet werden, dass die Wahrscheinlichkeit ein Spenderorgan zu erhalten proportional mit den Erfolgsaussichten der TX ansteige.[506]

Auch *Strassburg* hatte in seinem Artikel gerade das Fehlen eines geeigneten Modus auf wissenschaftlicher Basis angemerkt. Das Beispiel der AKK, in ihrer früher normierten Absolutheit, zeigt eindrucksvoll das Spannungsfeld zwischen der Notwendigkeit fachspezifischer Expertise für die Festlegung medizinischer Kriterien, und der Notwendigkeit eines rechtlichen Rahmens, *respective* einer klaren rechtlichen Grenze. Soweit es die Verfassungsmäßigkeit dieser AKK (a.F.) betrifft, hat das Urteil im TX-Fall auch aufgezeigt, dass die rechtliche Kontrolle eben funktioniert. Der 5. Senat hat völlig zu Recht im

---

503 Zitat von *Prof. Dr. Hans Lilie* als Vorsitzendem der StäKo im Ärzteblatt vom 6. Mai 2015, Freispruch für Transplantationsmediziner, abrufbar unter https://www.aerzteblatt.de/nachrichten/62703/Freispruch-fuer-Transplantationsmediziner, zuletzt aufgerufen am 28.05.2023.

504 *Primc*, Ethik Med 2020, 239 (247); *Veatch/Ross*, Transplantation Ethics, S. 315 f.

505 *Primc*, Ethik Med 2020, 239 (247 f.); *Marckmann*, in: Dörries/Lipp, Medizinische Indikation, 113 (124).

506 *Dannecker/Streng-Baunemann*, NStZ 2014, 673 (677), mit Verweis auf *Junghanns*, Verteilungsgerechtigkeit, S. 64.

Rahmen seiner Nachprüfungskompetenz eine Anwendung der AKK wegen deren festgestellter Verfassungswidrigkeit abgelehnt.

Sternberg-Lieben schlägt *de lege ferenda* das Losverfahren als Instrument zur Verwirklichung formaler Chancengleichheit bei unparteiischer Verfahrensgerechtigkeit vor. Dabei legt er dar, dass dem *de lege lata* entgegenstünde, dass ein Losverfahren nicht als Regel der Wissenschaft im Sinne des TPG anzusehen sei. Mit der Verfassung vereinbar sei dies jedoch durchaus, trotz des auftretenden Störgefühls, würde man sozusagen Glücksspiele auf der Intensivstation veranstalten. Denn das diesem Verfahren immanente Zufallsprinzip würde die die Idee eines *„statusblinden"*,[507] absolut gleichwertigen Lebensschutzes perfekt umsetzen. Die Regelung von Einzelheiten sei darüber hinaus freilich erforderlich.[508]

Zusammengefasst bleibt für den Göttinger TX-Fall jedenfalls die Verfassungswidrigkeit der damals geltenden AKK in ihrer Absolutheit.

Hätte der 5. Senat mit dieser Feststellung begonnen, hätte er die Frage nach einer Überschreitung der Ermächtigungsgrundlage im Zusammenhang mit der Frage der medizinischen Legitimation der Richtlinienbestimmungen offenlassen können. Im Gegensatz zu der oben geäußerten Kritik an lediglich angerissenen Rechtsfragen hätte dies hier einen gangbareren Weg dargestellt, die Problematik um das Tatbestandsmerkmal „Stand der medizinischen Erkenntnisse" als Ausfluss des Auftrages der BGH zur Rechtsfortbildung lediglich in den Raum zu stellen. Die Notwendigkeit einer Klärung (über die Verfassungswidrigkeit hinaus im Hinblick auf künftige Fassungen) wäre aufgezeigt, und diese Aufgabe aber gleichzeitig an ein Normsetzungsgremium abgegeben, das all die dargestellten Aspekte umfassender und spezifischer prüfen, abwägen und bewerten kann. Zudem hätte sich der 5. Senat so der zweifelhaft durchgeführten Prüfung der Beweiswürdigung des LG mit „klarer Kante" entziehen können.

(2.2.1.2) Konsequenzen der Verfassungswidrigkeit

Der 5. Senat beendet die Prüfung der Wartelisten-Fälle an dieser Stelle.

Im Urteil wird dazu noch die Meinung des Generalbundesanwaltes aufgegriffen, der eine strafrechtsbegründende Bindungswirkung der Ausschlussklausel bis zu einer gerichtlich festgestellten Verfassungswidrigkeit mit dem Gedanken einer „Schicksalsgemeinschaft" rechtfertigen wolle. Diese Ansicht

---

507 *Sternberg-Lieben*, ZIS 4/2018, 130 (143), mit Verweis auf: *„Taupitz ([…] – Rationalisierung), S. 100; ders. ([…] – Einwirkungen), S. 127."*

508 *Sternberg-Lieben*, ZIS 4/2018, 130 (143).

wird vom 5. Senat mit dem Argument abgelehnt, mit diesem Gedanken könne jedenfalls keine Absicherung eines etwa verfassungswidrigen Systems gerade durch die Straftatbestände der Tötungs- und Körperverletzungsdelikte gerechtfertigt werden.[509]

Es ist davon auszugehen, dass verfassungswidrige Regelungen keine rechtliche, jedoch eine faktische Wirkung entfalten.[510] Daher gilt es, in den Kausalnexus eingeflochten zu fragen, ob die Idee eines Verbotes der Umlenkung eines rettenden Kausalverlaufs auch dann Geltung beansprucht, wenn dessen Zulaufen auf ein bestimmtes Objekt keine rechtlichen, sondern „lediglich" faktische Gründe hat. Wenn es sich mithin um einen „*Zu-Fall*" im wahrsten Sinne des Wortes, als Folge von (rechtlich) nicht vorhersehbarem Zusammentreffen von Geschehnissen handelt.[511]

Hier streitet im Wesentlichen auf der einen Seite die wohl auch von der Generalbundesanwaltschaft vertretene Position, dass zur Vermeidung eines ungeregelten Zustandes die faktische Zuteilung von Gütern zur Begründung von Strafrecht herangezogen werden kann. Für die Betroffenen gilt dann bei einer (noch nicht vom BVerfG festgestellt) verfassungswidrigen Norm im Rahmen einer „Schicksalsgemeinschaft" die Idee einer Gleichbehandlung im Unrecht.[512]

Wie auch vom 5. Senat kann dagegen die Position vertreten werden, dass ein bloß faktisches Zulaufen auf eine bestimmte Person, welches aus der Verfassungswidrigkeit einer dafür relevanten Rechtsregelung resultiert, keine strafrechtsbegründende Wirkung entfalten könne.[513] Es fehle dabei an der Schaffung gerade einer rechtlich missbilligten Gefahr, da sich die Zuordnung aus einer Norm ergebe, die mit den Grundrechten nicht vereinbar sei. Zudem könne Tötungsunrecht nicht begründet werden, wenn die Tathandlung lediglich eine verfassungswidrige Ungleichbehandlung eigener Patienten verhindere.[514]

Während sich die *ratio* dieser zweiten Position, *respektive* das ihr zugrunde liegende Störgefühl, direkter erschließen, hat die Idee der ersten Position noch Elaborationspotenzial.

---

509 BGH, Urteil vom 28. Juni 2017 – 5 StR 20/16, Rn. 41.

510 *Schroth*, NStZ 2013, 437 (444).

511 *Puppe*, ZIS 11/2018, 484 (490).

512 Vgl. BGH, Urteil vom 28. Juni 2017 – 5 StR 20/16, Rn. 41; *Böse*, ZJS 1/2014, 117 (121); *Puppe*, ZIS 11/2018, 484 (490).

513 Vgl. BGH, Urteil vom 28. Juni 2017 – 5 StR 20/16, Rn. 30 ff.

514 *Dannecker/Streng-Baunemann*, NStZ 2014, 673 (677, 680); *Haas*, HHRS 8/2016, 384 (393).

Immer dann, wenn es – wie bei der Allokation lebenswichtiger Organe – um die Verteilung knapper, lebensnotwendiger Güter unter Menschen geht, resultieren daraus Bewertungsfragen sowie Rechtfertigungsprobleme dieser Güterzuordnungen. Das bekannteste Gedankenexperiment um dies zu illustrieren, ist das *Brett des Karneades*, von dem griechischen Philosophen *Karneades von Kyrene* (219–129 v. Chr.). Es beschreibt die Situation, dass nach einem Schiffbruch auf hoher See zwei Schiffbrüchigen nur eine einzige Planke zur Rettung zur Verfügung steht. Passagier A hält sich an dieser Planke, die nur einen einzigen Menschen tragen kann, fest. Passagier B tötet daraufhin den A, um die rettende Planke für sich beanspruchen, und sich selbst vor dem sicheren Tod retten zu können. In dieser Situation besteht für B nur die Wahl zwischen zwei Handlungsalternativen, die beide gleichermaßen von Übel geprägt, und gleichermaßen gut oder schlecht begründbar sind. Dieses praktische Dilemma entsteht aus der Logik des Sachverhaltes und der Unvermeidbarkeit des Eintritts des einen oder des anderen Übels.[515]

Nach deutschem Strafrecht hat B eine rechtswidrige Tat begangen, indem er den A getötet hat. Sein Handeln wird also von der Rechtsordnung missbilligt. Er kann sich jedoch auf einen entschuldigenden Notstand nach § 35 StGB berufen, und würde daher nicht bestraft. In seiner Todesangst sieht er sich einem außergewöhnlichen Motivationsdruck ausgesetzt, so dass seine Entscheidung nicht in dem Maße auf einer rechtsfeindlichen Gesinnung beruht, wie sie es ohne die psychische Konfliktlage tun würde. Damit ist dieser Notstand auch begründet.[516] Hätte der B mit seinem Handeln nicht sich selbst, sondern einen anderen vor dem Tod gerettet, so wäre wegen vorsätzlich begangener Tat strafbar, sofern es sich bei dem anderen nicht um einen nahen Angehörigen oder eine andere ihm nahestehende Person handelte.

Diese rechtlichen Beurteilungen, oder auch die Annahme des Unrechts, sind durchaus beachtenswert, hing es doch lediglich vom Zufall ab, dass der A die rettende Planke zuerst erreicht hat. Er hatte kein Recht auf dieses Brett, ebenso wenig wie der B. Dafür, dass B ertrinken soll, während A überleben darf, gibt also keine *„keine Gründe des Rechts oder der Gerechtigkeit […]. Der Grund dafür besteht in der Erhaltung des Friedens. Nur um des Friedens willen gilt für*

---

515 *Aichele*, JRE 2003, 245 (245 f.); *Puppe*, ZIS 11/2018, 484, (489); *Koriath*, JA 1998, 250 (254).

516 *Zimmermann*, Rettungstötungen, 2009, 210 ff.; *Wessels/Beulke/Satzger*, Strafrecht AT, Rn. 683 m.w.N.; *Puppe*, ZIS 11/2018, 484 (489).

Güter, insbesondere für knappe Rettungsmittel, die nicht bereits einem bestimmten Berechtigten zugeteilt sind, der Grundsatz, wer hat, der hat.“[517]

Auch *Immanuel Kant* bezieht sich auf das *Brett des Karneades*, wenn er ausführt: „*Wenn aber von einem, welcher einen anderen Schiffbrüchigen von seinem Brett stößt, um sein eigenes Leben zu erhalten, gesagt wird: er habe durch seine Not (die physische) ein Recht dazu bekommen, so ist das ganz falsch. Denn mein Leben zu erhalten, ist nur bedingte Pflicht (wenn es ohne Verbrechen geschehen kann); einem andern aber, der mich nicht beleidigt, ja gar nicht einmal in Gefahr, das meinige zu verlieren, bringt, es nicht zu nehmen, ist unbedingte Pflicht.*“[518]

Ansonsten käme es zu einem Kampf „jeder gegen jeden und alle gegen alle“, um an knappe, nicht zugeteilte Güter zu gelangen, mit dem Ergebnis, dass diese regelmäßig gar keinem zugutekämen. Ist ein Gut, beziehungsweise ein Rettungsmittel jedoch einmal rechtlich zugeteilt, gilt „wer hat, der hat“ nicht mehr. Der Berechtigte hat dann einen Anspruch auf das Rettungsmittel, und könnte dieses – in der Beispielssituation die rettende Planke – einem anderen falls nötig auch mit Gewalt abnehmen. Kommt es jedoch mangels rechtlicher Zuweisung auf den faktischen Zugriff an, so handelt nach dieser Prämisse rechtswidrig, wer einen rettenden Kausalverlauf, der auf gefährdetes Objekt zuläuft, ablenkt. Der infolge der Umlenkung erlittene Schaden des ersten wird ihm als Erfolg zugerechnet. Dass durch diese Umlenkung immerhin die Rettung des zweiten Rechtsobjektes ermöglicht wurde, vermag den Täter dabei nicht zu entlasten. „*Wer von einer Sprengfalle weiß, und seinen Feind in die Falle schickt, kann sich nicht damit rechtfertigen, dass andernfalls ein anderer in diese Falle gegangen wäre, dessen Leben er also gerettet hat. Das gilt auch dann, wenn die Ablenkung des rettenden Kausalverlaufs die einzige Möglichkeit ist das Leben des anderen zu retten.*“[519]

Würde der „Wer hat der hat“-Grundsatz bei fehlender rechtlicher Zuteilung wegen Unwirksamkeit der Richtlinien auf den TX-Fall übertragen, so käme es auch hier auf die faktischen Aussichten ein Organ zu erhalten an, um einen rechtsfreien Zustand und Kampf „jeder gegen jeden“ zu verhindern. Denn ein solcher führte letztlich dazu, dass jedes Mittel für die Verschaffung von Organen angewandt werden könnte, auch Gewalt und List.[520] Damit wirkten Kräfte und Mächte, die mit der deutschen Rechtsordnung und dem darin verankerten

517 *Puppe*, ZIS 11/2018, 484 (489).
518 Zitiert bei *Küper*, in: FS-Wolff, S. 285 (296).
519 *Puppe*, ZIS 11/2018, 484 (490).
520 Ebd.; *Böse*, ZJS 2014, 117 (121).

Verständnis von Unrecht nicht vereinbar wären. Es ist hier anzunehmende Prämisse, dass sich Eurotransplant an die Richtlinien gehalten hat. Somit ist nach dieser Ansicht davon auszugehen, dass der Göttinger TX-Arzt dadurch, dass er gegenüber Eurotransplant falsche oder unrichtige Angaben gemacht hat, die Rettung derjenigen Patienten, die die Organe ohne diese falschen Angaben erhalten hätten, in rechtswidriger Weise verhindert hat.[521]

Vor dem Hintergrund dieser *ratio* verteidigt die erste Ansicht, also wohl auch die der Bundesanwaltschaft, überzeugend ihr Ergebnis.

Allerdings ist im TX-Fall bei der Abgrenzung, ob auf eine rechtliche oder eine faktische Zuteilung abzustellen ist, zu bedenken, dass sich diese hier nicht eindeutig präsentiert. Denn in der Tat existieren geltende (!) Rechtsnormen, die „jedoch" oder „lediglich", je nach *Gusto*, im Rahmen des TX-Urteils aufgrund der Feststellungen des 5. Senates keine Wirkung entfalten. Dass dann die daraus folgende Annahme einer faktischen Zuteilung tatsächlich eine Zufälligkeit reflektieren soll, verursacht durchaus ein Störgefühl. Denn die Zuteilung erfolgte aufgrund von geltenden, eingehaltenen Rechtsnormen. Auch wenn der 5. Senat diese für den vorliegenden Fall als nicht wirksam betrachtet, erfolgte die Zuteilung durch Eurotransplant diesen Richtlinien entsprechend, also eben nicht (aus rechtlicher Sicht) unbeabsichtigt oder unvorhersehbar, wie es ein Zufall verlangte.

(2.2.1.3) Konsequenzen für die subjektive Tatseite

Bei der Betrachtung der Konsequenzen aus den vorangegangenen Überlegungen für die subjektive Tatseite wird mit den Erwägungen zur Verfassungswidrigkeit begonnen.

Würde dem 5. Senat gefolgt, also würde eine rechtliche Zuteilung als erforderlich und eine solche als hier nicht gegeben angesehen, kämen die Idee von der KonstHU, sowie die Zurechnungsidee der Rechtsprechung in jeder ihrer denkbaren Spielarten infolge ihrer konsequenten Inkonsequenz zum gleichen Endergebnis.

Für den 5. Senat wären aufgrund der Flexibilität im Umgang mit der Rechtsfigur der Zurechnung zwei gangbare Wege vorstellbar. Diese Zurechnung ist dem objektiven Tatbestand zuzuordnen. Damit würde sie auch eine Annäherung an eine, wie von *Ast* vertretene,[522] gegebenenfalls auch nicht trennscharf festzulegende Kategorisierung der entsprechenden Rechtsfragen als objektive

---

521 *Puppe*, ZIS 11/2018, 484 (491), *Rissing-Van Saan/Verrel*, NStZ 2018, 57 (63).

522 Vgl. S. 106.

Strafbarkeitsbedingung erlauben. Die Strafbarkeitsprüfung wäre damit beendet. Dies könnte auch aus dem Aufbau der Urteilsgründe des 5. Senates geschlossen werden.

Auch wenn dies nicht als objektive Strafbarkeitsbedingung kategorisiert würde, kämen die Zurechnungsidee dergestalt, dass sich der Vorsatz auf die entsprechenden objektiven Parameter zu beziehen hätte, und die Konstituierung von Handlungsunrecht zum gleichen Ergebnis. Selbst wenn der Täter irrtümlich davon ausginge, dass eine rechtliche Zuteilung vorläge, entspräche dies der Konstellation eines straflosen Wahndelikts. Dabei hält der Täter sein an sich straffreies Verhalten aufgrund eines Wertungsirrtums für strafbar. Da jedoch das Verhalten nicht rechtlich geregelt ist, also eine falsche rechtliche Wertung vorliegt, bliebe der Täter straffrei.[523] Hier hätte der Täter nach der Ansicht der Rechtsprechung ein (ungeschriebenes) Tatbestandsmerkmal, die Zurechnung, aus falschen Erwägungen als erfüllt angesehen. Mit der KonstHU hätte der Täter aufgrund dieser Erwägungen Handlungsunrecht als konstituiert betrachtet. In beiden Fällen greift für die subjektive Seite die Wertung als Wahndelikt.

Der 5. Senat hat im Urteil also entweder eine Kategorisierung als objektive Strafbarkeitsbedingung präferiert, oder das Entfallen des Vorsatzes aufgrund der Wertung als Wahndelikt als offensichtlich betrachtet.

Ließe man die faktische Zuteilung genügen, wären nach der Idee der KonstHU die objektiven Voraussetzungen für eine persönliche Zuschreibung strafrechtlicher Verantwortung geschaffen.

Für die Rechtsprechung käme es im Falle einer Kategorisierung als objektive Strafbarkeitsbedingung gar nicht auf einen entsprechenden Vorsatz an, die Strafbarkeitsvoraussetzungen wären erfüllt. Würde von der Kategorisierung als objektives Tatbestandsmerkmal ausgegangen, würde ein Vorsatzbezug verlangt.

Für eine abschließende Beurteilung käme es auf die Feststellung aller für eine Beurteilung des Vorstellungsbildes des Täters relevanten Tatsachen in der Beweisaufnahme an. Generell kann davon ausgegangen werden, dass einem TX-Arzt die RLBÄK und deren Sinn, Zweck und Konsequenzen bekannt sind, so dass ihm die daraus bedingte (faktische) Organzuteilung auch bewusst wäre. Dagegen ist eher unwahrscheinlich, dass von einem rechtswissenschaftlichen Laien die juristischen Hintergründe soweit durchdrungen würden, dass er eine

523 *Wessels/Beulke/Satzger*, Strafrecht AT, Rn. 990; *Roxin*, AT/II, § 29 Rn. 378.

Fehlvorstellung dergestalt gehabt hätte, vom Fehlen einer rechtswirksamen aber gleichsam erforderlichen Zuteilung auszugehen.

Die Voraussetzungen des Tatentschlusses bezüglich der Zurechnung in diesem speziellen Punkt wären erfüllt, *respective* Handlungsunrecht konstituiert und vom Vorstellungs- und Einschätzungsbild des Täters umfasst.

Die Konsequenzen für die subjektive Tatseite bezüglich der Überschreitung der Ermächtigungsgrundlage des TPG durch die RLBÄK und dem daraus resultierenden Fehlen einer strafbarkeitsbegründenden Wirkung entsprechen dem eben Dargestellten weitestgehend.

Eine Einordnung als objektive Bedingung der Strafbarkeit ließe eine solche entfallen, ohne auf die Relevanz des Vorstellungsbildes des Täters abstellen zu müssen. Auch hier legt der Aufbau des Urteils diesen Schluss nahe.

Wird stattdessen eine Relevanz dieser Feststellungen für die subjektive Tatseite angenommen, käme es parallel zu den eben angestellten Erwägungen nicht darauf an, inwieweit der Täter sich tatsächlich Vorstellungen über eine Subsumtion unter die Ermächtigungsgrundlage und deren Voraussetzungen gemacht hätte – ohnehin orientiert an einer Parallelwertung in der Laiensphäre.

Selbst bei einer Differenzierung danach, inwieweit sich der Täter Gedanken über den Stand der medizinischen Erkenntnisse und ob die AKK diese reflektiert einerseits, und andererseits über die daraus resultierenden Folgen für die Wirksamkeit und Reichweite der RLBÄK andererseits gemacht hätte, käme man zu den oben dargestellten Ergebnissen. Auch wenn der handelnde Arzt davon ausgegangen wäre, die AKK reflektiere den Stand der medizinischen Erkenntnisse und wäre von der Ermächtigungsgrundlage gedeckt, resultierte dies nach den Feststellungen des LG und des 5. Senates in einem straffreien Wertungsirrtum. Auch hier gilt dies (nur) insoweit, als nicht die faktische Zuteilung durch das gemäß den RLBÄK handelnde Vermittlungszentrum Eurotransplant als ausreichend für eine Strafbarkeit gesehen wird.

(2.2.1.4) Zwischenfazit

Dass der 5. Senat in seinem Urteil diese Büchse der Pandora bezüglich einer dogmatisch konsequenten und überzeugenden Prüfung seiner Zurechnungskriterien ungeöffnet gelassen hat, beziehungsweise die Prüfung hier „schlicht" mit der objektiven Untauglichkeit als Zurechnungsnorm beendet, stellt sich an dieser Stelle im Gegensatz zu der oben[524] geäußerten Kritik an lediglich angerissenen (auch potenziell vorsatzrelevanten) Rechtsfragen als nicht zu beanstanden dar.

---

524 Vgl. S. 129 f., 161.

Denn auch wenn es hinsichtlich einer festgestellten Überschreitung der Ermächtigungsgrundlage darauf hinausliefe, dass sich mögliche Fehlvorstellungen über deren Wirksamkeit jedenfalls über die Rechtsfigur des Wahndeliktes lösen ließen, wäre dies in seiner Allgemeingültigkeit bei der Prüfung einer individuellen Vorwerfbarkeit im Rahmen eines Gerichtsurteils nicht vollständig zufriedenstellend. Gerade bei einer Prüfung dieses objektiven Bezugspunktes für den Vorsatz, würde er denn als solcher betrachtet, zeigt das Urteil ohnehin wie zuvor aufgezeigt Schwächen in der Auseinandersetzung mit der vorinstanzlichen Entscheidung. Hinzukommt, dass bei der zu betrachtenden Problematik die Grenzziehung zwischen Tat- und Rechtsfragen zuweilen verschwimmt. Für die Ausfüllung rechtlich normierter Anforderungen wird medizinische Expertise benötigt, die ihrerseits sowohl Tatsachen als auch deren Bewertung inkorporiert. Die Auswertung dieser Expertise bestimmt die rechtliche Wirkung der Normen. Diese Aus- oder Bewertung wiederum kann Gegenstand einer revisionsrechtlichen Überprüfung werden. Um schließlich den entsprechenden Vorsatz umfassend festzustellen, und gegebenenfalls den zu dieser Feststellung führenden Weg noch zu bewerten, müssten die einzelnen Elemente zuvor klar zugeordnet werden.

Die wichtige Frage nach der Rechtswirksamkeit der AKK wurde geklärt. Zumindest die Feststellung der Verfassungswidrigkeit überzeugt. Selbst wenn man dem 5. Senat hier nicht insofern folgen wollte, dass damit die subjektive Seite bezüglich dieser Problematik von vornherein keine Rolle mehr spielt, würde in konsequenter Weiterführung der Urteilsgründe eine Strafbarkeit auch bei den Wartelisten-Fällen scheitern. Ungeachtet einer detaillierteren Aufschlüsselung des Vorsatzes bezüglich der einzelnen die Überschreitung der Ermächtigungsgrundlage konstituierenden Parameter würde vom 5. Senat das Fehlen des kognitiven Vorsatzelementes auf die Quasi-Kausalität festgestellt – ob diese überzeugt oder nicht.

(2.2.2) MELD-Score (Manipulations-Fälle)

Der 5. Senat äußert auch beim MELD-Score inhaltliche Bedenken, die zur Unbeachtlichkeit der Richtlinien führen sollen, nachdem er hier den Aspekt des Art. 103 II GG ausdrücklich dahingestellt lässt. Im Urteil ist ausgeführt:

> *„[H]insichtlich der Falschangaben betreffend die zeitnahe Durchführung von Nierenersatztherapien geht der Vorwurf nicht dahin, Patienten mit höherer Dringlichkeit als die der eigenen Patienten benachteiligt zu haben. Die Frage der Dringlichkeit im konkreten Einzelfall spielt vielmehr, wie das Landgericht zutreffend dargelegt hat (UA S. 573 f.), im formalisierten Match-Listenverfahren keine Rolle. Über den Rang auf der Match-Liste entscheidet allein der sich aus drei Blutwerten konstituierende MELD-Score, der*

die Dringlichkeit im Einzelfall nach den Ausführungen aller durch die Schwurgerichtskammer angehörten Sachverständigen aber nicht durchweg zuverlässig widerzuspiegeln vermag.
[…]
Das Landgericht hat ferner festgestellt, dass die für den MELD-Score ausschlaggebenden Blutwerte, die über die Rangstellung in der Match-Liste und damit auch für die Chance der Organerlangung entscheidend sind, derzeit nicht in einem standardisierten Verfahren ermittelt werden. Nach den durch die Schwurgerichtskammer zugrunde gelegten Ausführungen der Sachverständigen besteht namentlich bei der Messung des INR-Werts eine hohe Interlaborvariabilität (UA S. 589).
[…]
Angesichts der […] Verzerrungen und der damit verbundenen Beeinträchtigung der Chancengleichheit der betroffenen Patienten könnte es deshalb auch insoweit der Basis für eine strafrechtliche Absicherung der vorgegebenen Regularien ermangeln (vgl. auch Streng-Baunemann, aaO, S. 775).“[525]

Rissing-van Saan und *Verrel* bezeichnen die Feststellung, der Vorwurf gegen den Angeklagten aufgrund der Angabe tatsächlich nicht durchgeführter Dialyseverfahren ginge nicht dahin, Patienten mit höherer Dringlichkeit als die der eigenen Patienten benachteiligt zu haben, als *„gänzlich unverständlich“*.[526] So sei nämlich in der Tat genau dies die Folge einer Manipulation des MELD-Scores, da dieser die Wahrscheinlichkeit des Versterbens auf der Warteliste innerhalb der nächsten drei Monate angebe. Eine Nierenersatztherapie während der Wartezeit weise auf eine leberbedingte Nierenfunktionsstörung und damit eine erhöhte Dringlichkeit jedenfalls im Vergleich zu nichtdialysierten Patienten mit gleicher Grunderkrankung hin.[527]

Der 5. Senat hat hier etwas komplizierter formuliert, dass nach seiner Ansicht der MELD-Score die Dringlichkeit nicht adäquat reflektiere. Letztlich wird dabei angenommen, dass durch den MELD-Score nicht bewiesen wäre, dass eine TX bei den überholten Patienten dringlicher gewesen wäre. Damit begegnet das Urteil dem Vorwurf der Staatsanwaltschaft, Patienten mit höherer Dringlichkeit benachteiligt zu haben, ablehnend. Der Verstoß gegen die Richtlinien sei deswegen lediglich ein formaler, und der Vorwurf der Staatsanwaltschaft im Ergebnis nicht haltbar.

Die Aussage in den Urteilsgründen, dass nach den Ausführungen der Sachverständigen nun angenommen werde, der MELD-Score reflektiere die Dringlichkeit im Einzelfall nicht, übergeht jedoch mehrere relevante Aspekte. Zum

---

525 BGH, Urteil vom 28. Juni 2017 – 5 StR 20/16, Rn. 43 f.
526 *Rissing-van Saan/Verrel*, NStZ 2018, 57 (60).
527 Ebd.

einen übersieht sie, dass das MELD-System einem sehr ausdifferenzierten System nach den RLBÄK folgt und so mit der Vergabe eines matchMELD gerade darum bemüht ist, auch die Fälle zu erfassen, bei der der im Urteil lediglich erwähnte labMELD die Dringlichkeit nicht adäquat widerspiegelt.[528] Zum anderen greift hier die vom 5. Senat zuvor[529] noch kritisierte Vermutungsregel des § 16 I 2 TPG. Diese bietet eine Korrekturmöglichkeit für in der Medizin typischen und kaum vermeidbaren systemimmanenten Verwerfungen oder individuellen Besonderheiten.

Zudem übersieht der Einwand einer hohen Interlaborvalidität des MELD-Scores und der damit verbundenen MELD-Punktschwankungen, dass dies alle Patienten gleichermaßen betrifft und es sich dabei um das in der Medizin geradezu gängige Problem von Messtoleranzen handelt.[530] Wo diese aufhören, und/oder möglicherweise Schwankungen auftreten, die bei einem bestimmten Patienten beispielsweise anatomischen, konstitutiven oder pathologischen Besonderheiten geschuldet sind, ist im Einzelfall zu klären. Somit hätte unter Einbeziehung der Vermutungsregel des § 16 I 2 TPG, die ja gerade eine Widerlegung der Einhaltung des Standes der medizinischen Erkenntnisse bei medizinischen Besonderheiten im Einzelfall ermöglichen soll, vom erkennenden Gericht die konkrete Situation für die einzelnen Patienten genau geprüft werden müssen.

Es hätte festgestellt werden müssen, ob die vom Angeklagten durch die Datenmanipulation bewirkten Erhöhungen des MELD-Scores im Rahmen der systemimmanent möglichen Schwankungen lagen, oder ob sie diesen Rahmen überschritten hatten. So hat der Angeklagte, soweit dies den Urteilsgründen zu entnehmen ist, eben keine derartigen systemimmanenten Verwerfungen ausgenutzt oder geschaffen, sondern hat vielmehr die Verteilungschancen einseitig zugunsten seiner Patienten abgewandelt.[531]

Der 5. Senat BGH setzt allerdings „weiter oben" an, indem er die Rechtmäßigkeit der Richtlinieninhalte in Frage stellt, so dass es letztlich auf die Anwendung der Regularien gar nicht mehr ankäme. An dieser Stelle kann und soll, trotz der Anzeige einer gewissen Tendenz durch die Einbeziehung der überzeugenden Darlegungen *Rissing-van Saans* und *Verrels,* die Rechtmäßigkeit der fachmedizinisch geprägten Regelungen nicht abschließend bewertet werden.

528 *Rissing-van Saan/Verrel,* NStZ 2018, 57 (61).
529 Vgl. Fn. 373.
530 *Rissing-van Saan/Verrel,* NStZ 2018, 57 (61); vgl. auch S. 167 f.
531 Ebd., 61.

Jedoch bezüglich der Auseinandersetzung des 5. Senates mit den Richtlinieninhalten im Zusammenhang mit den diesen zugrundeliegenden, durchaus fundierten Argumenten und Erkenntnissen, sowie mit der Einbeziehung der Sachverständigengutachten, sei hier auf die bei der AKK entsprechend dazu ausgeführte Problematik und Kritik verwiesen.

Interessant ist in diesem Zusammenhang auch ein Artikel unter Mitwirkung des Angeklagten. In diesem wird ausgeführt, dass unter Zugrundelegung des MELD-Scores in der Tat nach dem *sickest-first*-Prinzip die Patienten mit der höchsten Dringlichkeit auch als erstes transplantiert würden, und somit die Wartelistensterblichkeit seit dessen Einführung zurückging. Zwar wird auch hier eine gewisse Störanfälligkeit thematisiert, jedoch liegt die eigentliche Kritik darin, dass es unter Berücksichtigung des MELD-Scores zu schlechteren Langzeitprognosen und erhöhter Sterberate nach erfolgreicher TX komme. Dies liege daran, dass in der Hoffnung auf eine schnelle TX therapeutische Maßnahmen zur Stabilisierung der Nierenfunktion zurückgestellt werden, die jedoch ein langfristigeres Überleben nach der TX begünstigen.[532] Zwar wird auch hier eine gewisse Störanfälligkeit thematisiert, die jedoch im Rahmen eines Systems, in dem individuelle menschliche Körper und individuelle Menschen als agierende Ärzte und Pflegekräfte zur Ermittlung von Daten aufeinandertreffen, kaum vollständig zu vermeiden ist. Dabei bezieht sich aber die Kritik in dem vom Angeklagten mitverfassten Artikel keinesfalls auf die Validität des MELD-Scores bezüglich der Reflexion der Dringlichkeit. Eine solche wird nämlich explizit anerkannt. Vielmehr geht es um die Wechselwirkung der Kriterien von Erfolgsaussicht und Dringlichkeit und deren Abwägung. Dabei werden Folgefragen der TX diskutiert und im Ergebnis geht es darum, welche Gewichtung die beiden Kriterien erhalten sollen. Für eine verfassungsgemäße Auslegung insbesondere der Erfolgsaussicht sei auf das oben dazu Ausgeführte verwiesen.[533] Hier ist „lediglich“, wie bei der AKK, im Rahmen der inhaltlichen Prüfung der Richtlinien die fehlende Tiefe in der Auseinandersetzung der Würdigung des LG durch den 5. Senat zu kritisieren.

Zwar bleibt diese Frage beim MELD-Score im Urteil nach dem diesen Abschnitt einleitenden Wortlaut dahingestellt,[534] jedoch zeigt die darauffolgende Darlegung eine eindeutige Richtung. Und diese weist entgegengesetzt der hier begründet eingeschlagenen.

---

532 *Maier/Obed/Ramadori*, hepatitis & more 2008, 22 (22 f.).

533 Vgl. S. 155 ff.

534 BGH, Urteil vom 28. Juni 2017 – 5 StR 20/16, Rn. 43.

(2.2.3) Zwischenfazit

Um die Frage nach der Rechtswirksamkeit der Richtlinien, also deren Verfassungsmäßigkeit und inhaltliche Bewertung, abzuschließen, kann hier kommentarlos erneut ein Zitat von *Rissing-van Saan* und *Verrel* bemüht werden. Diese betrachten die AKK und den MELD-Score und runden dies mit einer Referenz auf die Themen *Clichy*-Kriterien und HCC ab. Für letztere wurde im Urteil die Frage nach der Verfassungsmäßigkeit offengelassen, aber die fehlende Ahndungsmöglichkeit aufgrund eines Verstoßes gegen Art. 103 II GG festgestellt.[535] Im Anschluss äußern sich die Autoren in erfrischender Emotionalität wie folgt:

> *„Das ist alles andere als ein höchstrichterlicher Beitrag zur Schaffung von Rechtssicherheit und man fragt sich, was den 5. Strafsenat eigentlich geritten hat, dieses das ganze Urteil kennzeichnende Spiel mit mal angenommener, mal offengelassener Verfassungswidrigkeit ausgerechnet auf eine[m] so sensiblen Gebiet wie der Transplantationsmedizin zu spielen. Von besonderer Einsicht in die stete Unvollkommenheit eines Allokationssystems, das sowohl die Dringlichkeit als auch die Erfolgsaussicht berücksichtigen soll, in die Heterogenität medizinischer Studien und schließlich in die Einbettung der deutschen Allokationsregeln in den internationalen Kenntnisstand ist diese Entscheidung jedenfalls nicht geprägt.“*[536]

(3) Recht auf ein Organ

Der 5. Senat lässt gleich zu Beginn seiner rechtlichen Würdigung dahingestellt, ob eine Verurteilung schon wegen einer fehlenden Zurechenbarkeit infolge des hier nicht betroffenen Schutzzweckes des TPG scheiterte. Anschließend führt er aus, dass gleiches zu gelten haben könnte, *„wenn die Verwirklichung von Tötungs- und Körperverletzungsdelikten voraussetzen würde, dass dem (den) aufgrund von Manipulationen ‚überholten‘ Patienten ein rechtlich gesicherter Anspruch oder zumindest ein ‚Anwartschaftsrecht‘ auf ein Organ zugestanden hätte, was das allein ein derivatives Teilhaberecht vermittelnde Transplantationsgesetz aber nicht gewährleiste“*.[537]

In Kongruenz mit dem bisher Ausgeführten und auch mit den Stellungnahmen zu vom 5. Senat offengelassenen Rechtsfragen ist hier zu vorwegzunehmen, dass eine Zurechnung, *respective* eine Begründung der Strafbarkeit nach der KonstHU, auch an dieser Problematik keineswegs scheiterte.

---

535 BGH, Urteil vom 28. Juni 2017 – 5 StR 20/16, Rn. 45 f.

536 *Rissing-van Saan/Verrel*, NStZ 2018, 57 (61).

537 BGH, Urteil vom 28. Juni 2017 – 5 StR 20/16, Rn. 28.

Der Grundgedanke, warum überhaupt ein Recht auf ein Organ für eine Strafbarkeitsbegründung gefordert werden könnte, stammt aus den Parallelen der hypothetischen Kausalität mit den unechten Unterlassungsdelikten. Es fehlt an einer unmittelbaren Einwirkung auf die Rechtssphäre des Opfers. Diese wird erst durch (lediglich) hypothetische Ereignisse vermittelt. Bei den unechten Unterlassungsdelikten wird für eine Gleichstellung mit den Begehungsdelikten gefordert, dass der Unterlassende ein Garant dafür ist, dass das Opfer keine Rechtsgutverletzung erleidet. Nur so kann abgegrenzt werden, dass nicht jedes Unterlassen rechtswidrig wäre, sofern nicht gerade ein Rechtfertigungsgrund eingreift.

Zwar greift hier nicht, dass ein Täter aufgrund des im Kausalverlauf zu berücksichtigenden Unterlassungsmomentes gleich dem Unterlassungstäter für einen individuellen Vorwurf eine rechtlich normierte Aufforderung zum Handeln benötigte. Denn der Vorwurf knüpft hier am aktiven Tun an. Die Notwendigkeit eines vermittelnden Momentes für die Einwirkung auf die Rechtssphäre aufgrund des hypothetischen Elementes jedoch überzeugt zunächst grundsätzlich.

Wie diese Problematik gehandhabt wird, hängt wieder von der Kausalitätsprämisse ab. Um im Rahmen der Ansicht des BGH zu bleiben, soweit ein solcher unter Einbeziehung der Zurechnung jedenfalls grob umrissen werden kann, kann die *ratio* des § 13 StGB als außerordentliche Zurechnungsfigur herangezogen werden. Demnach geht es darum, auch bei der Fallkonstellation des Abbruchs rettender Kausalverläufe zu prüfen, ob dem Opfer eben dieser rettende Kausalverlauf in seiner integritätssichernden Wirkung im Verhältnis zum Täter rechtlich zugewiesen ist.[538]

In der Literatur wird mittlerweile einhellig vertreten, dass dem einzelnen Patienten, bei dem eine TX medizinisch indiziert ist, jedenfalls ein derivatives Teilhaberecht am Allokationsverfahren zusteht.[539] Dass kein originärer, konkreter Anspruch des Einzelnen auf ein Spenderorgan aus Art. 2 I GG abgeleitet werden kann, ergibt sich bereits aus den mangelbedingten Kapazitätsgrenzen die den zur Verfügung stehenden Organen.[540]

---

538 *Haas*, HRRS 8/2016, 384 (389).

539 *Amos*, BRJ 01/2017, 44 (45) m.w.N; *Bader*, Organmangel, S. 300; *Opper*, Verteilung knapper Organe, S. 231; vgl. auch *Haas*, HRRS 8/2016, 384 (389 f.).

540 *Amos*, BRJ 01/2017, 44 (45); *Haas*, HRRS 8/2016. 384 (390); *Bader*, Organmangel und Organverteilung, S. 296 f.; *Böse*, ZJS 2014, 117 (120), *Rissing-van Saan*, NStZ 2014, 233 (242).

Das derivative Teilhaberecht findet seine Grundlage in dem bereits erwähnten[541] *Numerus-Clausus*-Urteil, das im Bereich staatlicher Monopolstellungen, wie sie bei der Organallokation faktisch geschaffen wurde, ein subjektives Recht schafft, an der durch staatliche Leistungen geschaffenen Lebenschancen gleichberechtigt beteiligt zu werden.[542] Dass sich dieses Recht wiederum, entgegen der von *Schroth*[543] und *Bülte*[544] vertretenen Auffassung, nicht auf den Schutz menschlichen Lebens allgemein sowie den der Verteilungsgerechtigkeit, sondern vielmehr (auch) auf den Schutz individuellen Lebens bezieht, wurde bereits im Rahmen des Schutzzweckes der Regelungen dargelegt.[545]

So präzisierte auch bereits das vorinstanzliche Landgericht, dass hier ein Recht auf chancengleiche Teilhabe an dem jeweils zur Verfügung stehenden, stets zu knappem Quantum an Spenderorganen, bestehe.[546]

Damit besteht auf der Grundlage, dass jeder Patient verlangen kann, bei der monopolisierten Organallokation grundsätzlich gleichberechtigt berücksichtigt und nur nach Maßgabe sachlich begründeter und verhältnismäßiger Differenzierungen übergangen zu werden, sehr wohl ein subjektives Recht auf ein Spenderorgan, sofern die Richtlinien im konkreten Fall die Vermittlung an den Anspruchsinhaber gebieten.[547]

Anders formuliert ist der individuelle Patient auf der Warteliste mindestens davor geschützt, dass den auf dem TPG beruhenden Richtlinien zuwidergehandelt wird.

cc) Weitere Fragen

In der Literatur zum Göttinger TX-Fall werden weitere Fragen diskutiert, die sich zumindest im weitesten Sinn um die im Urteil unter Zurechnung geprüften Rechtsfragen herum einordnen lassen, beziehungsweise in der Literatur unter dem Stichwort der Zurechnung betrachtet werden. In diesem Zusammenhang entfalten sie auch entsprechend Vorsatzrelevanz.

---

541 Vgl. S. 165, 170 f.

542 BVerfG, Urteil vom 18. Juni 1972 – 1 BvL 32/70 und 25/71 = BVerfGE 33, 303 (330 ff.) = NJW 1972, 1561; *Amos*, BRJ 01/2017, 44 (45); *Haas*, HRRS 8/2016, 384 (390).

543 *Schroth*, NStZ 2014, 437 (443).

544 *Bülte*, StV 2013, 753 (756).

545 Vgl. ab S. 134 ff.

546 *Haas*, HHRS 8/16 384 (390) mit Verweis auf das Urteil.

547 So auch *Bader*, Organmangel, S. 296 f.; *Haas*, HRRS 8/2016, 384 (390).

Diese sollen hier nicht in der Tiefe diskutiert werden, jedoch kurz dargestellt und mit Argumentationsansätzen versehen werden. Dies dient der Vervollständigung des Bildes von den zahlreichen Rechtsfragen, mit denen sich der 5. Senat auseinandersetzen musste und ist daher relevant für einen Erklärungsversuch bezüglich dessen Urteils.

Teilweise wurden diese Fragen auch im Urteil adressiert, jedoch variieren hier die Betrachtungen bezüglich der Anknüpfungspunkte für Wechselwirkungen, und präsentieren sich mit unterschiedlichen Implikationen.

Das erste Thema ist die Relevanz des beschleunigten Verfahrens.

Falls ein Organ, das einem Patienten seinem Wartelisten-Platz entsprechend angeboten wird, (Regelallokation) von diesem, *respective* zunächst vom TX-Chirurgen, abgelehnt wird, leitet Eurotransplant in das beschleunigte Verfahren, oder auch „Zentrumsverfahren" über. Für eine solche Ablehnung kann eine Reihe von Gründen verantwortlich zeichnen. Beispiele sind, dass bei einer aus ärztlicher Sicht qualitativ unterdurchschnittlichen Leber der Arzt bei einem ausreichend stabilen Patienten das Organangebot ablehnt und auf ein qualitativ besseres Organ wartet, um die Überlebenschancen des Patienten kurz- und langfristig zu erhöhen, oder dass in einem TX-Zentrum aktuell keine TX-Möglichkeit besteht, oder der Zustand des Patienten gerade keine solche erlaubt.[548]

Laut RLBÄK wird das Organ nach Einleitung des Verfahrens allen Zentren einer Region der Koordinierungsstelle, in der sich das Organ zum Zeitpunkt des Angebots befindet, sowie anderen nahegelegenen Zentren angeboten. Die Ischämiezeit soll dabei möglichst kurzgehalten werden. Die Zentren können geeignete Patienten innerhalb einer Erklärungszeit von 30 Minuten melden, ansonsten gilt das Organ als abgelehnt, und kann weiteren Zentren oder Organaustauschorganisationen angeboten werden. Sinn und Zweck ist es, einen Organverlust zu vermeiden.

Das beschleunigte Verfahren findet an unterschiedlichen Stellen der Strafbarkeitsprüfung Eingang in die Diskussion. *Schroth* beispielsweise kritisiert, dass der Allokationsentscheidung bei diesem Verfahren

- „*keine Gerechtigkeit im Sinne einer Regelgeleitetheit bei der Organverteilung*"[549] zugesprochen werden kann,

548 BGH, Urteil vom 28. Juni 2017 – 5 StR 20/16, Rn. 8 f.

549 *Schroth*, NStZ 2013, 437 (439).

- dass *ex post* nicht aufgeklärt werden könne, ob die Voraussetzungen des beschleunigten Verfahrens, also die Gebotenheit der zeit- und ortsnahen Übertragung, tatsächlich vorlagen,[550]
- dass der Gedanke um diese Möglichkeit Einfluss auf das voluntative Vorsatzelement habe,[551]
- sowie dass die in den Richtlinien für die Leberallokation vorgesehene Möglichkeit dieses Verfahrens gegen die Annahme eines subjektiven Rechts auf ein Organ für den ranghöchsten Wartelistenkandidaten spreche, was jedoch Voraussetzung für eine Zurechnung sei.[552]

Zum ersten Kritikpunkt *Schroths* ist nochmals zu betonen, dass es beim beschleunigten Verfahren darum geht, in einer Mangelverwaltung, welche auf die Erteilung von Lebenschance abzielt, einen Verlust an den zu verteilenden ohnehin zu knappen Gütern „Spenderorgane" zu vermeiden. Dafür, sowie um eine effiziente und transparente Allokation zu gewährleisten, ist es zweck- und vor allem auch rechtmäßig, der rechtssetzenden Instanz diesen Gestaltungsraum zuzugestehen. Das beschleunigte Verfahren kommt nur dann zur Anwendung, wenn aufgrund logischer oder organisatorischer Gründe, oder medizinischer Erfordernisse eine zeit- und ortsnahe TX gefragt ist. Das heiß, dies betrifft von vornherein nur die Fälle, in denen eine erfolgreiche Vermittlung im Standardverfahren ohnehin gefährdet wäre. Dies begründet auch zugleich, warum die Existenz des beschleunigten Verfahrens kein Argument gegen die Annahme einer subjektiven Rechtsposition begründet.[553]

Das Argument, entgegen dem von einem computergesteuerten Algorithmus geleiteten Standardverfahren wäre das in den Händen der jeweiligen Ärzte der TX-Zentren liegende beschleunigte Verfahren in seinen Anwendungsvoraussetzungen nicht rekonstruierbar, trägt auch nur bedingt. Zum einen proklamiert *Puppe* diesbezüglich im Kontext mit der Aufklärung bezüglich der überholten Patienten betreffend, dass sich mit einiger Mühe durchaus feststellen ließe, ob diesen ein Organ in diesem Eilverfahren angeboten wurde.[554]

---

550 *Schroth*, NStZ 2013, 437 (441).

551 Ebd., 442.

552 Ebd., 443.

553 *Haas*, HRRS 8/2016, 384 (392), der den ersten Teil dieser Argumentation jedoch im Ursprung darauf bezieht, dass *„die Reihenfolge der Patienten auf der Match-Liste nicht ausnahmslos der tatsächlichen Dringlichkeit einer Organtransplantation entspricht."*

554 *Puppe*, ZIS 11/2018, 484 (491).

Zum anderen wäre die Kritik *Schroths* in der Möglichkeit einer Beweisführung begründet, nicht in den eine Strafbarkeit begründenden materiellrechtlichen Aspekten. Hier wird jedoch ohnehin „lediglich" eine Versuchsstrafbarkeit geprüft, eben aufgrund der einem Beweis tatsächlich kaum zugänglichen „*zahlreichen Imponderabilien bei der Organzuweisung*"[555] und den damit zusammenhängenden Kausalitätsfeststellungen. Damit stellt dies kein die Begründung von (versuchtem) Tötungsunrecht ausschließendes Argument dar.

In den gleichen Kontext zu stellen ist eine weitere Frage, die zwar auch im Urteil ihren Eingang findet, jedoch in der Literatur noch erweitert diskutiert wurde. Es geht darum, ob bei einer Strafbarkeitsprüfung neben durch die Manipulationen erstüberholten Patienten auf der Warteliste auch alle anderen übersprungenen Patienten betrachtet werden müssten.

Das LG hatte das kognitive Vorsatzelement in Bezug auf den erstüberholten Patienten bejaht, für die weiteren überholten Patienten jedoch abgelehnt. Der 5. Senat gibt dazu im Urteil wieder, dass es der Angeklagte ausgehend von den Feststellungen des LG für denkbar gehalten habe, „*dass aufgrund der Falschangaben ein vielleicht ansonsten den ersten Rang auf der für eine bestimmte Leber durch Eurotransplant erstellten Match-Liste einnehmender Patient das vom Angeklagten später transplantierte Organ nicht erhalten und deswegen versterben werde. Jedoch habe er begründet darauf vertraut, dass dieser Erfolg nicht eintreten werde. Hingegen habe er hinsichtlich womöglich weiterer ‚überholter' Patienten aufgrund der Unwägbarkeiten des Allokationsverfahrens den Kausalverlauf in seinen wesentlichen Zügen nicht vorausgesehen und auch nicht voraussehen können, weswegen es insoweit bereits am Wissenselement des Vorsatzes gefehlt habe.*"[556] Es folgt bezüglich des erstüberholten Patienten jedoch die Ablehnung des kognitiven Vorsatzelementes, eben aufgrund der vom 5. Senat vertretenen Vorsatzanforderungen auf die Quasi-Kausalität.

Betrachtet man zunächst die objektive Tatbestandsebene, ist zu bemerken, dass die Verschiebungen auf der Warteliste durchaus auch die weiteren durch die Manipulation verdrängten Patienten betreffen kann.

So könnte beispielsweise zwar bereits die überholte Nummer eins noch rechtzeitig mit einem „nächsten" Organ versorgt worden sein, jedoch könnte Nummer zwei vor einem Organangebot verstorben sein, dass sie aber statt Nummer eins erhalten hätte, wäre diese mit dem fehlassoziierten Organ versorgt worden.[557]

555 *Verrel*, MedR 2014, 464 (465).

556 BGH, Urteil vom 28. Juni 2017 – 5 StR 20/16, Rn. 51.

557 *Verrel*, MedR 2014, 464 (466).

Zudem betrifft die Veränderung der Platzierung zwangsläufig auch alle Nachfolgenden. Drängelt man sich in einer Warteschlange im Supermarkt an zehn Leuten vorbei nach vorn, befinden sich danach alle zehn überholten einen Platz weiter hinten.[558]

Letztlich ist jedoch zu überlegen, auf die Prüfung eines solchen „*infinite[n] Regress[es]*“[559] aufgrund der schon für den erstüberholten Patienten mit der Folge einer Ahndungsmöglichkeit lediglich aus einer Versuchsstrafbarkeit bestehenden Nachweisprobleme bereits aus Gründen einer Prozessökonomie zu verzichten, da sich die Probleme der Beweisbarkeit immer weiter potenzieren. Materiell-rechtlich ist hier entscheidend, dass sich dies darüber hinaus in einer nicht erfüllten subjektiven Vorhersehbarkeit durch den Täter spiegelt. Einer solchen wäre im Gegensatz zum erstüberholten Patienten auch nicht mehr in einer definitionsmäßig fassbaren Abgrenzung eines „für *möglich* Haltens“ habhaft zu werden. Die vom LG angeführte (fehlende) subjektive Vorhersehbarkeit des Kausalverlaufs in seinen wesentlichen Zügen überzeugt daher auch in ihrer Kategorisierung des Umgangs mit dieser Einschränkung einer infiniten Kausalität als subjektives Element.

Kudlich rekurriert für die nach dem erstüberholten folgenden Patienten bestehende „*Überblickbarkeit bzw. Unbeherrschbarkeit dieser weitreichenden Kausalketten*“,[560] im selben „Atemzug“, *respective* geschriebenen Satz, auf die mögliche Ablehnung einer Zurechenbarkeit, wie sie auch durch einen fehlenden Schutzzweckzusammenhang gegeben sein könnte.[561]

Nach all dem bisher Dargestellten ist die Lösung über einen subjektiven Weg vorzugswürdig. Gerade bei dieser Problematik korrespondiert die aus dem Ursprung des Zurechnungskriteriums abgeleitete Einordnung mit der speziellen Konstellation einer rein objektiv durchaus nachvollziehbaren Kausalkette bei gleichzeitigen Beweisschwierigkeiten und der entsprechenden zu berücksichtigenden Konsequenzen für das Vorstellungsbild des Täters.

Schließlich ist das Argument, das Wissen um die Möglichkeit des Erhaltens eines Organs durch das beschleunigte Verfahren hätte Einfluss auf das voluntative Vorsatzelement, kurz zu adressieren. *Schroth* führt zum einen an, dieses Wissen, und ein (berechtigtes) Hoffen auf das Eingreifen des Verfahrens stehe der Annahme eines „billigend in Kauf Nehmens“ des Todes des überholten

558 *Puppe*, ZIS 11/2018, 484 (491).
559 *Kudlich*, NJW 2013, 917 (918).
560 Ebd.
561 Ebd., m.w.N. in Fn. 5, 6.

Patienten im Wege. Zudem werde dieser Todeserfolg nicht gebilligt, wenn aufgrund der Motivation durch die Sorge um den eigenen Patienten der Gedanke an den überholten Patienten verdrängt werde.[562]

Beiden Annahmen erteilt *Verrel* auch bereits vor dem Urteil des 5. Senates überzeugend eine Absage. Ersterer begegnet er mit dem Hinweis auf den Zweck des beschleunigten Verfahrens, der möglichst vollständigen Ausschöpfung des Organpools. Durch das Verfahren können auch Patienten ein Organ erhalten, die nach ihrem MELD-Score keine Aussicht auf eine baldige Zuteilung hätten. Dies ändere jedoch nichts am grundsätzlichen Mangel und der Tatsache, dass aufgrund dessen (zum Zeitpunkt der hier herangezogenen Evaluation im Jahr 2014) weit mehr als 300 Patienten auf der Warteliste jährlich sterben. Das Wissen um diese Patienten ist bei einem praktizierenden TX-Arzt mit Kenntnis der Allokationsregeln mindestens in ungefährer Dimension als bekannt vorauszusetzen. Weshalb dies auf einmal aus dem Bewusstsein des um seine eigenen Patienten bemühten Angeklagten verschwunden sein sollte und vielmehr so getan werden sollte, als stünden auf einmal doch genügend Organe für alle, also auch die übergegangenen Patienten, zu Verfügung, leuchtet nicht ein.[563]

Dem zweiten Argument *Schroths* begegnet *Verrel* auch unter Verweis auf das OLG Braunschweig, welches im TX-Fall eine Beschwerde des Beschuldigten gegen den Haftbefehl als unbegründet zurückgewiesen hat. Gerade die Kenntnis des Allokationssystems seitens des TX-Arztes und die Motivation das Leben seiner Patienten zu retten, führe zu dem geradezu zwingenden Schluss, dass ihm bewusst gewesen sei, dass durch seine Manipulationen Wartelistenkandidaten mit einem höheren MELD-Score als seine Patienten zurückgedrängt und damit erst recht Gefahr liefen, ohne die baldige Zuteilung zu versterben. Auch ein weniger altruistisches Motiv, wie beispielsweise die Erhöhung der Zahl der von ihm durchgeführten TX zur Verbesserung seines Standings oder zur Erlangung von Boni, ändere nichts an dem Wissen – und den darauf abzuleitenden Konsequenzen für das Wollen – um die Möglichkeit tödlicher Folgen für andere Patienten.[564]

Der 5. Senat hat die Ansicht des OLG Braunschweig, dass die Sorge des Angeklagten um die eigenen Patienten „*zwingend*" geeignet sei, den Tötungsvorsatz zu begründen, abgelehnt.[565]

---

562 *Schroth*, NStZ 2013, 437 (442).
563 *Verrel*, MedR 2014, 464 (466).
564 Ebd., mit Verweis auf OLG Braunschweig, NStZ 2013, 595.
565 BGH, Urteil vom 28. Juni 2017 – 5 StR 20/16, Rn. 61.

Einem Wissen um die Wartelistensterblichkeit, auch hier im Kontext mit den Folgen für das voluntative Vorsatzelement, begegnet der 5. Senat mit dem Hinweis auf das vom LG durch medizinische Sachverständige und die Auswertung von Match-Listen-Verläufen festgestellte „Überangebot" an Spenderlebern zum Tatzeitpunkt. Die Prüfung des voluntativen Vorsatzelementes durch das LG in Bezug auf den erstüberholten Patienten *„wäre nicht durchgreifend rechtsfehlerhaft"*.[566]

Eine umfassende Analyse und Bewertung der Frage nach der Erfüllung des voluntativen Vorsatzelementes sowie deren Beurteilung durch den 5. Senat ist nicht Gegenstand der vorliegenden Arbeit. Daher sollen die hier lediglich angerissenen Argumentationslinien keinesfalls Anspruch auf Vollständigkeit oder unwiderlegbare Überzeugungskraft erheben, ebenso wenig eine Auseinandersetzung mit den Anforderungen des Wollens-Elementes. Aufgezeigt werden sollen jedoch die Verknüpfungen der unterschiedlichen Sach- und Rechtsfragen mit ihren jeweiligen Problemstellungen. So zeigt die Argumentation *Schroths*, wie beispielsweise die objektiv kausalitätsrelevante Frage auf der subjektiven Seite mit weiteren Aspekten des Vorstellungsbildes des Angeklagten zu einer zu bewertenden Gesamtheit verschmilzt, um auch unter die voluntativen Vorsatzanforderungen subsumieren zu können. Zudem sei an die bereits mehrfach angesprochene Problematik um das voluntative Vorsatzelement erinnert.

3. Zwischenfazit

Auch die Betrachtung der Quasi-Kausalität im objektiven Tatbestand als Bezugspunkt des Vorsatzes kann keine überzeugende Begründung für das Vorsatzverständnis des 5. Senates hervorbringen. Zwar gibt es Ansätze, mit denen nachvollzogen werden kann, welche Gedanken oder Motive den 5. Senat bei der Findung seiner Rechtsauffassung geleitet haben könnten. Jedoch liefern diese kein tragfähiges Fundament im Sinne einer dogmatisch validen Rechtsansicht.

III. Abweichung von der Spiegelbildfunktion des Vorsatzes

Die bisherigen Ausführungen basieren auf der Prämisse einer Kongruenz zwischen subjektivem und objektivem Tatbestand, oder auch der „Spiegelbildfunktion" des Vorsatzes.[567] Diese versteht sich als Grundannahme der modernen

566 BGH, Urteil vom 28. Juni 2017 – 5 StR 20/16, Rn. 58 f.

567 *Safferling*, Vorsatz und Schuld, S. 119.

Strafrechtsdogmatik und wird aus § 16 StGB abgeleitet, wo der gesamte Tatbestand vom Vorsatz in Bezug gesetzt wird.[568]

Zwar erscheint es kaum plausibel, dass der 5. Senat in seinem Urteil zum TX-Fall von diesen Grundfesten abweichen wollte, noch dazu, ohne dies überhaupt nur explizit zu erwähnen oder zu erläutern. Zudem wurde oben[569] bereits dargelegt, dass gerade die Kongruenz zwischen objektivem und subjektivem Tatbestand als Erklärung für das Verständnis des kognitiven Vorsatzelementes durch den 5. Senat herangezogen werden kann. Dies gilt jedenfalls ausgehend von einem nicht überzeugenden Verständnis der Kausalitätsanforderungen im objektiven Tatbestand.

Dennoch soll überprüft werden, ob eine dogmatisch begründete (!) Inkongruenz, unabhängig davon, ob sich diese in ihren Grundsätzen gegenüber der weit überwiegend unangefochtenen Prämisse der Spiegelbildlichkeit behaupten kann, zur Begründung des Vorsatzverständnisses herangezogen werden kann. Dies dürfte also nicht darin münden, dass subjektive Erfordernisse für objektive Elemente willkürlich festgelegt würden.

Die Idee, dass es gewisse objektive und subjektive Elemente geben kann, die von dieser Kongruenz ausgeschlossen sind, ist durchaus auch in der Prämisse einer grundsätzlichen Spiegelfunktion enthalten. Hierzu gehören objektive Bedingungen der Strafbarkeit (z.B. Tod oder schwere Körperverletzung bei § 231 StGB) und überschießende Innentendenzen (z.B. Zueignungsabsicht bei § 242 StGB).

Bei der hier beispielhaft genannten Zueignungsabsicht ist jedoch herauszustellen, dass es sich dabei um eine zusätzliche subjektive Anforderung handelt, und eben gerade nicht um eine Modifikation der Vorsatzdefinitionen oder des Bezugspunktes des Vorsatzes.

Bei dem Stichwort „objektive Bedingungen der Strafbarkeit" sei an die Ansicht *Asts* erinnert, die Rechtsfragen, die im Allgemeinen unter den Begriff der Zurechnung subsumiert werden, auch als solche kategorisiert und damit vom Vorsatz ausnimmt.[570] Hieran anknüpfend soll die Ansicht *Rudolphs* zur Abweichung von der Spiegelbildtheorie – hier stark verkürzt präsentiert – herangezogen werden. Der Titel *„Wenn Täter und Richter dasselbe wissen, aber unterschiedlicher Meinung sind"*[571] könnte auch als treffende Einkleidung einiger der hier angesprochenen Vorsatzprobleme genutzt werden.

568 *Rudolph*, JRE 2019, 649 (660 f.); *Safferling*, Vorsatz und Schuld, S. 119; *Fischer*, StGB, § 16, Rn. 3.

569 Vgl. S. 66 f.

570 Vgl. S. 106.

571 *Rudolph*, JRE 2019, 649 (649).

Es wird daran angesetzt, dass es sich beim Vorsatz als innere Tatsache um ein Faktum handele, das aus Richtersicht bewertet werden müsse. Dabei könne es zwangsläufig vorkommen, dass die Wertungen von Täter und Richter nicht übereinstimmen. Anknüpfend an die nach *Rudolphs* Meinung problematische Formulierung des „Kennens der Tatumstände" aus § 16 StGB wird herausgestellt, dass sich die gesetzliche Deliktsbeschreibung regelmäßig nicht an potenzielle Täter, sondern an Richter wende. So stehe in § 212 StGB nicht etwa geschrieben *„du sollst nicht töten"*, sondern vielmehr *„Wer einen Menschen tötet [...] wird bestraft"*. Somit ließen sich maßgebliche Verhaltensformen ohnehin nur mittelbar dem Tatbestand entnehmen. So sei es wichtig, sich den Unterschied zwischen Verhaltens-, Sanktions- und Zurechnungsregeln vor Augen zu führen. Verhaltensregeln richten sich an jedermann, also auch an einen potenziellen Täter, indem sie Ge- und Verbote eines Normensystems beschreiben. Sanktionsregeln richten sich an Richter und Rechtsanwender. Auch die Zurechnungsregeln, die bereits bei der Frage ansetzen, ob überhaupt ein menschliches Verhalten vorliege, das als Anknüpfungspunkt einer rechtlichen oder moralischen Bewertung tauge, richten sich an den objektiven Urteiler, also an den Richter.[572]

Rudolph setzt hier im Übrigen den Begriff der Zurechnung in einem weiteren Sinn ein, als er vorliegend als Referenz auf die „objektive Zurechnung" aus der Lehre und als Übernahme des vom BGH (weitgehend für dieselben Rechtsfragen verwendeten) genutzten *terminus* verwendet wird. Für die an dieser Stelle relevanten Ausführungen kann jedoch deren „engeres" Verständnis herangezogen werden, ohne die Prämissen *Rudolphs* zu entstellen. So zeigt er selbst die Parallelen auf, indem er formuliert, von Vorsatz könne nur dann die Rede sein, *„wenn bereits* ex ante *für den Täter* erkennbar *war, dass er die Möglichkeit hatte, in einem bestimmten Sinn von seinen körperlichen Fähigkeiten Gebrauch zu machen. [...] Entscheidend für die Zurechnung ist, dass das* ex-ante-*Urteil und das* ex-post-*Urteil in den zugrunde gelegten Fakten und in dem Maßstab, der zur Beurteilung angelegt wird, miteinander korrespondieren. Dieses Korrespondenzprinzip liegt auch der Lehre von der objektiven Zurechnung zugrunde: Ein tatbestandlicher Erfolg ist objektiv einer bestimmten Handlung zuzurechnen, wenn durch diese Handlung genau diejenige rechtlich missbilligte Gefahr geschaffen wurde, die sich dann auch realisiert hat."*[573]

---

572 *Rudolph*, JRE 2019, 649 (658, 660, 661 mit Fn. 51).

573 Ebd., 664 f.

Seine Theorie dreht sich gerade um die einem Tatbestand innewohnenden Wertungen und der Problematik, dass ein Täter die für einen Richter relevanten Wertungen nie hundertprozentig nachvollziehen oder eben kennen, und dies daher auch keine Voraussetzung für vorsätzliches Handeln darstellen könne.

All dies steuert jedoch letztlich in hier bereits erkundetes Fahrwasser, nämlich über die Frage einer Abgrenzung von Tat- und Rechtsfragen, die jeweilige Einordnung im Tatbestand und freilich auch eben jeweils deren Vorsatzrelevanz.

Auch haben sämtliche in diesem Kontext dargestellten Ansichten durchaus valide Argumente. Was sie allesamt jedoch nicht bewerkstelligen können, ist, die Vorsatzvorstellung bezüglich des kognitiven Elementes des 5. Senates zu erklären – jedenfalls nicht unmittelbar.

Zwar geht es bei der hierfür zentralen Problematik, einem nicht mit absoluter Sicherheit beweisbaren Kausalverlauf, auch um Wertungen des Gerichts bezüglich des geforderten Überzeugungsgrades bei einer freien richterlichen Beweiswürdigung. Die Wertungen, die bei der Ansicht *Rudolphs* zur Abkehr von der Spiegelbildtheorie in Rede stehen, sind jedoch eben jene, die auch bei der KonstHU, *respective* bei einer („objektiven“) Zurechnung relevant werden. Sie greifen mithin erst „nach“ dieser grundsätzlichen Kausalitätsfrage – mit welcher Konsequenz auch immer.

C) FAZIT

Die „Renovierung" des Urteils des 5. Senates zum TX-Fall infolge des Anfragebeschlusses des 4. Senates war ein Glücksfall.

Die Fortune dabei liegt in der großen Relevanz des kognitiven Vorsatzelementes für Verkehrsstrafsachen, denn im Zusammenhang mit dem TX-Recht wäre diese Frage wahrscheinlich nie wiederaufgegriffen worden.

Für das Verständnis des kognitiven Vorsatzelementes bezüglich der Quasi-Kausalität des 5. Senates beim TX-Fall, für die entsprechende Definition *per se*, ist keine überzeugende dogmatische Begründung ersichtlich. Denkbare Erklärungen, warum sich der 5. Senat darauf verstiegen hat, existieren jedoch, und diese sind vielschichtig.

Das Ergebnis dieser Feststellungen geht Hand in Hand mit der dem Anfragebeschluss des 4. Senates folgenden Erklärung des 5. Senates in seiner aktuellen Besetzung. Diese ist ohne eine Begründung erfolgt, wie es auch der üblichen Praxis entspricht. Die hier getroffenen und auch im Folgenden nochmals extrahierten Feststellungen bieten eine Erklärung für diesen „Nebelbeschluss" des aktuellen 5. Senates. Denn außer der Aussage, nicht an der Rechtsprechung des 5. Senat in der Besetzung beim TX-Fall festhalten zu wollen, wären wohl auch für die aktuelle Besetzung sämtliche Erklärungsversuche, davon abgesehen, dass sie dogmatisch nicht überzeugen könnten, reine Mutmaßungen gewesen. Die Wahl der Formulierung lässt durchaus den Schluss zu, dass das Vorsatzverständnis im TX-Fall jeglicher dogmatischen Grundlage entbehrt.

Jedoch wäre es in diesem Fall doch begrüßenswert gewesen, wäre im Beschluss zumindest dargelegt worden, dass der Vorsatz bei diesem Urteil nicht das eigentliche Problem darstellte, sondern vielmehr die dort zumeist offengelassenen Fragen der Zurechnung, um hier für den BGH bei dem Rechtsinstitut der Wahl zu bleiben.

Zudem kann somit bestätigt werden, dass der 1. Senat im *Palliativ*-Urteil mit seinen Feststellungen, dem 5. Senat sei in dieser Frage nicht zu folgen und die in der Entscheidung zitierte Rechtsprechung trage sein Vorsatzverständnis nicht, keinesfalls nur „dicke Backen gemacht hat, wo es nichts zu pfeifen gibt",[574] sondern vielmehr zu Recht selbstbewusst einen sauber komponierten Klassiker vor sich hin gepfiffen hat. Zutreffend ergänzt der 1. Senat in seinem *obiter dictum*,

---

574 Siehe S. 25.

dass neben den nicht tragenden Urteilszitaten keine Gründe für eine Vorsatzmodifikation bei hypothetischer Kausalität genannt werden und solche auch nicht erkennbar seien.

Außerdem führen diese Feststellungen zu dem Schluss, dass der 5. Senat dem Großen Senat hätte vorlegen müssen. Zwar existiert aufgrund der richterlichen Unabhängigkeit keine Pflicht zur Vorlage, deren Einhaltung in irgendeiner Weise gefordert oder durchgesetzt werden könnte. Jedoch bedeuteten die vom 5. Senat gestellten Anforderungen an das kognitive Vorsatzelement eine Abkehr von der *bis dato* (und auch nach dem Urteil weiterhin) herrschenden Rechtsprechung des BGH. Es hätte sich hierbei, falls begründet, um eine Rechtsfortbildung im Sinne von § 132 IV GVG gehandelt. Eine Entscheidung des Großen Senates hätte demgemäß zur Sicherung einer ab diesem Zeitpunkt einheitlichen Rechtsprechung und damit Wahrung einer von den Prämissen des Rechtsstaates geforderten Vorhersehbarkeit herbeigeführt werden müssen. Zudem hätte dem 5. Senat eigentlich daran gelegen sein müssen, seine Ansicht als Weiterentwicklung *respective* konkretisierende oder korrigierende Ergänzung der Vorsatzanforderungen durch eine Entscheidung des Großen Senates auf ein solides Fundament zu stellen. Dies gälte zumindest, falls denn dieser entsprechend entschieden hätte, wovon aber zumindest der 5. Senat selbst hätte ausgehen müssen.

Dass dies nicht geschah, ist freilich darin begründet, dass der 5. Senat seine Ansicht, jedenfalls nach dem Wortlaut des Urteils und den zitierten Entscheidungen, eben nicht als Abkehr von bisheriger Rechtsprechung und Dogmatik verstanden hat.

Des Weiteren ist zu bedenken, dass im Urteil zudem festgestellt wurde, dass auch die Annahme des voluntativen Vorsatzelementes vom Landgericht in nicht durchgreifend rechtsfehlerhafter Weise abgelehnt worden sei. So scheint es auf den ersten Blick, als hätte eine Revision der Vorsatzvorstellung bezüglich des kognitiven Elementes gar nichts am Gesamtergebnis, dem Verwerfen der Revision und damit der Bestätigung des Freispruchs, geändert.

Jedoch ist das Ergebnis des Revisionsurteils in seiner Gesamtschau nach all dem dargestellten schlicht als falsch zu bewerten. Die Erfüllung des kognitiven Vorsatzelementes – der Angeklagte hielt es laut Feststellungen des Landgerichts für *denkbar*, dass einer der überholten Patienten versterben könnte – hätte aufgrund des Zusammenspiels der für die Beweiswürdigung relevanten Parameter beider Vorsatzelemente die Entscheidungsrelevanz der übrigen Rechtsfragen beeinflusst.

So liegt nach den gewonnenen Erkenntnissen der Schluss nahe, dass dem 5. Senat zum einen daran gelegen war, sein den Freispruch bestätigendes

Urteil auf ein festeres Fundament[575] als die durchaus tönernen Füße der Verneinung des voluntativen Vorsatzelementes zu stellen. Die Komplexität des Zusammenspiels der zu bewertenden Indikatoren kann durchaus das Bestreben hervorrufen, durch eine trennschärfere Prämisse eine endgültige und vor allem entscheidungsrelevante Festlegung bezüglich des voluntativen Elementes umgehen zu wollen. Dies gilt erst recht auf einem derart sensiblen Gebiet wie der TX-Medizin.

Außerdem, und dies präsentiert sich als der bedeutsamste Part, hatte dieses Vorsatzverständnis bezüglich des kognitiven Elementes eben zur Folge, dass einige höchst problematische Rechtsfragen, sowie über deren kaum vollständig entwirrbare Verknüpfungen sogar auch auf der Revisionsebene indirekt Tatsachenfragen offenbleiben konnten, da sie für das Gesamtergebnis nicht relevant wurden.

Dies kann nachvollzogen oder kritisiert werden wollen. Übrig bleibt eine vom 5. Senat (in vollständig neuer Besetzung) mittlerweile aufgegebene, und auch vorliegend nicht anhand einer irgendwie gearteten dogmatisch sauberen Ableitung nachvollziehbare, materiell-rechtliche Modifikation der kognitiven Vorsatzanforderungen. Diese hatte es gestattet, im Urteil sowohl strukturelle als auch tatsächlich, nämlich medizinisch und medizinethisch, begründete Probleme des Rechtsinstituts der Zurechnung ins Leere laufen zu lassen.

Dem sowohl in der Rechtsprechung als auch in der Lehre herrschenden Vorsatzverständnis liegt im Gegensatz zur Zurechnung eine dogmatische Struktur zugrunde. Beim Versuch der Anlehnung an eine solche hatte der 5. Senat auch mit seiner Idee, für die Erfüllung der Anforderungen des kognitiven Vorsatzelementes müsse dem Täter müsse bewusst sein, dass der Rettungserfolg mit einer an Sicherheit grenzenden Wahrscheinlichkeit eintreten würde, eine dem Wortlaut nach klare, griffige Definition geschaffen. Dies birgt – es sei erneut betont – jedenfalls auf den ersten Blick eine durch angenehme Knappheit selbstbewusster anmutende Lösung des Falles, als zunächst die Rechtsfigur der Zurechnung in ihren Grundsätzen „anzufassen", beziehungsweise in weiten Teilen überhaupt erst entsprechende Grundstrukturen schaffen zu müssen.

Die vom BGH bislang sehr dynamisch und flexibel gehandhabte Zurechnung stößt hier mit ihren strukturellen Mängeln beziehungsweise aufgrund des Fehlens einer konsequent entwickelten und verfolgten Struktur eindrucksvoll an ihre Grenzen. An dieser Stelle wird deutlich, dass die Notwendigkeit von Dynamik und der Option rascher Anpassung an stetig aktuelle Entwicklungen

575 Zu diesem Schluss kommt auch *Ast*, HRRS 12/2017, 500 (502).

und neue Standards in diesbezüglich sensiblen Bereichen, wie eben auch der (TX-)Medizin, zwingend für die Erstellung der Regelungen, sowie die Auslegung der darin verwendeten Rechtsbegriffe und deren Ausgestaltung durch medizinische Parameter gilt. Jedoch gilt sie eben nicht für die Maßstäbe, die für die Überprüfung ihrer Rechtmäßigkeit beziehungsweise der Überprüfung ihrer Reichweite und Subsumtion unter Strafgesetze herangezogen werden. Das heißt, die grundsätzlichen Voraussetzungen, wann eine Rechtsnorm zur Begründung strafrechtlicher Verantwortung herangezogen werden kann, und wie sich Probleme bei dieser Subsumtion sowie das Vorstellungsbild des Täters dabei auswirken, müssen einer dogmatisch fundierten, transparenten und nachvollziehbaren Struktur folgen. Darauf aufbauend kann dafür Sorge getragen werden, dass die Rechtsanwendung den verfassungsrechtlich garantierten Anforderungen genügt.

Positiv zu vermerken ist, dass der im Urteil angedeutete Umgang mit den entsprechenden Problemfeldern aufgrund der Parallelen zur „objektiven Zurechnung“ aus der herrschenden Lehre eine Tendenz aufzeigt, sich dabei in eben diese Richtung zu entwickeln, oder zumindest dahingehend zu öffnen, auch wenn dies im TX-Urteil noch nicht konsequent umgesetzt und zu Ende gedacht wurde. Trotz der hier dargelegten Kritik an der Lehre von der „objektiven Zurechnung“ wäre dies ein begrüßenswerter Schritt hin zu einem durch Systematik und Vorhersehbarkeit geprägten Umgang mit den jeweiligen Rechtsfragen, wie sie in einem Rechtsstaat stets mit größtmöglichem Streben adressiert werden sollte.

Zu den strukturellen Schwächen der Zurechnung gesellen sich im TX-Fall zusätzlich medizinethisch hoch sensible und auch in der Öffentlichkeit heiß diskutierte Inhalte. Diese erschweren überdies durch ihre Wechselwirkung mit den rechtlichen Prämissen in dem ohnehin von Abgrenzungsschwierigkeiten geprägten Feld der Zurechnung die Kategorisierung in Rechts- oder eben von der Revisionsinstanz nicht zu überprüfenden Tatsachenfragen.

Würde das voluntative Element nicht verneint, wäre für eine Prüfung der Vorsatzvoraussetzungen nach der nun bestätigten Definition die Bewertung des MELD-Scores relevant. In diesem Zusammenhang sind die das Wollens-Element mit-konstituierenden Wechselwirkungen mit dem Willens-Element beachtenswert. Ob die entsprechenden RLBÄK strafbarkeitsbegründend wirkten, wurde im Urteil offengelassen, jedoch aufgrund inhaltlicher Kritik angezweifelt. Hätte der 5. Senat dies abschließend zu entscheiden gehabt, hätte er dies anhand der unter Mitwirkung von Sachverständigen getroffenen Feststellungen des LG tun, oder durchgreifende Rechtsfehler in dessen Beweiswürdigung finden müssen. Letzteres hätte eine Rückverweisung zur Folge gehabt.

Zur Problematik solcher Feststellungen wurde hier für die AKK einiges ausgeführt, im Urteil kam es bei dieser Bestimmung aufgrund der festgestellten Verfassungswidrigkeit jedoch gar nicht mehr auf die inhaltliche Bewertung an. Angesichts der weitreichenden Problematik wäre bei einer Rückverweisung eine derart umfassende Segelanweisung erforderlich, dass aus praktischer Sicht der Ausweg über das kognitive Vorsatzelement bei all seiner Zweifelhaftigkeit als naheliegender Ausweg eine gewisse Raffinesse verliehen bekommt.

Ob oder inwieweit der 5. Senat dieser Problematik durch seine durchweg zweifelhafte Vorstellung vom kognitiven Vorsatzelement bewusst ausgewichen sein mag, lässt sich hier nicht mit ausreichender, sich von einer unangemessenen Unterstellung distanzierender Nachweisbarkeit darlegen.

Anhand des Urteilstextes entsteht jedenfalls in sich zunehmend verfestigender Weise der Eindruck, dass es sich hier nicht um eine einstimmige Entscheidung gehandelt haben kann. Auch die persönlichen Hintergründe der Entscheidungsfindung könnten Ursachen einer solchen Unausgewogenheit sein. Es drängt sich der Gedanke auf, die für eine Urteilsberatung durchaus üblichen Konflikte hätten dergestalt ihren Niederschlag im Urteil gefunden, dass sie sich in diesem Fall zu einer „klaren Zwiegespaltenheit" verfestigt hatten.

Möglicherweise wurde hier also bei der Entscheidungsfindung ganz im Sinne von „Zwei Juristen, drei Meinungen" die Weite des argumentativen Spielraums innerhalb der Grenzen des geltenden Rechts voll ausgenutzt.

Literatur

Aichele, Alexander, Was ist und wozu taugt das Brett des Karneades? Wesen und ursprünglicher Zweck des Paradigmas der europäischen Notrechtslehre, Jahrbuch für Recht und Ethik 2003, 245–268

Al-Saeedi, Mohammed/Barout, Muhammed H./Probst, Pascal/Khajeh, Elias/Weiss, Karl-Heinz/Diener, Markus K./Mehrabi, Arianeb, Meta-analysis of patient survival and rate of alcohol relapse in liver-transplanted patients for acute alcoholic hepatitis, Langenbeck's Archives of Surgery 2018, 825–836

Alexy, Robert, Theorie der Grundrechte, 8. Auflage, Frankfurt am Main 2018

Amos, Maximilian, Erfolgsaussicht – ein zulässiges Allokationskriterium?, BRJ 01/2017, 44–50

Ders., Triage ist jeden Tag – Zur Priorisierung von Patienten in der Organspende, JuWissBlog Nr. 74/2020 v. 19.05.2020, abrufbar unter https://www.juwiss.de/74-2020/, zuletzt aufgerufen am 28.05.2023

Artkämper, Heiko/Dannhorn, Reinhold, Argumentation zur Feststellung oder Ablehnung eines bedingten Tötungsvorsatzes – mit Anm. zum Urteil des BGH vom 16.05.2013 – 3 StR 45/13, NStZ 2015, 241–250

Ast, Stephan, Die Manipulation der Organallokation. Das Vereiteln von Rettungshandlungen als mittelbare Täterschaft, HHRS 12/2017, 500–511

Azevedo Palu, Guilherme Augusto, Grundrechte, Spielräume und Kompetenzen, Studien zur Rechtsphilosophie und Rechtstheorie, Band 71, Baden-Baden 2019

Bader, Mathis, Organmangel und Organverteilung, Tübingen 2010

Bartholmäus, U./Hein, J.-P./Siemens, A., Handel auf Leben und Tod, Fokus 30/2012, 42–43. Abrufbar unter https://www.focus.de/magazin/archiv/handel-auf-leben-und-tod-report_id_2085652.html, zuletzt aufgerufen am 28.05.2023

Baur, Alexander, Die tatrichterliche Überzeugung, Überlegungen zu ihrer Bedeutung und revisionsgerichtlichen Prüfbarkeit, ZIS 2/2019, 119–129

Beining, Sebastian, Praxiskommentar zu BGH, Urteil vom 12.12.2018 BGH 5 StR 517/18 (LG Saarbrücken) (*Bedingter Vorsatz), NStZ 2019, 209–210

Benckert, Christoph/Quante, Markus/Jonas, Sven, Allokationsprobleme in der Transplantationsmedizin – Ärztliche Erfahrungen, ZEFQ 2010, 397–399

Bott, Ingo/Krell, Paul, Der Grundsatz „nulla poena sine lege" im Lichte verfassungsgerichtlicher Entscheidungen, ZJS 6/2010, 694–700

Brech, Alexander, Triage und Recht, Patientenauswahl beim Massenanfall Hilfsbedürftiger in der Katastrophenmedizin. Ein Beitrag zur Gerechtigkeitsdebatte im Gesundheitswesen, Schriften zum Gesundheitsrecht, Band 11, Berlin 2008

Böse, Martin, Entscheidungsanmerkung zu OLG Braunschweig, Beschluss vom 20.03.2013 – Ws 49/13 (*Zum versuchten Totschlag durch Manipulation der Zuteilung von Spenderorganen), ZJS 1/2014, 117–121

Bülte, Jens, Das Steuerstrafrecht im Spannungsfeld zwischen der Missbrauchsrechtsprechung des EuGH und dem Grundsatz nullum crimen sine lege, BB 2010, 1759–1768

Ders., Manipulation der Zuteilungsreihenfolge eines Spenderorgans zur Ermöglichung einer Transplantationsbehandlung, StV 2013, 749–758

Dannecker, Gerhard/Streng-Baunemann, Franziska, Verschaffung des Wartelistenzugangs für Alkoholiker entgegen den Organallokations-Richtlinien der Bundesärztekammer – (versuchter) Totschlag?, NStZ 2014, 673–680

Dies., Rechtliche Möglichkeiten und Grenzen einer an den Erfolgsaussichten der Transplantation orientierten Organallokation, JZ 2012, 444–452

Dehne-Niemann, Jan, Ausschluss der Erfolgszurechnung durch eine hypothetisch rechtfertigende richterliche Gewahrsamsanordnung?, Der Fall Oury Jalloh, BGH 4 StR 473/13, HRRS 4/2017, 174–196

Deiters, Mark, Bedingter Vorsatz als Beweisthema im Strafprozess, ZIS 7–8/2019, 401–406

Effer-Uhe, Daniel Oliver, Die Bindungswirkung von Präjudizien, Eine Untersuchung aus dem Blickwinkel von Prinzipientheorie und Fuzzy-Logik, Göttingen 2008

Egan, T.M./Murray, S./Bustami, R.T./Shearon, T.H./McCullough, K.P./Edwards, L.B./Coke, M.A./Garrity, E.R./Sweet, S.C./Heiney, D.A./Grover, F.L., Development of the New Lung Allocation System in the United States, American Journal of Transplantation 6/2006, 1212–127.

Entmann, Robert M., Framing: Towards Clarification of A Fractured Paradigm, Journal of Communication 1993, 51–58

Erb, Volker/Schäfer, Jürgen (Hrsg.), Münchener Kommentar zum StGB, 4. Auflage, München 2020, zitiert: MüKo – *Bearbeiter*

Eser, Albin, Schönke/Schröder, Strafgesetzbuch: StGB, Kommentar, 30. Auflage, München 2019, zitiert Schönke/Schröder – *Bearbeiter*

Fateh-Moghadam, Bijan/Gutmann, Thomas, Gleichheit vor der Triage, Rechtliche Rahmenbedingungen zur Priorisierung von COVID-19-Patineten in der Intensivmedizin, Verfassungsblog on matters constitutional, vom 30. April

2020, abrufbar unter https://verfassungsblog.de/gleichheit-vor-der-triage/, zuletzt besucht am 20.05.2023

Fikentscher, Wolfgang, Methoden des Rechts, Band III, Tübingen 1976

Fischer, Robert, Gesammelte Schriften, Grundfragen revisionsrechtlicher Rechtsprechung und Beiträge zum Gesellschaftsrecht (hrsg. V. Lutter/Stimpel), Berlin/New York 1985

Fischer, Thomas, Kunst der Fehler. Eine Kolumne von Thomas Fischer – „Fischer im Recht", Zeit Online vom 12. April 2016, abrufbar unter https://www.zeit.de/gesellschaft/zeitgeschehen/2016-04/buerokratie-bundesgerichthof-strafrech-justiz-fischer-im-recht, zuletzt besucht am 28.05.2023 (Es sei darauf hingewiesen, dass der Link tatsächlich „strafrecht" vorsieht.)

Ders., Strafgesetzbuch, Kommentar, 70. Auflage, München 2023

Gaede, Karsten, Update im Medizinstrafrecht – Entscheidungen, Tendenzen, in: AG Medizinrecht im DAV/IMR, Aktuelle Entwicklungen im Medizinstrafrecht, 11–38

Gottlieb, Jens/Smits, Jacqueline/Schramm, Rene/Langer, Frank/Buhl, Roland/Witt, Christian/Strueber, Martin/Reichenspurner, Hermann, Lungentransplantation in Deutschland nach Einführung des Lung Allocation Score, Eine retrospektive Analyse, Deutsches Ärzteblatt 11/2017, 179–185.

Greco, Luis, Kausalitäts- und Zurechnungsfragen bei unechten Unterlassungsdelikten, ZIS 8–9/2011, 674–691

Grosse-Wilde, Thomas, Verloren im Dickicht von Kausalität und Erfolgszurechnung, Über „Alleinursache", „Mitursachen", „Hinwegdenken", „Hinzudenken", „Risikorealisierungen" und „Unumkehrbarkeitszeitpunkte" im Love-Parade-Verfahren, ZIS 10/2017, 638–661

Gutmann, Thomas/Fateh-Moghadam, Bijan, Rechtsfragen der Organverteilung, in: Gutmann *et al.*, Grundlagen einer gerechten Organverteilung, Berlin/Heidelberg 2013, 37–113

Gutmann, Thomas, Rezension zu „Organmangel und Organverteilung" von Mathis Bader, MedR 30 (2012), 158–158

Haas, Volker, Strafbarkeit wegen (versuchten) Totschlags durch Manipulation von Patientendaten im Bereich der Leberallokation?, HRRS Heft 8/2016, 384–396

Harrendorf, Stefan, Das Ich und sein Gehirn – zur Eröffnungsveranstaltung des Instituts für Kriminalwissenschaften an der Universität Göttingen am 13. Juli 2007, ZIS 1/2008, 41–48

Haupt, Friederike, Der Teppichhändler, faz-net vom 04.08.2012 (Politik), abrufbar unter https://www.faz.net/aktuell/politik/inland/organspende-skandal-der-teppichhaendler-11843908-p3.html, zuletzt aufgerufen am 28.05.2023

Henkel, Christoph, Zur Reichweite von Art. 103 Abs. 2 GG bei normbezogenen Tatbeständen, HRRS 7/2018, 273–279

Herzog, Roman/Scholz, Rupert/ Herdegen, Matthias/Klein, Hans H. (Hrsg.), Maunz/Dürig, Grundgesetz, Kommentar, 99. Auflage, München 2022, zitiert: Maunz/Dürig – *Bearbeiter*

Hesse, Konrad, Grundzüge des Verfassungsrechts der Bundesrepublik Deutschland, 20. Auflage, Heidelberg 2020

Hettinger, Michael, Der Irrtum im Bereich der äußeren Tatumstände – eine Einführung (in elf Teilen, siebter Teil); Der sog. Irrtum über den Kausalverlauf, JuS 1991, L33–L35

Heusser, Martin, Die Sanktionsbewehrung der infektionsschutzrechtlichen Generalklauseln des § 28 I S. 1 IfSG. Zur mangelnden Bestimmtheit des Blankettkonstrukts i.S.v. Art. 103 Abs. 2 GG, HRRS 2/2021, 63–86

Heß, Julia, Der Vorsatz auf die Quasi-Kausalität, Anmerkung zu BGH 5 StR 20/16, HRRS 6/2021, 266–271.

Hofmann, Hans/Hennecke, Hans-Günter, Schmidt-Bleibtreu/Hofmann/Hennecke, Grundgesetz: GG, 14. Auflage, Köln 2018, zitiert: *Bearbeiter*, in: Schmidt-Bleibtreu

Hohmann, Olaf, Gedanken zur Akzessorietät des Strafrechts, ZIS 1/2007, 38–48.

Hoven, Elisa, Die „Triage"-Situation als Herausforderung für die Strafrechtswissenschaft, JZ 2020, 449–454

Dies., Praxiskommentar zu BGH, Urteil vom 28.06.2017 – 5 StR 20/16 (LG Göttingen) (*Freispruch im Göttinger Transplantations-Skandal), NStZ 2017, 707–708

Huster, Stefan, Altersrationierung im Gesundheitswesen: (Un-)Zulässigkeit und Ausgestaltung, MedR 2010, 369–372

Höfling, Wolfram, Verteilungsgerechtigkeit in der Transplantationsmedizin, JZ 2007, 481–486

Hübner, Joachim/Schewe, Denis M. /Katalinic, Alexander/Frielitz, Fabian S., Rechtsfragen der Ressourcenzuteilung in der COVID-19-Pandemie. Zwischen Utilitarismus und Lebenswertindifferenz, Dtsch Med Wochenschr 2020, 687–692

Jahn, Matthias, Anmerkung zu BGH, Urteil vom 20.11.2008 – 4 StR 328/08 (*Selbst- und Fremdgefährdung bei tödlichem Autorennen), JuS 2009, 370–371

Jarass, Hans D./Kment, Martin, Jarass/Pieroth, Grundgesetz für die Bundesrepublik Deutschland: GG, 17. Auflage, München 2022, zitiert: *Bearbeiter*, in: Jarass/Pieroth

Jarass, Hans D., Folgerungen aus der neueren Rechtsprechung des BVerfG für die Prüfung von Verstößen gegen Art. 3 I GG, NJW 1997, 2545–2550

Joecks, Wolfgang/Miebach, Klaus (Hrsg.), Münchener Kommentar zum Strafgesetzbuch: StGB, 4. Auflage, München 2020, zitiert: MüKo – *Bearbeiter*

Joo, Ho-Nu, Organtransplantation und Strafrecht, Europäische Hochschulschriften, Rechtswissenschaft, Bd./Vol. 4047, Frankfurt am Main 2005

Junghanns, Ray, Verteilungsgerechtigkeit in der Transplantationsmedizin. Eine juristische Grenzziehung, Europäische Hochschulschriften, Rechtswissenschaft, Bd./Vol. 3105, Frankfurt am Main 2001

Kaufmann, Armin, „Objektive Zurechnung" beim Vorsatzdelikt?, in: Vogler (Hrsg.), Festschrift für Hans-Heinrich Jescheck zum 70. Geburtstag, Erster Halbband, Berlin 1985, 251–272

Kern, Marie-Luise, Die Allokation von Spenderlebern bei Alkoholikern, Berlin 2018

Kindhäuser, Urs, Risikoerhöhung und Risikoverringerung, ZStW 2008, 481–503

Ders., Objektive und subjektive Zurechnung beim Vorsatzdelikt, JRE 2005, 527–542

Kindhäuser, Urs/Neumann, Ulfried/Paeffgen, Hans-Ullrich/Saliger, Frank (Hrsg.), Nomos-Kommentar zum Strafgesetzbuch: StGB, 5. Auflage, Baden-Baden 2017

Kindhäuser, Urs/Zimmermann, Till, Strafrecht, Allgemeiner Teil, 10. Auflage, Baden-Baden 2022

Kinskofer, Lorenz, Versuchter Verdeckungsmord durch Unterlassen nach Medikamentenverwechslung bei einem Palliativpatienten durch Pflegekräfte, Anmerkung zu BGH 1 StR 474/19 = HRRS 2021 Nr. 21, HRRS 6/2021, 262–265

Koriath, Heinz, Das Brett des Karneades, JA 1998, 250–254

Kubiciel, Michael/Wachter, Matthias, Der Berliner Raser-Fall als Prüfstein für das voluntative Vorsatzelement, HRRS Heft 8/2018, 332–335

Kudlich, Hans, Anmerkung zu BGH, Urteil vom 28. Juni 2017 vom 5 StR 20/16 (LG Göttingen) (*Manipulationen bei der Organverteilung – Göttinger Leberallokationsskandal), NJW 2017, 3255–3256

Kudlich, Hans/Hoven, Elisa, „Wie sicher muss ich das wissen?" – Anforderungen an die kognitive Vorsatzkomponente beim unechten Unterlassungsdelikt, in: Stein *et al.* (Hrsg.), Systematik in Strafrecht und Gesetzgebung. Festschrift für Klaus Rogall zum 70. Geburtstag am 10. August 2018, Berlin 2018, 209–222

Kuhli, Milan, Normative Tatbestandsmerkmale in der strafrichterlichen Rechtsanwendung, Tübingen 2018

Kühl, Kristian, Strafrecht, Allgemeiner Teil, 8. Auflage, München 2017

Küper, Wilfried, „Es kann keine Not geben, welche, was unrecht ist, gesetzmäßig machte", in: Zaczyk *et al.* (Hrsg.), Festschrift für E.A. Wolff, Berlin et al. 1998, 285–306

Laufhütte, Heinrich-Wilhelm/Rissing-van Saan, Ruth/Tiedemann, Klaus (Hrsg.), Strafgesetzbuch, Leipziger Kommentar, 12. Auflage, Berlin 2006, zitiert: LK – *Bearbeiter*

Lilie, Hans, Obiter dictum und Divergenzausgleich in Strafsachen, Köln/Berlin 1993

Ders., Aktuelle Rechtsprobleme bei der Organtransplantation – Zur Widerspruchslösung, in: Lilie *et al.* (Hrsg.), Die Organtransplantation – Rechtsfragen bei knappen medizinischen Ressourcen, Schriften zum Bio-, Gesundheits- und Medizinrecht Bd. 8, 55–50, Baden-Baden 2011

Lüderssen, Klaus, Zur Konkretisierung der Vermögensbetreuungspflicht in § 266 Strafgesetzbuch durch § 87 Abs. 1 Satz 1 Aktiengesetz – Das Problem akzessorischer Bindung strafrechtlicher Normen an kontrovers interpretierte Normen anderer Rechtsgebiete, in: Hoyer et al. (Hrsg.), Festschrift für Friedrich-Christian Schroeder zum 70. Geburtstag, Heidelberg 2006, 569–578

Maier, V./Obed, Aiman/Ramadori, Giuliano, MELD – Folgen für die Lebertransplantation, heptitis&more 2/2008, 22–23

Mandla, Christoph, Anmerkung zu BGH, Urteil vom 22.03. 2012 – BGH 4 StR 558/11 (LG Saarbrücken) – (*Bedingter Tötungsvorsatz), NStZ 2012, 695–697

Marckmann, Georg, Wirksamkeit und Nutzen als alternative Konzepte zur medizinischen Indikation, in: Dörries/Lipp, Medizinische Indikation, Stuttgart 2015, 113–124

Marek, W./Marek, E./Friz, Y./Vogel, P./Mückenhoff, K./Kotschy-Lang, N., Zur Reproduzierbarkeit der Wegstrecke beim 6-MInuten-Gehtest im Rahmen eines stationären Rehabilitationsaufenthaltes, A new Procedure for the Estimation of Physical Fitness of Patients During Clinical Rehabilitation using the 6-Minutes Walk Test, Pneumologie (64) 2010, 155–162, abrufbar unter https://www.thieme-connect.com/products/ejournals/pdf/10.1055/s-0029-1215233.pdf, zuletzt aufgerufen am 28.05.2023

Marlie, Marcus, Schuldstrafrecht und Willensfreiheit – Ein Überblick, ZJS 1/2008, 41–46

Matt, Holger/Renzikowski, Joachim, Strafgesetzbuch: StGB, Auflage, München 2020, zitiert: *Bearbeiter*, in: Matt/Renzikowski

Meier, Bernd-Dieter, Strafrechtliche Sanktionen, Heidelberg 2001

Merkel, Reinhart/Augsberg, Steffen, Die Tragik der Triage – Strafrechtliche und verfassungsrechtliche Grundlagen und Grenzen, JZ 2020, 704–714

Michael, Lothar/Morlok, Martin, Grundrechte, 8. Auflage, Baden-Baden 2022

Opper, Ingmar A., Die gerechte und rechtmäßige Verteilung knapper Organe, Hamburg 2008

Otto, Martin R., Das Recht der Organ- und Gewebetransplantation in Deutschland, Jura 2012, 745–752

Primc, Nadia, Das „framing" der sechsmonatigen Karenzregel in der Lebertransplantation. Ein Beispiel für sprachlich vermittelte Deutungsmuster zur Eingrenzung des Indikationsgebietes, Ethik Med 2020, 239–253

Puppe Ingeborg, Die Lehre von der objektiven Zurechnung und ihre Anwendung – Teil 1, ZJS 5/2008, 488–496

Dies., Die Lehre von der objektiven Zurechnung und ihre Anwendung – Teil 2, ZJS 6/2008, 600–609

Dies., Der dolus eventualis und sein Beweis, ZIS 7–8/2019, 409–411

Dies., Verursachen durch Verhinderung rettender Kausalverläufe und durch Unterlassen, ZIS 11/2018, 484–492

Dies., Der Erfolg und seine kausale Erklärung im Strafrecht, ZStW 1980, 863–911

Richter-Kuhlmann, Eva, Transplantationsmedizin II: Rechtssicherheit für die Ärzte, Dtsch Arztebl 2017, A2328–A2330 (online pdf-Version abrufbar unter https://www.aerzteblatt.de/pdf.asp?id=195211, zuletzt aufgerufen am 28.05.2023)

Rissing-van Saan, Ruth/Verrel, Torsten, Das BGH-Urteil vom 28. Juni 2017 (5 StR 20/16) zum sog. Transplantationsskandal – eine Schicksalsentscheidung?, NStZ 2018, 57–67

Rissing-van-Saan, Ruth, Der sog. „Transplantationsskandal" – eine strafrechtliche Zwischenbilanz, NStZ 2014, 233–244

Rosenau, Henning, Die Setzung von Standards in der Transplantation: Aufgabe und Legitimation der Bundesärztekammer, in: Ahrens *et al.* (Hrsg.), Medizin und Haftung. Festschrift für Erwin Deutsch zum 80. Geburtstag, Heidelberg 2009, 435–452

Rosenau, Henning/Lorenz, Henning, Der Schlussakt des „Göttinger Allokationsskandals" – Neues, bekanntes und (zu) viel offenes, JR 2018, 168–182

Roxin, Claus, Pflichtwidrigkeit und Erfolg bei fahrlässigen Delikten, ZStW 1962 (74), 411–444.

Ders., Strafrecht Allgemeiner Teil, Band II (Besondere Erscheinungsformen der Straftat), München 2003

Roxin, Claus/Greco, Luís, Strafrecht Allgemeiner Teil, Band I (Grundlagen/Der Aufbau der Verbrechenslehre), 5. Auflage, München 2020

Röckrath, Luidger, Kollegialentscheidung und Kausalitätsdogmatik, NStZ 2003, 641–646

Rönnau, Thomas, Untreue als Wirtschaftsdelikt, ZStW 2007, 887–926

Ders., Grundwissen – Strafrecht: Vorsatz, JuS 2010, 675–678

Rudolph, Tobias, Wenn Täter und Richter dasselbe wissen, aber unterschiedlicher Meinung sind. Weshalb Irrtümer über Wertungen den Vorsatz nicht berühren, JRE 2019, 649–666

Safferling, Christoph J.M., Vorsatz und Schuld, Tübingen 2008

Samson, Erich, Hypothetische Kausalverläufe im Strafrecht: zugleich ein Beitrag zur Kausalität der Beihilfe, Frankfurt am Main 1972

Ders., Inus-Bedingung und strafrechtlicher Kausalbegriff, in: Rogall *et al.* (Hrsg.), Festschrift für Hans-Joachim Rudolphi zum 70. Geburtstag, Neuwied 2004, 259–266

Satzger, Helmut/Schluckebier, Wilhelm/Widmaier, Gunter (Hrsg.), Satzger/Schluckebier/Widmaier, StGB – Kommentar, 5. Auflage, Köln 2021, zitiert: SSW – *Bearbeiter*

Schmidt-Aßmann, Eberhard, Grundrechtspositionen und Legitimationsfragen im öffentlichen Gesundheitswesen, Berlin/Boston 2001

Schroth, Ulrich/Hofmann, Elisabeth, Die strafrechtliche Beurteilung der Manipulation von Organzuteilungsentscheidungen in einem fragwürdigen System – Eine Besprechung des Urteils des Bundesgerichtshofs vom 28. Juni 2017 – Az.: 5 StR 20/16, medstra 2018, 3–12

Schroth, Ulrich, Die Rechtsprechung des BGH zum Tötungsvorsatz in der Form des „dolus eventualis“, NStZ 1990, 324–326.

Ders., Die strafrechtliche Beurteilung der Manipulationen bei der Leberallokation, NStZ 2013, 437–447

Schulz, Lorenz, Funktionen des obiter dictum, ZIS 10/2018, 403–407

Seebode, Manfred, BVerfG, 21.11.2002 – 2 BvR 2202/01. Strafvereitelung im Amt bei außerdienstlich erlangter Kenntnis von einer Straftat, JZ 2004, 303–309

Siegmund-Schulze, Nicola, Erschütterndes Maß an Manipulation, Dtsch Arztebl 2012, A1534–A1536

Spielgies, Gunnar, Die Kritik der Hirnforschung an der Willensfreiheit als Chance für eine Neudiskussion im Strafrecht, HHRS 2/2005, 43–52

Ders., Zwischenruf: Die Debatte über „Hirnforschung und Willensfreiheit" im Strafrecht ist nicht falsch inszeniert!, ZIS 4/2007, 155–161.

Sternberg-Lieben, Detlev, Rationierung im Gesundheitswesen – Gedanken aus (straf-)rechtlicher Sicht, in: Heinrich *et al.*, Festschrift für Ulrich Weber zum 70. Geburtstag, Bielefeld 2004, 69–90

Ders., Sinn und Grenzen (straf-)gesetzlicher Steuerung im Arztrecht am Beispiel der Organ-Allokation, ZIS 4/2018, 130–143.

Sternberg-Lieben, Detlev/Sternberg-Lieben, Irene, Versuchter Totschlag durch Manipulation der Organzuteilung für Transplantationen?, JZ 2018, 32–38

Strassburg, Christian P., Indikationsstellung und Indikationen für eine Lebertransplantation, Der Chirurg 2013, 363–371

Streng-Baunemann, Anne Franziska, „Corona"-Triage – verfassungsrechtliche und strafrechtliche Perspektive, ZIS 3/2021, 170–192

Taupitz, Jochen, Verteilung medizinischer Ressourcen in der Corona-Krise: Wer darf überleben?, MedR 2020, 440–450

Ulsenheimer, Klaus/Gaede, Karsten, Arztstrafrecht in der Praxis, 6. Auflage, Heidelberg 2021

Veatch, Robert M./Ross, Lainie F., Transplantation Ethics, 2. Auflage, Washington D.C. 2015

Verrel, Torsten, Manipulation von allokationsrelevanten Patientendaten – ein (versuchtes Tötungsdelikt)?, MedR 2014, 464–469

Von Heintschel-Heinegg, Bernd, Strafgesetzbuch: StGB, Kommentar, 4. Auflage, München 2021, zitiert: *Bearbeiter*, in: Heintschel-Heinegg

Walter, Tonio, Menschlichkeit oder Darwinismus? Zu Triage-Regeln und ihren Gründen, GA 2020, 656–677

Ders., Hirnforschung und Schuldbegriff – Rückschau und Zwischenbilanz, in: Hoyer et al. (Hrsg.), Festschrift für Friedrich-Christian Schroeder zum 70. Geburtstag, Heidelberg 2006, 131–146

Wessels, Johannes/Beulke, Werner/Satzger, Helmut, Strafrecht Allgemeiner Teil, 52. Auflage, Heidelberg 2022

Wiesing, Urban, Indikation. Theoretische Grundlagen und Konsequenzen für die ärztliche Praxis, Stuttgart 1997

Zachoval, Reinhard/Guba, Markus, Lebertransplantation – Indikation und Warteliste, hepatitis&more 1/2011, 56–57

Zimmermann, Till, Rettungstötungen: Untersuchungen zur strafrechtlichen Beurteilung von Tötungshandlungen im Lebensnotstand, Baden-Baden 2009

www.ingramcontent.com/pod-product-compliance
Ingram Content Group UK Ltd.
Pitfield, Milton Keynes, MK11 3LW, UK
UKHW021126041026
8980IPUK00026B/777

9 783631 922576